Grenzregiment 25
„Neidhardt von Gneisenau"
Standort Oschersleben

Werner Neumann

Grenzregiment 25 „Neidhardt von Gneisenau" Standort Oschersleben

DIE REGIMENTSCHRONIK

Engelsdorfer Verlag
Leipzig
2014

Bibliografische Information durch die Deutsche Nationalbibliothek:
Die Deutsche Nationalbibliothek verzeichnet diese Publikation in der
Deutschen Nationalbibliografie; detaillierte bibliografische Daten sind im
Internet über http://dnb.dnb.de abrufbar.

ISBN 978-3-95744-307-6

Copyright (2014) Engelsdorfer Verlag Leipzig
Alle Rechte beim Autor
Hergestellt in Leipzig, Germany (EU)
www.engelsdorfer-verlag.de

22,00 Euro (D)

Band I

Grenzregiment 25 „Neidhardt von Gneisenau" Standort Oschersleben

Der Regimentsstab, die Grenzbataillone und die Grenzkompanien

*Gedient zwischen Walbeck und Lüttgenrode
Börde-Grenzer berichten…*

Vorwort

Das Grenzregiment 25 (GR-25) Oschersleben wurde stabsmäßig in Halberstadt im ehemaligen Stabsgebäude der Infantriekaserne (Harmoniestraße) am 15.03.1962 auf AO 25/62 Chef GT gegründet und dann in Oschersleben stationiert. Es bestand bis 1983.
Die Grundlage für die weitere Verbesserung des militärischen Schutzes der Staatsgrenze der DDR ging von der 2. Parteikonferenz der SED im Jahre 1952 aus. Die zuvor durchgeführten Grenzsicherungsmaßnahmen, teilweise zusammen mit den Streitkräften der Sowjetunion, reichten nicht mehr aus, um den zunehmenden Druck auf die Staatsgrenze standzuhalten.
Wurden vorher die Grenzsicherungsmaßnahmen mehr dezentralisiert, mit weniger ausgebildeten Personal, weniger Mittel (Bewaffnung, Kfz und Sicherungsmittel) und nur aus Behelfsunterkünften durchgeführt, legte die 2. Parteikonferenz der SED jetzt den Grundstein für eine zielgerichtete Sicherung der Staatsgrenze.
Durch den Erlass des Ministers des Innern wurden am 1. März 1957 die Grenzbrigaden gegründet und die bisher bestehenden Grenzbereitschaften aufgelöst.
Die neu gegründeten Grenzregimenter 20, 22 und 25 unterstanden der 2. Grenzbrigade Magdeburg. Diese wechselte im August 1962 zur Stadtkommandantur Berlin und die 7. Grenzbrigade verlegte dafür von Frankfurt / Oder nach Magdeburg.
Mit der Bildung der Grenzbrigaden und der ihnen unterstellten Grenzregimenter wurden jetzt großen Wert auf die systematische Ausbildung (6 Monate) der jungen Grenzsoldaten, der ordnungsgemäßen Unterbringung unmittelbar an der Staatsgrenze (Grenzkompanien) und der zentral geleiteten militärischen Sicherung der Staatsgrenze gelegt.
Der 7. Grenzbrigade Magdeburg unterstanden 3 Grenzregimenter (Grenzregiment 25 Oschersleben, Grenzregiment 22 Halberstadt und Grenzregiment 20 Blankenburg (dem Vorläufer des GR-20 Halberstadt)). Jedes Grenzregiment hatten jeweils 3 Grenzbataillone und ein Grenzausbildungsbataillon.
Sie sicherten die Staatsgrenze von der Ortschaft Wackersleben bis zur Ortschaft Rothesütte zur BRD.
Großen Wert wurde auf die Unterbringung in den Grenzkompanien gelegt, dazu wurden Holzbaracken (alle waren identisch) aufgestellt.

Ausgehend von den Maßnahmen zum 13. August 1961 und dem Gesetz zur Verteidigung der DDR (20.09.1961) war es notwendig, die Sicherung der Staatsgrenze noch straffer zu organisieren.

Dazu wurden die Grenzbrigaden in das Grenzkommando Nord und Süd überführt. So sicherte jetzt das Grenzkommando Nord von der Ostsee bis zum Harz die Staatsgrenze zur BRD. In dieser Reorganisation der GT wurde das GR-22 Halberstadt aufgelöst und die Grenzabschnitte dem GR-25 Oschersleben und dem GR-20 Blankenburg zugeordnet.

Dem Grenzkommando Nord unterstanden jetzt 6 Grenzregimenter und zwei Grenzausbildungsregimenter.

Mit diesem Buch soll an das, wenn auch nur relativ kurze Bestehen des Grenzregiment-25 erinnert werden.

An die Arbeit vieler Offiziere, Berufssoldaten und Unteroffiziere, sowie an die Grenzsoldaten, welche bei jeder Witterung und jeder Zeit, an der Staatsgrenze standhaften und treu ihren Fahneneid erfüllten.

Über die Auflösung des GR-25 gibt es eine offizielle Version und zahlreiche Vermutungen.

Die offizielle Version lautet: Das GR-25 wurde zu Gunsten des GKS aufgelöst und Kräfte und Mittel zur Verstärkung des GKS zugeführt.

Vermutungen: Im Jahr 1981 gab es Anlass (Veruntreuungen und Bereicherungen) ein Teil der Führung des Truppenteils wurde deshalb ausgewechselt. Als neuer Kommandeur wurde Oberstleutnant Lepa eingesetzt.

Aus Schlussfolgerungen dieser Sachen wurde 1983 das GR-25 aufgelöst.

Wenn auch durch den Befehl des Ministers für Nationale Verteidigung das Grenzregiment 25 im Jahr 1983 aufgelöst wurde, geblieben sind die vielen Erinnerungen und der Glaube einer guten Sache gedient zu haben.

Der Autor erhebt, bezüglich des Inhalts, nicht den Anspruch auf umfangreiche Vollständigkeit und Richtigkeit aller in der Regimentschronik dargelegten Sachverhalte. Nicht alle Beiträge der Grenzsoldaten von den betreffenden Grenzkompanien in den einzelnen Internetforen konnten hier wiedergegeben werden, dafür war die Resonanz zu hoch und es hätte die Anzahl der Buchseite zu sehr erhöht.

Alle Skizzen wurden nicht maßstabgerecht gezeichnet.

Die Regimentschronik kann nur einen groben Überblick über das Geschehen im Grenzregiment 25 Oschersleben geben, Grenzsoldaten selber zu Wort kommen lassen und ihr Andenken bewahren.

Im dritten Teil wird auf das nur kurze Zeit bestehende GR-22 Halberstadt eingegangen. Von deren Grenzkompanien später ein Teil auch zum GR-25 gehörten.

Da das GR-25 (besonders das GB Hessen), das Gr-22 (im gesamten Grenzabschnitt) und das GR-20 (besonders das GB Hessen und später GB Ohrsleben) an der Grenze und in den gleichen Orten (GK) ihren Dienst versahen, sind einige Bilder der GK identisch, dass kann auch auf Beiträge zutreffen.
Vergleiche die Chroniken Grenzausbildungsregiment-7 und Grenzregiment-20.

Werner Neumann
Halberstadt 2014

Historie

Der Vorläufer des GR-25 Oschersleben war die Grenzbereitschaft Osterwieck. Sie wurde mit Beginn der Sicherung der Grenze zu den westlichen Besatzungsgebieten gegründet und umfasste die Sicherung im damaligen Land Sachsen-Anhalt.
Mit der ersten Umgruppierung der Sicherungseinheiten wurde die Grenzbereitschaft Osterwieck aufgelöst und auf die Grenzbereitschaften Halberstadt (22.) und Oschersleben (25.) aufgeteilt.
Die 25. Grenzbereitschaft Oschersleben sicherte den Bereich von Walbeck bis Hessen, mit dem Schwerpunkt Tagebau Harbke.
Mit der Anordnung 25/62 des Chefs der GT soll am 05.03. 1962 das 25. Grenzregiment gegründet worden sein.
Die Grenzkompanien der ersten Stunde waren:
Die GK Karoline (8. GK), wurde 1964 nach Barneberg verlegt, das Objekt wurde abgerissen.
Die GK Rohrsheim, bestand bis Februar 1970 und wurde danach abgerissen.
Die GK Osterode, bestand bis Februar 1970 und wurde dann abgerissen.
Die GK Göddeckenrode wurde nach dem Neubau an der Verbindungsstraße dahin verlegt und das alte Objekt wurde abgerissen.
Von allen vier Grenzkompanien sind heute nur noch Reste zu sehen.
Aus den, in den Anfangsjahren bestehenden, drei Grenzbataillonen und einem Ausbildungsbataillon, wurden 1967 nur zwei Grenzbataillone und ein Ausbildungsbataillon.
Ab 1971 ging man aber wieder zu den drei Grenzbataillonen zurück.
Von 1973 bis 1981 war die Bataillonssicherung, immer ein Grenzbataillon sicherte den gesamten Regimentsabschnitt für 24 Stunden.
Die Ausbildung der Soldaten und Unteroffiziere erfolgte ab 1958 im Rahmen des Reservegrenzbataillons zuerst im Schloss Weferlingen, danach ab 1962 als Ausbildungsbataillon auch wieder im Schloss Weferlingen.
Nur eine kurze Zeit wurde das AbB-25 zum Stab Oschersleben in Holzbaracke verlegt, um dann im AbB-25 Mönchhai ab 1963 die Ausbildung in der 1. bis 3. Ausbildungskompanie und als 4. UAbK (Unteroffiziersausbildungskompanie, manche sagten auch Unteroffiziersschule dazu) die Ausbildung durchzuführen.

Mit der Gründung der Unteroffiziersschule VI in Glöwen, ging die gesamte Ausbildung der Unteroffiziere nach Glöwen und die Ausbildung der Soldaten zum GAR-7 Halberstadt, das AbB-25 wurde aufgelöst.
Am 01.03.1968 erhielt das GR-25 Oschersleben den Ehrennamen „Neidhardt von Gneisenau".
Am 4. Februar 1974 wurde das GR-25 mit dem Orden „Banner der Arbeit" Stufe I vom Minister für National Verteidigung ausgezeichnet.

Schwur der Grenzpolizei
(13. März 1958)

„Ich schwöre, meinem Vaterland, der Deutschen Demokratischen Republik, allzeit treu zu dienen, sie auf Befehl der Arbeiter-und Bauern-Regierung unter Einsatz meines Lebens gegen jeden Feind zu schützen, den Vorgesetzten unbedingten Gehorsam zu leisten, immer und überall die Ehre unserer Republik und ihrer Grenzpolizei zu wahren."

Fahneneid der Grenztruppen
der DDR

Ich schwöre:
Der Deutschen Demokratischen Republik, meinem Vaterland, allzeit treu zu dienen und sie auf Befehl der Arbeiter-und-Bauern-Regierung gegen jeden Feind zu schützen.

Ich schwöre:
An der Seite der Nationalen Volksarmee und der anderen Schutz- und Sicherheitsorgane der Deutschen Demokratischen Republik sowie fest verbunden mit den Armeen und den Grenztruppen der Sowjetunion und der anderen verbündeten sozialistischen Länder als Soldat der Grenztruppen der Deutschen Demokratischen Republik jederzeit bereit zu sein, standhaft und mutig, auch unter Einsatz des Lebens, die Grenzen meines sozialistischen Vaterlandes gegen alle Feinde zuverlässig zu schützen.

Ich schwöre:
Ein ehrlicher, tapferer, disziplinierter und wachsamer Soldat zu sein, den militärischen Vorgesetzten unbedingten Gehorsam zu leisten, die Befehle

mit aller Entschlossenheit zu erfüllen und die militärischen und staatlichen Geheimnisse immer streng zu wahren.

Ich schwöre:
Die militärischen Kenntnisse gewissenhaft zu erwerben, die militärischen Vorschriften zu erfüllen und immer und überall die Ehre unserer Republik und ihrer Grenztruppen zu wahren.

Sollte ich jemals diesen meinen feierlichen Fahneneid verletzen, so möge mich die harte Strafe der Gesetze unserer Republik und die Verachtung des werktätigen Volkes treffen.

Neidhardt von Gneisenau

geboren am: 27.10.1760 in Schildau, Sachsen
verstorben: 23.08.1831 in Posen, Posen

Dem Grenzregiment-25 Oschersleben wurde am 01.03.1968 durch den Chef der GT Generalmajor Peter am 29.02.1968 in Oschersleben der Ehrennahme „Neidthard von Gneisenau" verliehen.
Sein militärischer Dienstgrad Generalfeldmarschall und sein Grafentitel wurden nie groß erwähnt.
In der Kaserne in Oschersleben stand eine vom Bildhauer Harry Schneider aus Magdeburg geschaffene Bronzebüste.
Graf Neidthard von Gneisenau wurde am 27.10.1760 in Schildau (Sachsen) als August Wilhelm Antonius der Familie des Leutnants August Wilhelm Neidhardt und deren Frau Maria Eva (von Müller) in Schildau geboren.
Schon früh trat er in die militärischen Dienst (1779) ein.
Erst in einem österreichischen Husarenregiment, dann die Teilnahme am amerikanischen Unabhängigkeitskampf (1782), um dann ab 1783 im preußischen Heer zu dienen.
Hier wurde er schnell befördert, heiratete und hatte sieben Kinder.
Er befasste sich auch mit dem Studium zu militärischen Dingen.
1806 nahm er am Kampf gegen Napoleon teil und wurde verwundet.
Nach seiner Tätigkeit als Kommandant der Festung Kolberg wurde er zum Oberstleutnant befördert.
1809 wurde er zum Oberst befördert, quittierte aber seinen Dienst im Juli 1809, da er des Verrats beschuldigt wurde.
Er arbeitete aber weiter im Staatsdienst.
1812/13 wurde Gneisenau 2. Generalquartiermeister in der Armee Blüchers.
Hier erwarb er sich hohes Ansehen und wurde auf Grund seiner großen Verdienste in den Grafenstand erhoben.
1815 wurde er zum General der Infanterie befördert.
Nach dem Krieg erkrankte er und zog sich auf sein Gut zurück.
Vom König wurde er in den preußischen Staatsrat berufen und erhielt den Vorsitz in der Abteilung „Äußere Angelegenheiten".
Seine Gegner hatten ihn aber schon kaltgestellt, auch wenn er noch den Vorsitz in der Abteilung „Militärangelegenheiten" bekam. Eigentlich war er nur mit Verwaltungsarbeiten beschäftigt.
1825 erhielt er das Gut Sommerschenburg vom König und den Ehrentitel Generalfeldmarschall.
Graf Neidhardt von Gneisenau verstarb 1831 auf seinem Gut.
Seine Grabstätte wurde aber erst 1841 feierlich vom König Friedrich Wilhelm IV. in Sommerschenburg eingeweiht.
Zwei preußische Mörser lagen zu Füßen seiner Marmorstatue, er selber in einem Bronzesarkophag.

Gneisenau:
„Habe die Kraft, das hinzunehmen, was du nicht verändern kannst - und den Mut, das zu verändern, was du nicht hinnehmen kannst – und die Weisheit, beides zu unterscheiden!"
„Es ist billig und staatsklug zugleich, dass man den Völkern ein Vaterland gebe, wenn sie ein Vaterland verteidigen sollen."

Die Regimentskommandeure

1954 Major Putze, Rolf

1956 Major Bliesener, Siegfried

1957 Major Lange, Willi

1958 Oberstleutnant Sagebaum, Karl

1958 Oberstleutnant Schieck, Heinz

1959 Oberstleutnant Blaschka, Ernst

1961 Oberstleutnant Henning, Kurt

1969 Oberstleutnant Gottschlik, Bernhard
(1971 Oberst Gottschlik, Bernhard)

1981 Major Lepa, Klaus
(1982 Oberstleutnant Lepa, Klaus)

Die Zeittafel
Ein kurzer, zeitlicher Ablauf
(vergleiche auch Regimentschronik GR-20)

Bis 1945 Sowjetische Einheiten (Grenzbataillone) sichern die Grenze zu den westlichen Besatzungsmächten.
In Halberstadt war ein Standort (ehemalige Fliegerhorstkaserne Klusberge) eines sowjetischen Grenzbataillons.

1. 12. 1946 Aufbau der Grenzpolizei
(gilt später als Gründungstag der Grenztruppen der DDR). Gemeinsame Sicherung der Grenze mit den sowjetischen Grenzbataillonen. Die Grenzbereitschaft Oschersleben sichert die Grenze ab Walbeck bis Lüttgenrode. Es gab unter anderem folgende Grenzposten (Vorläufer der Grenzkompanien) Beendorf, Karoline, Harbke, Veltheim.
Eine Grenzkommandantur (Vorläufer des Grenzbataillons) war Barneberg und Groß Bartensleben.
Die Grenzposten hatten eine Stärke bis zu 10 Grenzpolizisten. Es gab keine Kfz, keine Fahrräder, keine Nachrichtengeräte und fast keine Uniformen.
Als Bewaffnung gab es den K 98.
Verbindung zur vorgesetzten Dienststelle hielt man über das öffentliche Telefonnetz oder mit Melder.
Die Dienstaufsicht über die Grenzpolizei in Sachsen-Anhalt hatte der Magdeburger Polizeipräsident.
Die operative Aufsicht hatte der zuständigen sowjetische Kommandeur.

Struktur (als Beispiel)
Abteilung Magdeburg
Grenzbereitschaft-25 Oschersleben
Kommandantur Barneberg
Kommando Beendorf

1948 Die Grenzpolizei wird der Verwaltung des Innern unterstellt.
Die FDJ-Aktion „G", bedeutet:
3 Jahre freiwilligen Dienst in der Grenzpolizei.

	Weitere gemeinsame Sicherung der Grenze mit den sowjetischen Grenzbataillonen.
1949	Die Hauptverwaltung der Grenzpolizei wird in die Hauptverwaltung der Deutschen Volkspolizei eingegliedert. Grundlage: Befehl: 80/51
1951	Die Grenzbereitschaft Osterwieck wird aufgelöst und dafür die Grenzbereitschaft Halberstadt und Oschersleben gegründet.
1951	Der Abteilungsstab Magdeburg, Vorläufer der 2. Grenzbrigade Magdeburg, wird gegründet. Ein neues System der intensiven Schulung und Ausbildung in der Grenzpolizei beginnt. Einführung der sowjetischen Bewaffnung: Mpi 41, K-44, Pistole TT
1952	2. Parteikonferenz der SED. Neue militärische Ränge werden eingeführt und die Offiziersschule und die Unteroffiziersschulen in Groß-Glienick, Dömitz und Dietrichhütte werden eröffnet.
07.10.1952	Die neue kakifarbene Uniform wird eingeführt.
16. 05. 1952	Grenzpolizei wird dem Ministerium für Staatssicherheit unterstellt und erhält den Namen:

Deutsche Grenzpolizei

26.05.1952	Beschluss des Ministerrates der DDR über die Verordnung über Maßnahmen an der Demarkationslinie. An der Grenze wird folgendes errichtet: 5 km breite Sperrzone 500 m breiter Schutzstreifen 10 m breiter Kontrollstreifen
01.06.1952	Sowjetische Berater nehmen in der Deutschen Grenzpolizei ihren Dienst auf.
01.12.1952	Die Einführung von militärischen Dienstgraden.

27. 06. 1953	Die Deutsche Grenzpolizei wird wieder dem Ministerium des Innern unterstellt. Die Einführung von Ehrentitel „Vorbildlicher Soldat", „Vorbildlicher Postenführer", „Vorbildlicher Offizier", „Ausgezeichnete Kommandantur der Grenzbereitschaft".
01.10.1954	Befehl zur Gründung der Grenzbereitschaft Oschersleben. Aus dem Bestand der Grenzbereitschaften Gardelegen und Halberstadt. Erster Kommandeur wird **Major Putze Rolf**
01.11.1954	Abschluss der Formierung der Grenzbereitschaft Oschersleben. Struktur: Stab 3 Kommandanturen 10 Kommandos
5. 05. 1955	Gründung „Warschauer Vertrag"
01.11.1955	Die DDR übernimmt den alleinigen Schutz ihrer Grenzen.
01.12.1956	Die bisherigen Strukturen werden aufgelöst. Bildung der Grenzbrigaden, sowie Aufstellung der Grenzabteilungen. Die Struktur war jetzt folgendermaßen: Grenzbrigade Je 3 Grenzbereitschaften Je 3 Grenzabteilung Je 3-4 Grenzposten (Grenzkompanie) Im Bereich Magdeburg 2. Grenzbrigade (die spätere 7. Grenzbrigade sichert noch den Bereich Frankfurt / Oder)

Grenzbereitschaft-25 Oschersleben
Grenzbereitschaft-22 Halberstadt
Grenzbereitschaft-23 Gardelegen

Rechter Nachbar war die 1. Grenzbrigade Perleberg, linker Nachbar die 3. Grenzbrigade Erfurt, mit der Grenzbereitschaft Nordhausen.
Damalige Struktur

Grenzbrigade
Grenzbereitschaft
Grenzabteilung
Grenzkompanie

1956	Neuer Kommandeur wird:
	Major Bliesener, Siegfried
1. 03. 1957	Das Kommando der Deutschen Grenzpolizei im MDI unter dem Kommandeur Generalmajor Paul Ludwig wird gegründet. Beginn der militärischen Gliederung
22. 06.1957	Der Minister für Nationale Verteidigung erlässt den Befehl Nr. 49/57 über die Einführung von Dienstlaufbahnabzeichen und der Schützenschnur.
01.11. 1957	Verleihung der ersten Schützenschnur Bei der ersten Erfüllung der Bedingungen wurde nur verliehen, bei der wiederholten Verleihung jeweils eine Eichel (Stufe 2 bis 4). Bis 1960 wurde die Schützenschnur in vier Stufen verliehen.
1957	Neuer Kommandeur wird:
	Major Lange, Willi
01.01.1958	Bestand der 25. Grenzbereitschaft:

	Stab 3 Grenzabteilungen 12 Grenzkompanien 1 Reservegrenzkompanie 1 Batterie Ausrüstung der RGA: Panzerabwehrkanonen, Granatwerfer, Fla-MG, SMG Ausrüstung der GA: SMG, SPAG, TSM sowie Stahlhelm der NVA
01.03.1958	Einführung von Dienstlaufbahnbestimmungen, Eid und Truppenfahne bei der DGP.
1958	Neuer Kommandeur wird: **Oberstleutnant Sagebaum, Karl**
Mai 1958	Erste Vereidigung der Angehörigen der Grenzbereitschaften, Abnehmender der Vereidigung war der Kommandeur der Grenzpolizei Generalmajor Ludwig.
16.09.1958	Verleihung der Truppenfahne an die 25. Grenzbereitschaft Oschersleben durch den Kommandeur der DGP Generalmajor Ludwig in der Puschkinstraße in Oschersleben. 1. Fahnenträger: Oberfeldwebel Müller, K.
1958	Neuer Kommandeur wird: **Oberstleutnant Schieck, Heinz**
1959	Neuer Kommandeur wird: **Oberstleutnant Blaschka, Ernst**
1960	Mit dem Befehl 34/60 des Ministers für Nationale Verteidigung wurden die Dienstgrade Unterfeldwebel und Stabsfeldwebel eingeführt.
1.12.1960	Gemäß Befehl 62/60 des Ministers für Nationale Verteidigung wurde die Schützenschnur in allen Waffengattun-

	gen nur noch für das Schießen mit Schützenwaffen in drei Stufen verliehen.
August 1961	Auf einer Beratung der Sekretäre der ZK der Kommunistischen Arbeiterparteien des Warschauer Vertrages billigen diese die wirksame Sicherung der Staatsgrenze zu Westberlin.
13. 08. 1961	Die Errichtung der Mauer zu Westberlin. Verstärkte Grenzsicherung an der Staatsgrenze zur BRD. Die meisten Grenzsoldaten leistete ununterbrochenen Grenzdienst bei nur vier Stunden Ruhe.
15. 09. 1961	Deutsche Grenzpolizei wird dem Ministerium für Nationale Verteidigung unterstellt. Der neue Name: **Grenztruppen**
1961	Die Grenzbereitschaften, die Grenzabteilungen sowie die Grenzkommandos werden aufgelöst. Die neue Struktur ist jetzt Grenzregiment Grenzbataillon Grenzkompanie.
15.09.1961	Neuformierung der 25. Grenzbereitschaft Grenzregiment-25 Oschersleben Stab 3 Grenzbataillonen 9 Grenzkompanien 3 Reservegrenzbataillon 1 Ausbildungsbataillon 3 AbK 1 UAbK
1961	Neuer Kommandeur wird: **Oberstleutnant Henning, Kurt**

20. 09. 1961	Die Volkskammer beschließt das Gesetz zur Verteidigung der DDR.
1961	Einführung der allgemeinen Wehrpflicht
Oktober 1961	Beginn der Verlegung von Minen an der Staatsgrenze zur BRD.
1961	Einführung neuer Technik: P3, LO-1800, W-50, Bewaffnung: MPI „Kalaschnikow", LMG „Degtjarow", Karabiner „Simonow", Panzerbüchse „RPG-7" Persönliche und kollektive Schutzausrüstung, neue Bekleidung und Ausrüstung, Ausrüstung der RGK mit je 3 SPW-152.
1962 (August)	Bildung der Stadtkommandantur Berlin und des Kommandos der GT in Pätz. Die 7. Grenzbrigade verlegt von Frankfurt / Oder nach Magdeburg. 7. Grenzbrigade Magdeburg Ihr unterstanden jetzt GR-25 Oschersleben GR-22 Halberstadt GR-20 Blankenburg
1962	Am 05. April wurde das GR-25 gegründet (AO25/62 Chef GT)
1962	Verleihung der neuen Truppenfahne an das GR-25, Auflösung des AbB im Standorts Flechtingen und der RGK in den Grenzbataillonen, Gründung des AbB-25 Mönchhai.
1962	Erste 6-monatige-Ausbildung der neuen Grenzsoldaten
1963	Beginn des Ausbaus des SPS Tanne. Die ersten neu gebauten Steinkaserne werden übergeben.

	Freiwillige Helfer der GT werden in Zügen und Gruppen formiert.
08.02. 1964	Die DV 30/10 Vorschrift über die Organisation und Führung der Grenzsicherung in der Grenzkompanie wird erlassen.
1964	Verlegung von Grenzkompanien (zusammengefasst als Bataillon, je Grenzbataillon eine GK) verlegen zum Truppenübungsplatz Hintersee zur Ausbildung. Der Transport erfolgt per Bahn oder Kfz-Marsch. Auch die Ausbildungsbataillone verlegen einmal im Ausbildungshalbjahr nach Hintersee.
1964	Die Ausbildungseinheiten werden zur Grenzsicherung und zur Ausbildung im und am Schutzstreifen eingesetzt.
1965	Nutzung SPS Tanne
1966	Alkoholbefehl 30/66
1966	Ein neues System der Grenzsicherung die Bataillonssicherung wird schrittweise eingeführt.
1967/68	Stand der sozialistische Wettbewerb unter der Losung „Aktion Roter Kampfwagen".
01.03.1968	Das GR-25 erhält den Ehrennamen „Neidhardt von Gneisenau" Verliehen durch den Chef der GT Generalmajor Peter am 29.02.1968 in Oschersleben.
1968	Die Bataillonssicherung wird in den GT eingeführt.
1969	Das Handbuch für den Grenzdienst erscheint.

1969	Neuer Kommandeur wird: **Oberstleutnant Gottschlik, Bernhard**
01.02. bis 28.02.1970	Die letzten Pferde in den TT der GT werden ausgemustert.
1970	Umstrukturierung der Grenztruppen Befehl 138/70 des Ministers für Nationale Verteidigung Auflösung der Grenzbrigaden und Bildung von Grenzkommandos.
01.02.1971	Neuformierung der 3., 5. und 7. Grenzbrigade zum Grenzkommando Nord, zuerst Standort Kalbe (Milde), danach Stendal. Grenzkommando Nord (GKN) Stendal Grenzkommando Süd Erfurt Grenzkommando Mitte Berlin Dem GKN unterstehen sechs Grenzregimenter und zwei Grenzausbildungsregimenter. Grenzkommando Nord GR-6 Schönberg GR-8 Grabow GR-24 Salzwedel GR-23 Kalbe/Milde GR-25 Oschersleben → 1983 aufgelöst GR-20 Blankenburg → später Halberstadt GAR-5 Glöwen → 1971 gegründet und 1989 aufgelöst GAR-7 Halberstadt → 1971 gegründet Linker Nachbar ist das GKS Erfurt mit dem GR-4 Heiligenstadt, dem I. GB Klettenberg und der 1. GK Ellrich. Das Grenzregiment-22 Halberstadt wird aufgelöst.
1971	Das Grenzregiment-25 formiert sich aus seinem ursprünglichen Bestand und dem aufgelösten GR-22.

1971	Der Kommandeur Oberstleutnant Gottschlik, Bernhard wird zum Oberst befördert.
1970	Die ersten Grenzsäulen und Grenzsteine werden gesetzt.
1970	Losung im sozialistischen Wettbewerb: „Operation 70"
1971	Wettbewerbslosung: „Salut 25 – jederzeit gefechtsbereit!"
1971	Die Unteroffiziersausbildung ab jetzt in der U-Schule Perleberg durchgeführt.
1971	Die neuen Planstellen werden eingeführt: GB: Stellvertreter des Bataillonskommandeurs für Technik und Ausrüstung GK: Schirrmeister K
1971	Die ersten W50 und Ural werden zugeführt.
1971	Der Bau von BT-11 beginnt.
1972	Beginn der praktischen Erprobung des geschlossenen Einsatzes von Einheiten zur Grenzsicherung im GR-25. Dies war beispielgebend für die gesamte GT. Beginn der verstärkten Pionier- und signaltechnischen Ausbaus der Staatsgrenze im gesamten Abschnitt GR-25.
1972	Die Dienstvorschrift 318/0/002 Einsatz der Grenztruppen zur Sicherung der Staatsgrenze- Grenzbataillon und Grenzkompanie wird erlassen.
15. 03. 1973	Die dt. dt. Grenzkommission setzt Arbeitsgruppe Grenzmarkierung ein.
1973	Die X. Weltfestspiele der Jugend und Studenten fanden in Berlin statt. Verstärkung der Grenzsicherung an der Staatsgrenze der DDR zur BRD.
1973	Einführung der Bataillonssicherung im GR-25.

	Beginn der permanenten Lehrvorführungen, Erprobungen, Besichtigungen und Truppenbesuchen (mit nationalen und internationalen hochrangigen Gästen und Delegationen)
1973/74	Die Bataillonssicherung wird in den gesamten Grenztruppen eingeführt.
1974	Alkoholbefehl 30/74
06.02.1974	Das Grenzregiment 25 wird mit dem Orden „Banner der Arbeit" Stufe I ausgezeichnet.
1975	Wettbewerbslosung: „Soldateninitiative 75"
01. 12. 1976	Die Grenztruppen bekommen die Bezeichnung:

„Grenztruppen der DDR"

	und den Ärmelstreifen mit der Aufschrift: „Grenztruppen der DDR"
1976	Ausbau des „Grenzkohlepfeilers" Harbke, Bildung der 13. GK Harbke.
1977	Die Losung für den sozialistischen Wettbewerb war: „Kampfkurs 77 – stets wachsam, kampfstark und gefechtsbereit!"
1978	Das Jahr stand unter der Losung „Für unser sozialistisches Vaterland - wachsam, und gefechtsbereit!"
03.02. – 01.03.1979	Woche der Waffenbrüderschaft
1980	Die Losung für dieses Jahr lautete: „Kampfposition 80 – Mit den Waffenbrüdern vereint – stets wachsam und gefechtsbereit!"

1980	Befehl 04/80 des Stellvertreters des Ministers und Chef der GT über die Bildung von Sicherungskompanien (SiK).
1980	Im Februar 1980 wird die Sik-25 in Mönchhai gegründet und stationiert
1981	Versetzung des langjährigen Kommandeurs Oberst Gottschlik, Bernhard in die Reserve (Staatsapparat – Stadt Magdeburg)
1981	Neuer Kommandeur wird: **Major Lepa, Klaus**
1981	Jugendinitiative: „Blickpunkt Grenzsicherung!"
14. Juni 1981	Volkskammerwahl im Truppenteil
01.12. 1981	35. Jahrestag der Grenztruppen
1981	Befehl 13/81 zur Personalanalyse AO 13/81 des StMCGT „ Maßnahmen zur Durchsetzung der Hoheitsrechte an der Staatsgrenze zur BRD und zu Westberlin und zur Einhaltung zwischenstaatlichen Vereinbarungen über Grenzangelegenheiten" AO 15/81 des StMCGT „Die Zusammenarbeit mit den einzelnen geführten Freiwilligen Helfern der Grenztruppen der DDR durch Offiziere Grenzaufklärung und dafür bestätigten Grenzaufklärer" AO 22/81 des StMCGT „Die Auswahl, Bestätigung und Ausbildung von Angehörigen der Grenztruppen der DDR als Grenzaufklärer und die systematische Kaderarbeit mit Grenzaufklärern"
1981	Das weiter entwickelte System der Grenzsicherung wird schrittweise in den GT eingeführt, auch Kompaniesicherung genannt.

	Die III. GB werden zur Hinterlandsicherung eingesetzt.
25.03.1982	Die Volkskammer der DDR beschloss das Grenzgesetz.
!982	Der Kommandeur Major Lepa, Klaus wird zum Oberstleutnant befördert.
April 1982	Den Grenztruppen wird im Grenzgebiet mit der neue Direktive des Sekretariats des ZK der SED mehr Verantwortung übergeben.
1983	Einführung eines Neuen System der Grenzsicherung im GR-25.
05.10.1983	Erich Honecker kündigt den Abbau der Minen an.
31.10.1983	Das GR-25 wird mit dem Befehl 65/83 des Ministers für Nationale Verteidigung aus strukturellen Gründen aufgelöst. Die Truppenfahne wird an das Militärarchiv der DDR übergeben. Gleichzeitig wird die AO 22/83 des Chef der Grenztruppen zum gleichen Thema erlassen. Den Grenzabschnitt des III. GB Hessen vom ehemaligen GR-25 Oschersleben übernimmt das GR-20 und die anderen beiden GB das GR23.
16.06.1989	Befehl 37/89 des Stellvertreters des Ministers und Chef der Grenztruppen über Maßnahmen zur Reorganisation der Grenztruppen.
Sommer 1989	Reorganisation der Grenztruppen. Das Grenzkommandos und die Grenzregimenter sowie Grenzbataillone werden aufgelöst. Es werden Grenzbezirkskommandos und Grenzkreiskommandos gebildet, aus den Grenzkompanien werden Grenzwachen.
!989	Die Grenzausbildungsregimenter werden aufgelöst und es werden insgesamt vier Grenzausbildungszentren gebildet,

	unter anderem das Grenzausbildungszentrum-16 Halberstadt.
01.09.1989	Das Grenzkreiskommando-204 Halberstadt/Oschersleben wird mit Sitz in Halberstadt (ehemalige Martin-Hoop-Kaserne) gebildet.
1989	Gründung Grenzkreiskommando-203 Haldensleben Sitz Weferlingen.
18.10.1989	Fernsehen der DDR zur Wahl von Egon Krenz als neuen Generalsekretär der SED.
01. 11.1989	Auflösung Grenzausbildungsregiment-5 Glöwen.
09.11.1989	An diesem Donnerstag verkündet Schabowski gegen 19.00 Uhr auf einer Pressekonferenz „die Grenzen sind ab sofort offen".
13.11.1989	Ab heute dürfen auch die Angehörigen der Grenztruppen in den Westen reisen.
16.11.1989	Präzisierung der Einreisen: „Angehörige der Grenztruppen dürfen nur ohne Uniform die Grenze überschreiten!"
17.11.1989	Die ersten westlichen Zeitungen und Kataloge tauchen in den Stäben auf.
18.11.1989	Die Parteiinstruktion wurde außer Kraft gesetzt.
21.11.1989	Die Politische Hauptverwaltung der Grenztruppen wurde aufgelöst.
01.12.1989	Der letzte Feiertag der Grenztruppen der DDR
11.12.1989	Das letzte Mal wurde Pflegegeld für die Dienstwohnungen ausgezahlt.
01.01.1990	Die bisherige Anrede „Genosse" fällt weg und wird durch die Anrede „Herr" ersetzt.

Diese Anrede war am Anfang für viele sehr gewöhnungsbedürftig.

04.01.1990 Aufruf der Gewerkschaft in den Grenzschutzorganen der DDR

14.01.1990 Eine Neuerung: Die zusätzlichen Stunden der Kontrollen nach Dienstschluss können jetzt abgebummelt werden.

15.01.1990 Neues Gerücht kursiert: Die DM wird eingeführt!

01.02.1990 Einberufung der neuen Soldaten

15.02.1990 Der bisherige Fahneneid wird durch das Gelöbnis ersetzt.

„Ich gelobe:
Der Deutschen Demokratischen Republik treu zu dienen und getreu dem Verfassungsauftrag ihre Staatsgrenzen zuverlässig zu schützen."

Alle AGT müssen dieses neue Gelöbnis ablegen, wer es nicht macht, wird sofort entlassen.

13.03.1990 Alle dürfen sich jetzt einen Bart wachsen lassen, welch eine Errungenschaft.

07.05.1990 Der Zivildienst wird eingeführt, gleiche Dauer wie der Wehrdienst.

30.06.1990 Alle Kontrollen an der Grenze werden eingestellt.

01.07.1990 Die DM wird eingeführt.
Umtauschkurs:
Bis 4000 DM im Kurs 1:1
Alles andere darüber im Kurs 1:2.
Die Besoldung der AGT wird 1:1 umgetauscht.

20.07.1990 Die bisherigen Kokarden an den Mützen werden gegen die neuen sogenannten Reichskokarden ausgetauscht.

04.09.1990   Die letzte Einberufung der letzten neuen Soldaten.

21.09.1990   Bekanntgabe des Befehls 49/90 über die Auflösung der Grenztruppen durch den Kommandeur.

30.09.1990   Der Grenzschutz der DDR ist aufgelöst.

02.10.1990   Bis 24.00 Uhr werden die Grenzkreiskommandos-204 Halberstadt/Oschersleben und Grenzkreiskommando-203 Haldensleben Standort Weferlingen aufgelöst!

Das GR-25 bestand somit 21 Jahre.

Standorte und Struktur der Grenzbereitschaft-25 und des GR-25 Oschersleben

Die Grenzbereitschaft-25 Oschersleben war aus der Grenzbereitschaft Osterwieck hervorgegangen und sicherte gemeinsam mit den Grenzbereitschaften Halberstadt und Salzwedel die Grenze des Landes Sachsen-Anhalt zur BRD.
Der Sicherungsstreifen aller drei Grenzbereitschaften begann an der Elbe und endete in Schierke einschließlich Brocken.
Wobei die Grenzbereitschaft Oschersleben in der Mitte lag und von Walbeck bis Lüttgenrode sicherte.
Es gab unter anderen solche Grenzkommandos (spätere Bezeichnung Grenzkompanie), wie:
Drösede A und B, Beendorf, Klötze, Oebisfelde, Marienborn, Harbke, Hötensleben, Ohrsleben, und Hessen, dazu auch Veltheim, Karoline.
Ein Grenzkommando bestand damals aus 10 Grenzpolizisten, ein Leiter, ein Stellvertreter und acht Grenzpolizisten, welche den Dienst versahen. Der Dienst wurde so organisiert, dass einer dienstfrei hatte, einer im Urlaub war und der Rest (6 Grenzpolizisten) den Grenzdienst (immer 8 Stunden) versahen. Schon damals übernahm die Küche eine Frau aus dem Ort und versorgt wurden die Grenzkommandos vom vorgesetzten Stab, der Kommandantur (spätere Bezeichnung Grenzbataillon).

1957 gab es eine neue Struktur.
Zu den jetzt schon gebildeten drei Grenzbataillone, welche die unmittelbare Sicherung der Grenze übernommen hatten, wurde ein Ausbildungsbataillon geschaffen.
Diese sollte nach einer gewissen Zeit der Ausbildung ein Grenzbataillon ablösen, was dann in die Ausbildung ging.
Das neu gebildete Ausbildungsbataillon wurde zuerst in ein Schloss in Flechtingen einquartiert.
Später kam dieses Bataillon, aus Gründen der Gefechtsbereitschaft in den neu errichteten Baracken im Stab Oschersleben unter.

Aus diesem Ausbildungsbataillon entwickelte sich später das AbB-25 in Mönchhai.

Von 1945 bis 1950
Zu dieser Zeit sicherte die Grenzbereitschaft Oschersleben von der Ortschaft Walbeck bis Dedeleben, die damals noch existierende Grenzbereitschaft Osterwieck von Rohrsheim bis Lüttgenrode und die Grenzbereitschaft Halberstadt von Abbenrode bis Schierke (Brocken). Südlich von Schierke sicherte die Grenzbereitschaft Nordhausen.
In der Grenzbereitschaft Oschersleben gab es unter anderen folgende Grenzposten (später Grenzkompanie):
Karoline (8.), Hötensleben (9.), Ohrsleben und Dedeleben

Von 1951 bis 1960
Die Grenzbereitschaft Osterwieck wurde 04-1952 nach Halberstadt verlegt. Mit der Gründung der Grenzbrigaden wurden die 25.Grenzbreitschaft Oschersleben und die 22.Grenzbereitschaft Halberstadt sowie die 23.Grenzbereitschaft Kalbe/Milde der 2. Grenzbrigade (später 7.) Magdeburg unterstellt.
Die 22. Grenzbereitschaft Halberstadt sicherte jetzt vom Großen Graben bis Schierke (einschließlich Brocken).
Die 25. Grenzbereitschaft Oschersleben von Ohrsleben bis Döhren.
Die Standorte der Stäbe war folgendermaßen:
Stab 25. Grenzbereitschaft in Osterwieck
Stab 22. Grenzbereitschaft Halberstadt
Stab 23. Grenzbereitschaft Kalbe/Milde
Den südlichen Teil des Harzes sicherte die Grenzbereitschaft Nordhausen.

Von 1958 bis 1970
Der 2. Grenzbrigade Magdeburg unterstanden folgende Grenzbereitschaften:

Stab Magdeburg
- 24. Grenzbereitschaft Salzwedel
- 23. Grenzbereitschaft Kalbe/Milde
- 25. Grenzbereitschaft Oschersleben
- 22. Grenzbereitschaft Halberstadt
- KPP Marienborn

Ab dem Jahr 1961 wurden die ersten Grenzregimenter gegründet, am 20.10.1961 das Grenzregiment-20 Blankenburg, am 15.03.1962 das Grenzregiment-25 Oschersleben und im April 1962 das Grenzregiment-22 Halberstadt.

Das GR-25 Oschersleben behielt seinen vorherigen Grenzabschnitt. Es sicherte den Grenzabschnitt von Walbeck bis Großen Graben (Ohrsleben) mit drei Grenzbataillonen.
Das AbB-25 hatte den Standort Mönchhai.
Deren Ausbildungsplatz war der Paulskopf, sowie als Schießplatz Münchehof bei Halberstadt.

Der Stab des GR-25 war in Oschersleben.

Das GR-22 Halberstadt gab einen Teil seines Grenzabschnittes und zwar von Schierke bis Appenrode an das neu gegründete GR-20 Blankenburg ab. Das GR-22 Halberstadt hatte nun den Grenzabschnitt von Großen Garben (Dedeleben) bis Lüttgenrode mit drei Grenzbataillonen zu sichern.

Das neu gegründete GR-20 Blankenburg übernahm den Grenzabschnitt Abbenrode bis Rothesütte und sicherte ihn mit drei Grenzbataillonen.

1961/1962
Umgruppierung der Grenzbrigaden, Bildung der Stadtkommandantur Berlin, sowie Auflösung der Grenzbereitschaften und Grenzabteilungen und Bildung der Grenzregimenter.

August 1962 Gründung Stadtkommandantur Berlin

Ihr unterstanden:
- Grenzbrigade Ost-Berlin
- Grenzbrigade Groß Glienicke
- Grenzbrigade Potsdam

Die Grenzbrigaden an der Grenze zur BRD
- 3. Grenzbrigade Perleberg
- 5. Grenzbrigade Kalbe/Milde
- 7. Grenzbrigade Magdeburg (von 15.09. 1961 bis 28.02.1971)
- 9. Grenzbrigade Erfurt
- 11. Grenzbrigade Meiningen
- 13. Grenzbrigade Rudolstadt
- 6. Grenzbrigade Küste Rostock

Der 7. Grenzbrigade Magdeburg unterstanden:
- Grenzregiment-25 Oschersleben

- Grenzregiment-22 Halberstadt
- Grenzregiment-20 Blankenburg

Der rechte Nachbar der 7. Grenzbrigade Magdeburg war die 4. Grenzbrigade Kalbe/Milde.
Der linke Nachbar der 7. Grenzbrigade Magdeburg war die 9. Grenzbrigade Erfurt.
Das unmittelbar angrenzende rechte Nachbarregiment der 7. Grenzbrigade Magdeburg war das Grenzregiment-23 Gardelegen.
Das linke Nachbarregiment der 7. Grenzbrigade Magdeburg war das Grenzregiment-5 Nordhausen.

1963 erfolgte die Auflösung und Verlegung zuerst nach Oschersleben und dann als AbB-25 nach Mönchhai/Dingelstedt.

Struktur 25. Ausbildungsbataillon Mönchhai – Dingelstedt

Stab
- Ausbildungskompanie
- Ausbildungskompanie
- Ausbildungskompanie
- Unteroffiziersausbildungskompanie
- Stabseinheiten

Zur 7. Grenzbrigade Magdeburg gehörten:

Stab Magdeburg
- Schwere Abteilung – Magdeburg
- GÜST – Marienborn
- Grenzregiment-22 Halberstadt
- Grenzregiment-25 Oschersleben
- Grenzregiment-20 Blankenburg

Ab 1966 neue Struktur

5. Grenzbrigade Kalbe/Milde
- GR-21 Beetzendorf 1971 aufgelöst
- GR-22 Halberstadt 1971 aufgelöst
- GR-24 Salzwedel

7. Grenzbrigade Magdeburg
- GR-20 Blankenburg
- GR-25 Oschersleben

9. Grenzbrigade Erfurt
- GR-9 Hildburghausen
- GR-5 Nordhausen
- GR-4 Heiligenstadt

Ab 1971 Bildung der Grenzkommandos

Grenzkommando Nord
Von 1971 bis 1974 Sitz in Kalbe/Milde,
ab 1974 Sitz in Stendal

Zum GKN gehörten:
- GR-6 Schönberg
- GR-8 Grabow
- GR-20 Blankenburg/Halberstadt
- GR-23 Kalbe/Milde
- GR-24 Salzwedel
- GR-25 Oschersleben
- GAR-5 Glöwen
- GAR-7 Halberstadt

- GR-7 Wittenburg aufgelöst
- GR-21 Beetzendorf aufgelöst
- GR-22 Halberstadt aufgelöst

Von 1970 bis 1983
Die Gründung der Grenzkommandos Nord, Süd und Mitte. Die Ausbildungsbataillone der Grenzregimenter werden aufgelöst.
Das Grenzregiment-22 Halberstadt wird aufgelöst und das Grenzregiment-25 Oschersleben übernimmt den Grenzabschnitt vom ehemaligen GR-22 Halberstadt.
Das GR-25 Oschersleben sichert jetzt von Schwanefeld bis Wülperode.
Das Grenzregiment-20 Blankenburg sichert den bisherigen Abschnitt, verlegt seine linke Trennungslinie um 3 km weiter nach links.

Das GAR-7 Halberstadt bezieht die neue Kaserne in den Klusbergen Halberstadt.

Die Strukturen Grenzbereitschaft-25 und Grenzregiment-25 Oschersleben in Kurzform

1954 bis 1957
Deutsche Grenzpolizei Abschnittsverwaltung Nord / Perleberg

25. Grenzbereitschaft Oschersleben / Stab Oschersleben

- Kommandantur Weferlingen
- Kommando Döhren
- Kommando Weferlingen
- Kommando Walbeck

- Kommandantur Wefensleben
- Kommando Beendorf
- Kommando Morsleben
- Kommando Harbke
- Kommando Sommersdorf

- Kommandantur Hötensleben
- Kommando Karoline
- Kommando Hötensleben
- Kommando Ohrsleben

1958 bis 1961
Kommando der Deutschen Grenzpolizei

2. Grenzbrigade Magdeburg / Rothensee
25. Grenzbereitschaft Oschersleben / Stab Oschersleben

- Grenzabteilung Weferlingen
- Grenzkompanie Döhren
- Grenzkompanie Weferlingen
- Grenzkompanie Walbeck
- Grenzkompanie Schwanefeld

Grenzabteilung Marienborn
- 5. Grenzkompanie Beendorf
- 6. Grenzkompanie Morsleben
- 7. Grenzkompanie Marienborn
- 8. Grenzkompanie Harbke

Grenzabteilung Barneberg
- 9. Grenzkompanie Sommersdorf
- 10. Grenzkompanie Karoline
- 11. Grenzkompanie Barneberg
- 12. Grenzkompanie Hötensleben

Reservegrenzabteilung Flechtingen
- Reservegrenzkompanie Flechtingen
- Reservegrenzkompanie Flechtingen
- Reservegrenzkompanie Flechtingen
- Reservegrenzkompanie Belsdorf

1962 bis 1971
Ministerium für Nationale Verteidigung Berlin
Kommando der GT Pätz
7. Grenzbrigade Magdeburg
Grenzregiment-25 Oschersleben
- Grenzbataillon Bartensleben (Verlegung 31.03.78 nach Lüttgenrode)
- GK Walbeck
- GK Schwanefeld
- GK Beendorf
- Reservegrenzkompanie Bartensleben

II. Grenzbataillon Marienborn
- 4. GK Morsleben
- 5. GK Marienborn
- 6. GK Harbke
- Reservegrenzkompanie Marienborn

III. Grenzbataillon Barneberg (Verlegung 1972 nach Marienborn)
- 7. GK Sommersdorf
- 8. GK Karoline

- 9. GK Hötensleben
- Reservegrenzkompanie Barneberg

Ausbildungsbataillon Flechtingen
- Ausbildungskompanie
- Ausbildungskompanie (beide Flechtingen)
- 3. Ausbildungskompanie Belsdorf

Die Sicherung mit zwei Grenzbataillonen
(Variante 1967/68 – ist leider zur Zeit nicht nachzuweisbar zu belegen)

Stab GR-25 Oschersleben

I. GB Marienborn
- GK Schwanefeld, ab 12/79
- GK Morsleben
- GK Marienborn
- GK Sommersdorf
- 9. GK Harbke, nur für die Sicherung Tagebau Harbke zuständig

II. GB Ohrsleben
- 5. GK Hötensleben
- 6. GK Ohrsleben
- 7. GK Pabstorf
- 8. GK Dedeleben

AbB-25 Mönchhai
- 1. – 3. AbK Mönchhai
- 4. UAbK Mönchhai

1971 bis 1983
Kommando der Grenztruppen – Pätz
Grenzkommando Nord – Kalbe/Milde, danach Stendal
Grenzregiment-25 Oschersleben

I. Grenzbataillon Marienborn
(ab 1972)
- GK Schwanefeld
- GK Morsleben
- GK Marienborn

- GK Sommersdorf
- 13. GK Harbke
- Sicherungskompanie Marienborn - GÜST

II. Grenzbataillon Hessen
(ab 3/78 Ohrsleben)
- 5. GK Hötensleben
- 6. GK Ohrsleben
- 7. GK Pabstorf
- 8. GK Dedeleben

III. Grenzbataillon Lüttgenrode (ab 1979 in Hessen)
- 9. GK Veltheim
- 10. GK Rhoden
- 11. GK Göddeckenrode
- 12. GK Wülperode
- Stabskompanie Oschersleben
- Nachrichtenkompanie Oschersleben
- Sicherstellungskompanie Oschersleben
- Pionierkompanie Barneberg
- Regiments-Med-Punkt Oschersleben
- Pionierlager Völpke
- Nachrichtenlager Völpke
- Reserveobjekte:
- GK Barneberg
- GK Rohrsheim ab 2/1970
- GK Osterode ab 2/1970
- GK Beendorf

Von 1973 bis 1981 war die Bataillonssicherung.

Das hochdekorierte GR-25 Oschersleben wurde zum 31.10.1983 auf Befehl des Ministers Nr. 63/83 aufgelöst.
Die offizielle Übergabe GR-25 erfolgte aber schon am 19.08.1983 auf dem Exerzierplatz in der Kaserne Oschersleben.
Das GR-20 Halberstadt übernahm den Grenzabschnitt des Grenzbataillons Hessen von Lüttgenrode bis Dedeleben (Großer Graben).

Aus dem bisherigen III. GB Hessen wurde jetzt das I. GB Hessen mit den Grenzkompanien:
- Dedeleben (1. GK)

- Rhoden (2. GK)
- Wülperode (3. GK)
- Abbenrode (4. GK)

Die anderen Grenzkompanien wurden wie folgt aufgeteilt:
- Pabstorf (10. GK/III.GB Ilsenburg)
- Göddeckenrode (11. GK/III: GB Ilsenburg)
- Veltheim (zeitweise Reserveobjekt)

1989 erfolgte die letzte Umstrukturierung der Grenztruppen.
Die Grenzkommandos werden aufgelöst und deren Stelle werden Grenzbezirkskommandos gebildet.
Das Grenzbezirkskommando 2 Magdeburg hat seinen Sitz in Stendal (ehemaliges Objekt GKN).
Die Grenzregimenter werden ebenfalls aufgelöst und an deren Stellen werden Grenzkreiskommandos gebildet.
Das Grenzkreiskommando 204 Halberstadt/Oschersleben (01.09.1989 gegründet) hat seinen Sitz in Halberstadt (ehemaliges Objekt GR-20).
Das Grenzkreiskommando 203 Haldensleben Sitz Weferlingen (1989 gegründet) hat seinen Sitz in Weferlingen im ehemaligen Bataillonsstab.
Die Bezeichnung der Grenzkompanien bliebt zuerst, um dann später in Grenzwachen umgewandelt zu werden.
Jede der beiden Grenzkreiskommandos hatte 6 Grenzkompanien/Grenzwachen, eine Kompanie zur Sicherstellung der Grenzsicherung und eine Pionierkompanie.

Gegenüberliegende Grenzorgane der BRD

- BGS
- GSK – Nord 4 Hannover
- GSA N4 Braunschweig
- Rechte TL Straße Grasleben – Weferlingen
- Linke TL Straße Isingerode – Göddeckenrode

- GZD
- HZA Braunschweig
- ZK Hornburg
- ZK Helmstedt
- ZK Schöningen

- Engländer BFS (British Frontier Service)

Der Stab Grenzregiment-25
3230 Oschersleben, Rudolf-Breitscheid-Straße 34

Der rechte Nachbar war das GR-23 Kalbe/Milde mit seinem II.GB Melin GK Steimke Jahrstedt.
Der linke Nachbar war das GR-20 Halberstadt mit seinem I.GB Schierke und der 1. GK Appenrode.
Am 19.08.1983 erfolgte die offizielle Übergabe des GR-25 an den vorgesetzten Stab im Standort Oschersleben (in der Kaserne).
Die Straße (Breitscheidstraße) lag zwischen den beiden Teilen der Kaserne und war öffentlich.
Auf der Skizze oberhalb der Breitscheidstraße war die eigentliche Kaserne. Hier waren der Stab des GR-25 und die Stabseinheiten (Nachrichtenkompanie und Stabs-Kompanie) stationiert, außerdem gab es hier den Kfz-Park.
Auf der Skizze unterhalb der Breitscheidstraße standen die Baracken. Sie dienten als Diensträume für den Stabschef und seine unterstellten Oberoffiziere, sowie die Bereiche Polit, Kfz und Rückwärtige Dienste.
Die Absicherung beider Objekte wurde durch die Objektwache durchgeführt.
Im Bereich oberhalb der Breitscheidstraße gab es die Objektwache mit KdP-Posten.
Im Bereich unterhalb der Breitscheidstraße gab es in der Zeit von 07.00 bis 18.00 Uhr einen KdP-Posten, an dem sich alle ausweisen mussten.
Außerhalb dieser Zeit sicherte die Objektwache diesen Bereich mit.

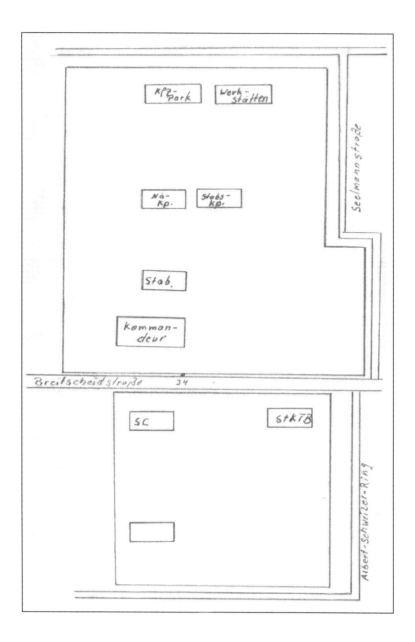

Die linke Seite des Stabsgebäudes, rechter Bildrand das Wachegebäude mit dem KPP. Aufnahme Juli 2014, Sammlung Neumann

Die Vorderseite vom Stabsgebäude und links ein Teil vom Wachgebäude, Aufnahme Juli 2014, Sammlung Neumann

Stabsgebäude und Nebengebäude, Aufnahme Juli 2014, Sammlung Neumann

Rechte Seite Stabsgebäude und im Hintergrund Gebäude für Werkstätten mit einer noch originalen Losung, Aufnahme Juli 2014, Sammlung Neumann

Teil der Baracken, Aufnahme Juli 2014, Sammlung Neumann

Die linke Seite vom Stabsgebäude, Aufnahme Juli 2014, Sammlung Neumann

Die Vorderfront der Kaserne, Aufnahme Juli 2014, Sammlung Neumann

Der Eingangsbereich vom Wachgebäude, Aufnahme Juli 2014, Sammlung Neumann

Die ständigen Veränderungen in der Struktur vom Regimentsstab Oschersleben

Die Luftlinien beziehen sich jeweils auf die höheren Dienststellen.

1954 – 57 Abschnittsverwaltung Nord (Perleberg)/Grenzbereitschaft Oschersleben

- Kommandantur Weferlingen Luftlinie 28 km
- Kommandantur Wefensleben Luftlinie 14 km
- Kommandantur Hötensleben Luftlinie 14 km

1958 – 61 2. Grenzbrigade Magdeburg/25. Grenzbereitschaft Oschersleben

- Grenzabteilung Weferlingen Luftlinie 28 km
- Grenzabteilung Marienborn Luftlinie 22 km
- Grenzabteilung Barneberg Luftlinie 14 km
- Reserve Grenzabteilung Flechtingen
Luftlinie 34 km

1962 – 71 7. Grenzbrigade Magdeburg/Grenzregiment-25 Oschersleben

- Grenzbataillon Bartensleben Luftlinie 24 km
- Grenzbataillon Marienborn Luftlinie 22 km
- Grenzbataillon Barneberg Luftlinie 14 km
- Ausbildungsbataillon Flechtingen
Luftlinie 34 km

Das Ausbildungsbataillon Flechtingen war ziemlich weit vom Stab Oschersleben entfernt und deshalb erfolgte nach kurzer Zeit die Stationierung in der Kaserne in Oschersleben.
Nur für kurze Zeit war das Ausbildungsbataillon in der Kaserne Stab Oschersleben in Baracken untergebracht worden.
Von dort aus wurde es nach Mönchhai verlegt.
Ab 1963 war das Ausbildungsbataillon in Mönchhai/Dingelstedt stationiert. Luftlinie 20 km

1971	Das Grenzregiment-22 Halberstadt wird aufgelöst.
1971	Das Grenzregiment-25 Oschersleben verlegt seine linke Trennungslinie bis westlich der Verbindungsstraße Lüttgenrode Vienenburg und übernimmt die Grenzbataillonsabschnitte Lüttgenrode und Hessen. Es erfolgt eine Umformierung der Kräfte und Mittel.
1971 – 81	Grenzkommando Nord/Grenzregiment-25

I. Grenzbataillon Marienborn Luftlinie 22 km
II. Grenzbataillon Hessen Luftlinie 30 km

Im Monat März 1978 erfolgte die Verlegung des Grenzbataillons nach Ohrsleben. Luftlinie 20 km

III. Grenzbataillon Lüttgenrode Luftlinie 40 km

Im Jahr 1979 erfolgte der Wechsel des Grenzbataillons zum Standort Hessen. Luftlinie 30 km

Pionierkompanie Barneberg Luftlinie 14 km,
bis zur Grenze 1 km.

Pionierlager Völpke Luftlinie 16 km,
bis zur Grenze 4 km.

Nachrichtenlager Völpke Luftlinie 4 km,
bis zur Grenze 4 km.

Nachrichten-Kompanie Oschersleben bis zur Grenze 18 km.

Sicherstellungskompanie Oschersleben bis zur Grenze 18 km.

19.08.83	Auflösung Grenzregiment-25
1983	Das Grenzregiment-20 Halberstadt verlegt seine rechte Trennungslinien bis zum Großen Graben.

1983	Das Grenzregiment-23 Kalbe/Milde verlegt seine linke Trennungslinie bis zum Großen Graben.
1983	Stationierung der BAK-25 (Baukompanie-25) im Objekt Oschersleben.
1989	Die letzte große Umformierung der Grenztruppen und Bildung der GW, GKK und GBK.
1989	GKK-204 Halberstadt/Oschersleben GKK-203 Haldensleben Sitz Weferlingen
1990	Auflösung der Grenztruppen
1990	zivile Nutzung der Kaserne

Die Struktur Stab GR-25

Kommandeur
Dem Kommandeur direkt unterstellt:
Oberoffizier Finanzen Dienstgrad Major
Oberoffizier Kader Dienstgrad Major

Stellvertreter des Kommandeurs
Stabschef Dienstgrad Oberstleutnant
Operativer Stab
Stellvertreter Stabschef Dienstgrad Major
OpD Dienstgrad Major
OOffz. Planung Dienstgrad Major
OOffz. Grenzsicherung Dienstgrad Major
OOffz. Gefechts-Ber. Dienstgrad Major
OOffz. Zusammenwirken Dienstgrad Major
OOffz. Nachrichten Dienstgrad Major
OOffz. Grenzaufklärung Dienstgrad Major
OOffz. Org.-Auff. Dienstgrad Major
OOffz. Innerer Dienstag Dienstgrad Major
OOffz. Pionierdienste Dienstgrad Major
Stabskompanie
Nachrichtenkompanie

Pionierkompanie
Stabsküche
VS-Stelle
Leiter der Politabteilung Dienstgrad Oberstleutnant
Politabteilung

Rückwärtige Dienste Dienstgrad Oberstleutnant

Technik und Ausrüstung Dienstgrad Oberstleutnant
Ausbildung Dienstgrad Oberstleutnant

Die Grenzbataillone in der letzten Struktur des GR-25

I. Grenzbataillon Marienborn
3224 Marienborn
Magdeburger Gehege, PF 42659

Luftlinien zum Stab Oschersleben 22 km

Der Ort Marienborn liegt direkt an der Autobahn A 2 und war zirka 4 km von der Grenze entfernt. Hier gab es zwei Grenzübergangsstellen, Bahn und Autobahn. Das I. GB war im Magdeburger Gehege (eine Bezeichnung der Kasernenanlage) untergebracht und zirka 500 m von der Grenze entfernt gewesen. Im Magdeburger Gehege waren noch mehr Einheiten stationiert.

1954 – 57   Stationierung der Grenzpolizei nicht bekannt.

1958 – 61   7. Grenzkompanie Marienborn/Grenzabteilung Marienborn/25. Grenzbereitschaft Oschersleben/ 2. Grenzbrigade Magdeburg

Der GA Marienborn unterstanden:
(mit Luftlinie zum Stab GA Marienborn)
- 5. Grenzkompanie Beendorf Luftlinie 4 km
- 6. Grenzkompanie Morsleben Luftlinie 2 km
- 7. Grenzkompanie Marienborn gleiche Kaserne
- 8. Grenzkompanie Harbke Luftlinie 2 km

1961 – 62   Gründung der Grenzregimenter

Die Gründung der Grenzregimenter erfolgte ab dem Jahr 1961. Die GR-20, 22 und 23 hatten im Verlauf der Jahre einen gewissen Einfluss auf die weitere Veränderung in der Struktur vom GR-25.

1962 – 71   II. Grenzbataillon Marienborn/Grenzregiment-25 Oschersleben/7. Grenzbrigade Magdeburg

Dem II. GB Marienborn unterstanden:
(Mit Luftlinie zum Stab GB Marienborn)
- 4. Grenzkompanie Mohrsleben 2 km
- 5. Grenzkompanie Marienborn gleiche Kaserne
- 6. Grenzkompanie Harbke 2 km
- Reservegrenzkompanie Harbke

1971 – 81 I. Grenzbataillon Marienborn/Grenzregiment-25 Oschersleben/Grenzkommando Nord Stendal
Dem I. GB Marienborn unterstanden:
(Mit Luftlinie zum Stab Marienborn)
- Grenzkompanie Schwanefeld 6 km
- Grenzkompanie Morsleben 2 km
- Grenzkompanie Marienborn gleiche Kaserne
- Grenzkompanie Sommersdorf 5 km

Die Grenzkompanien waren in einer geringen Entfernung zum Stab Marienborn stationiert und konnte somit schnell erreicht werden.

1971   Auflösung Grenzregiment-22 Halberstadt

Dies hatte einen Einfluss auf den Grenzabschnitt des Grenzbataillons Marienborn, da er sich jetzt von der rechten Trennungslinie Straße (Weferlingen-Grasleben) bis zur Grenzkompanie Sommersdorf erweiterte.

1983   Auflösung Grenzregiment-25 Oschersleben

1983   Das Grenzregiment-23 Kalbe/Milde übernimmt den gesamten Bataillonsabschnitt.

1983 – 1989	II. Grenzbataillon Marienborn/Grenzregiment-23 Kalbe/Milde
	Nach der Auflösung vom Grenzregiment-25 Oschersleben wurde der gesamte früher Bataillonsabschnitt vom ehemaligen I. Grenzbataillon Marienborn an das Grenzregiment-23 Kalbe/Milde übergeben.
1989	Die letzte große Umformierung der Grenztruppen und Bildung der GW, GKK und GBK.
1989	Reserveobjekt / Grenzkreiskommando-204 Halberstadt / Oschersleben / Grenzbezirkskommando-II Magdeburg Sitz Stendal
1989	Am 09.11.1989 um 21.15 Uhr überschritt die ersten zwei Personen die Grenze (eine Frau mit ihrer Tochter) in Richtung Helmstedt.
1990	Am 30.06. 1990 wurden die Grenzkontrollen eingestellt.
1990	Am 02.10.1990 wurden die Grenztruppen aufgelöst
1990	zivile Nutzung des Objektes

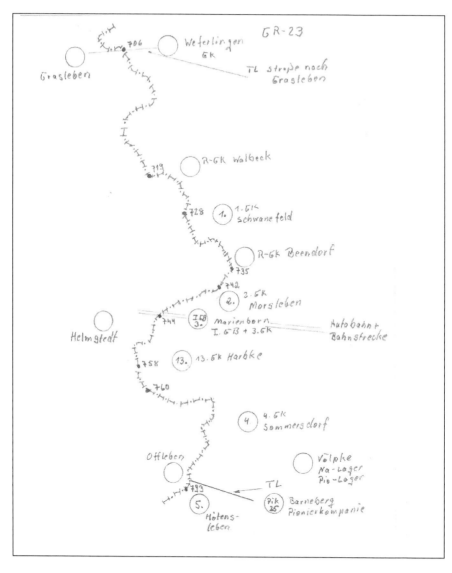

Das war der Bataillonsabschnitt vom I. Grenzbataillon Marienborn Grenzregiment-25 Oschersleben. Er ging von rechts der Straße Weferlingen-Grasleben (rechte Trennungslinie Grenzsäule Nr. 706) bis links der Linie PiK Barneberg-Offleben (linke Trennungslinie Grenzsäule Nr. 793).

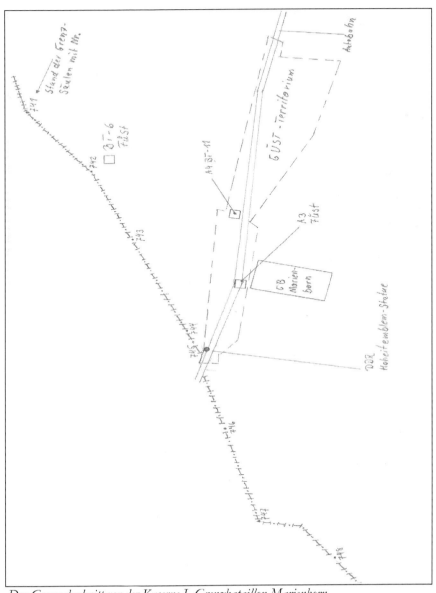

Der Grenzabschnitt vor der Kaserne I. Grenzbataillon Marienborn.
Die Kasernenanlage lag östlich des GÜST-Territorium und wurde als Magdeburger Gehege bezeichnet.

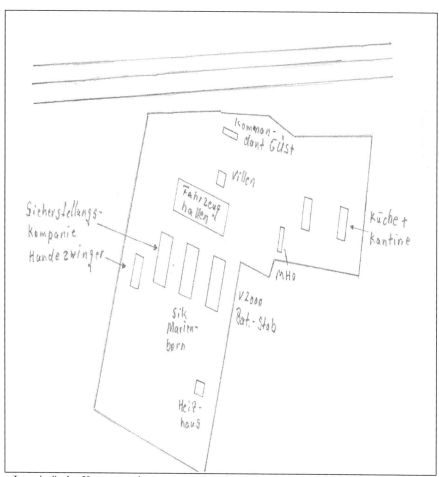

Innerhalb der Kasernenanlage waren neben dem I. Grenzbataillon noch andere Einheiten untergebracht worden.

Das „Magdeburger Gehege", hier war auch der Standort der Sicherungskompanie GÜST Marienborn.

Auf dem Gelände sind etwas verdeckt zwei Gebäude zu sehen, wie sie auch in den GK als Unterkunftsobjekt genutzt wurden, hier soll auch die SiK GÜST untergebracht gewesen sein.
Beide Bilder mit freundlicher Genehmigung von Kundschaft2, Internetforum Grenztruppen der DDR, Seite Die Grenzkompanien

II. Grenzbataillon Hessen, danach Ohrsleben
3605 Hessen
Der Zollacker, PF 88853
Luftlinien zum Stab Oschersleben 30 km

1954 – 57   Kommando Hessen/Kommandantur Halberstadt

1958 – 61   Grenzabteilung Hessen/22. Grenzbereitschaft Halberstadt

1961 – 62   Gründung der Grenzregimenter

1962 – 71   I. Grenzbataillon Hessen/Grenzregiment-22 Halberstadt

1971   Auflösung Grenzregiment-22 Halberstadt

1971   Das Grenzregiment-25 Oschersleben übernimmt den gesamten Bataillonsabschnitt.

1971 – 1981   II. Grenzbataillon Hessen/Grenzregiment-25 Oschersleben/Grenzkommando Nord Stendal

Dem II. GB Hessen unterstanden:
(Mit Luftlinie zum Stab GB Hessen)
- 5. Grenzkompanie Hötensleben 20 km
- 6. Grenzkompanie Ohrsleben 16 km
- 7. Grenzkompanie Pabstorf 12 km
- 8. Grenzkompanie Dedeleben 8 km

Das II. GB Hessen lag außerhalb des Grenzabschnittes vom Grenzbataillon. Eine Führung der Grenzkompanie war somit schwierig und so kam es 3/78 zu einem Wechsel des Bataillonsstabes nach Ohrsleben.
II. GB Ohrsleben
Luftlinien zum Stab Oschersleben 18 km
Dem II. GB Ohrsleben unterstanden:
- 5. Grenzkompanie Hötensleben 4 km
- 6. Grenzkompanie Ohrsleben gleiche Kaserne
- 7. Grenzkompanie Pabstorf 8 km
- 8. Grenzkompanie Dedeleben 8 km

Der Stab in Ohrsleben lag jetzt zentraler, eine Führung der GK konnte besser gewährleistet werden.

1983	Auflösung Grenzregiment-25
1983	Das Grenzregiment-20 Halberstadt übernimmt den gesamten Bataillonsabschnitt.
1983 I.	Grenzbataillon Hessen/Grenzregiment-20 Halberstadt und Kompanie zur Sicherstellung der Grenzsicherung.
1989	Die letzte große Umformierung der Grenztruppen und Bildung der GW, GKK und GBK.
1989	PIK/Grenzbezirkskommando-2 Magdeburg Sitz Stendal
1989	Am 12.11.1989 7.58 Uhr wurde die Grenze zu Mattierzoll geöffnet.
1990	Am 02.10.1990 wurden die Grenztruppen aufgelöst
1990	Zivile Nutzung des Objektes von Ohrsleben durch Militärtechnikinteressierte.

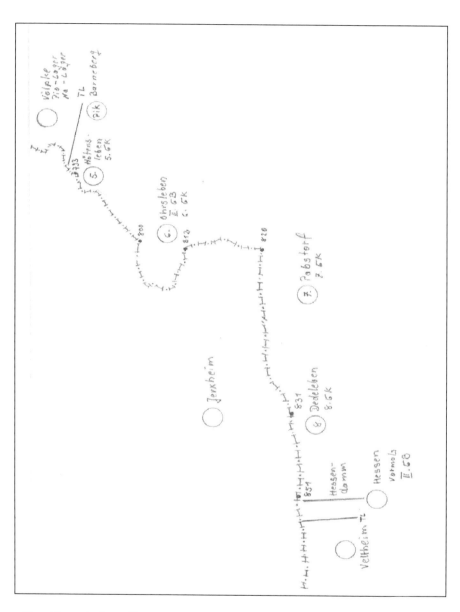

Der Grenzabschnitt II. Grenzbataillon Hessen/Ohrsleben erstreckte sich von der rechten Trennungslinie ungefähr Grenzsäule 793 westlich von Hötensleben bis linke Trennungslinie zirka 300m links vom Hessendamm (südlich der Grenzsäule 851).

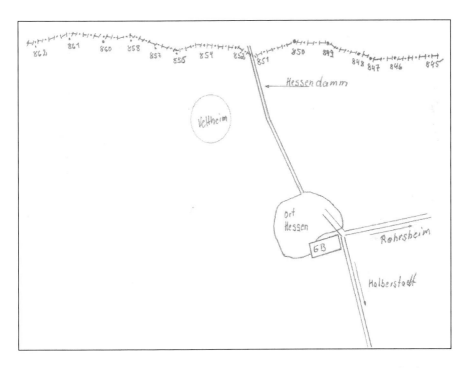

Das Grenzbataillon Hessen lag an der Landstraße nach Halberstadt auf der linken Seite am Ortsrand. Markanter Punkt im Grenzabschnitt war der Hessendamm. Eine alter Bahndamm, der von Hessen kommend weiter nach Mattierzoll führte. Auf dem Hessendamm stand zuerst ein Holzbeobachtungsturm, der später durch einen Beton-BT ersetzt wurde. Der BT war viereckig und in ihr befand sich die Führungsstelle und eine ständige Alarmgruppe (meistens 1 Unteroffizier und 3 Grenzsoldaten aber auch 2 Postenpaare waren möglich).
Vor dem BT gingen auf der rechten und linken Seite die beiden Kolonnenwege ab. Auf der linken Seite konnten man bis zum Ort Osterode fahren und auf der rechten Seite mindestens bis nach Dedeleben.

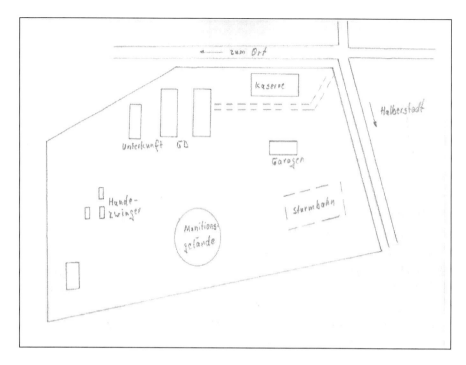

Mit dem Entstehen der Grenzbereitschaft Hessen wurde der Bataillonsstab im Ort in einem großen Haus, Einfahrt vor der Gaststätte Weinschenke links aus Richtung Halberstadt, untergebracht.
Später wurde die Kaserne der ehemaligen Grenzkompanie weiter ausgebaut und der Stab eines Grenzbataillons untergebracht.
Die Einfahrt zum Grenzbataillon war an der Verbindungsstraße nach Halberstadt. Das Gelände war recht groß, sodass auch die Stabseinheiten hier untergebracht werden konnten.

Bericht von Student
Ich war im Stab GB Hessen und in der späteren I./GR-20 in Dedeleben. Als das GR-25 aufgelöst wurde, das zu den wenigen Grenzregimentern gehörte, die nicht nach antifaschistischen Widerstandskämpfern, sondern nach weiter zurückliegenden Persönlichkeiten benannt war, hat unter den Berufssoldaten zu ziemlichen Diskussionen geführt, zumal das GR-25 eins der „ältesten" Regimenter der Grenztruppen war. Offiziell war die Übergabe am 19. August 1983 in Oschersleben. Wir wurden alle noch vor der Truppenfahne des GR-25 fotografiert.
Mit freundlicher Genehmigung von Student, Internet DDR Grenze, Seite GR-25

Bericht von Dirk Götz
Ich war seit 1983 im GB/Hessen als Feldscher tätig. Damals gehörten wir noch zum Reg. in Oschersleben, später zum GR-20 Halberstadt / 1.GB Hessen.
Das GB befand sich direkt an der Kreuzung B79/ Westentor Straße nach Rohrsheim.
Von den Gebäuden her ist nicht viel zu berichten...es gab das Stabsgebäude, quer zum Haupteingang an der B79. Darin waren wenn man vom Haupteingang ins Gebäude ging rechts am Ende des Flures mein Med.-Punkt und Behandlungsraum, Toiletten und ein Lagerraum, gegenüber waren 2 Sitzungsräume.
Links der Treppe waren die Waffenkammer, Wachraum, gegenüber lagen die Büros vom Stabschef und Bat. Kommandeur, links am Ende das Flures befand sich die Führungsstelle. Im Obergeschoss befanden sich Büros vom Politoffz., Offz.Grenzaufklärung, VS-Stelle, und Schlafräume. Die Kompanie zur Sicherstellung der Grenzsicherung befand sich in einem mit Holz verkleideten Gebäude wenn man aus dem Stabsgebäude heraus kommt links. Diese war im Obergeschoss untergebracht. Im Untergeschoss befanden sich die Küche, Speisesaal und Lagerräume. Rechts vom Stabsgebäude war der Garagenkomplex. Hinter dem Stabsgebäude befand sich der Funkturm und die Zwingeranlage der Hundestaffel mit der – Kommandeursmeute -.
Mit freundlicher Genehmigung von Dirk Götz, Internet Forum DDR Grenze, private Mail

Der Stab I. Grenzbataillon Hessen, rechts die Baracke der alten GK Hessen. Sammlung Neumann, Aufnahme April 2014

Die Reste der Sturmbahn I. Grenzbataillon Hessen. Sammlung Neumann, Aufnahme April 2014

Die linke Seite des Objektes war das GB Ohrsleben, Aufnahme vom April 2014.

Das GB Ohrsleben von der Hofseite aus gesehen, Aufnahme April 2014. Beide Aufnahmen Sammlung Neumann.

Bildmitte eine kleiner Betonklotz, hier soll sich vor dem Stabsgebäude in Ohrsleben ein Gefechtsbunker befinden.

Stabsgebäude und GK in Ohrsleben waren baulich verbunden. Aufnahmen vom Juli 2014, Sammlung Neumann

III. Grenzbataillon Lüttgenrode, danach Hessen
Luftlinien zum Stab Oschersleben 40 km

1954 – 57	Kommando Lüttgenrode/Kommandantur Halberstadt
1958 – 61	Grenzabteilung Lüttgenrode/22. Grenzbreitschaft Halberstadt
1961 - 62	Gründung der Grenzregimenter.
1962 – 71	Einheiten vom GR-22 Halberstadt
1971	Auflösung Grenzregiment-22 Halberstadt
1971	Das Grenzregiment-25 Oschersleben übernimmt den gesamten Bataillonsabschnitt.
1971 – 81	III. Grenzbataillon/Grenzregiment-25 Oschersleben/ Grenzkommando Nord Stendal
1979	Der Stab III. Grenzbataillon Lüttgenrode wird nach Hessen verlegt.

Dem III. GB Lüttgenrode unterstanden:
(Mit Luftlinie zum Stab GB Lüttgenrode)
- 9. Grenzkompanie Veltheim 10 km
- 10. Grenzkompanie Rhoden 6 km
- 11. Grenzkompanie Göddeckenrode 6 km
- 12. Grenzkompanie Wülperode 4 km

Ab 1978 stand die große und geschlossene Kasernenanlage Hessen leer.
1979 erfolgte der Umzug des Bataillonsstabes von Lüttgenrode nach Hessen.

III. GB Hessen
Luftlinien zum Stab Oschersleben 30 km
Dem III. GB Hessen unterstanden:
- 9. Grenzkompanie Veltheim 4 km
- 10. Grenzkompanie Rhoden 8 km
- 11. Grenzkompanie Göddeckenrode 16 km
- 12. Grenzkompanie Wülperode 14 km

1979	Reserveobjekt Lüttgenrode
1983	Auflösung Grenzregiment-25
1983	Das Grenzregiment-20 Halberstadt übernimmt den gesamten Bataillonsabschnitt.

1983	I. Grenzbataillon/Grenzregiment-20 Halberstadt und Kompanie zur Sicherstellung der Grenzsicherung.
1989	Die letzte große Umformierung der Grenztruppen und Bildung der GW, GKK und GBK.
1989	PIK/Grenzbezirkskommando-2 Magdeburg Sitz Stendal
1989	Am 20.12.1989 14.00 Uhr wurde die Grenze zu Vienenburg geöffnet.
1990	Am 02.10.1990 wurden die Grenztruppen aufgelöst
1990	Zivile Nutzung des Objektes durch einen Baubetrieb.

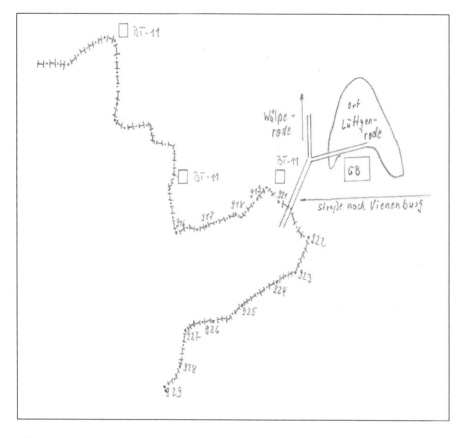

Der Grenzabschnitt vor dem Grenzbataillon Lüttgenrode.

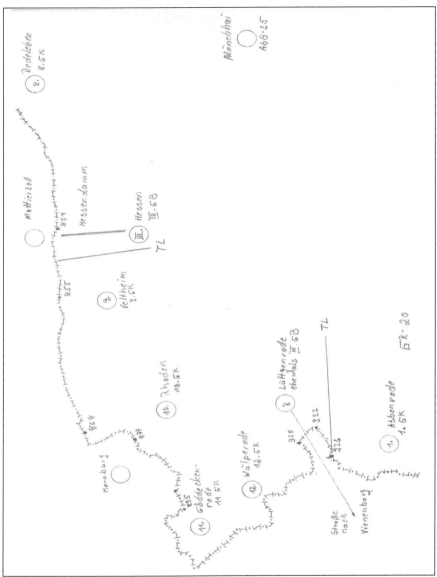

Der Grenzabschnitt vom III. Grenzbataillon Lüttgenrode/Hessen. Er erstreckte sich von rechts TL II. Grenzbataillon und ging bis links ungefähr Grenzsäule Nr. 926 (300 m links der Straße Lüttgenrode Vienenburg.
Das ehemalige Grenzbataillon Lüttgenrode und das dazugehörige Offizierswohnhaus war Reserveobjekt vom GR 20. Die Objekte vom Grenzbataillon wurde als Lager

benutzt. Das Grenzbataillon Lüttgenrode gehörte vorher (ab 1971 bis 1983) zum Grenzregiment 25 Oschersleben und davor (bis 1971) zum GR-22 Halberstadt.
Im Jahr 1979 siedelte der Bataillonsstab von Lüttgenrode nach Hessen um, gehörte aber weiterhin zum Grenzregiment 25.
Das Reserveobjekt wurde als Lager benutzt.

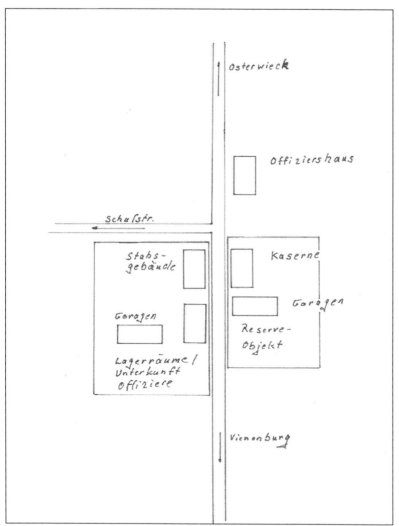

Erläuterungen: Das ehemalige Objekt der Grenzkompanie Lüttgenrode lag am Dorfrand in Richtung der Staatsgrenze beiderseits der Dorfstraße.

Etwas abseits vom Objekt stand die Unterkunft der Offiziere, dieses Haus ist heute noch bewohnt.
Auf der linken Seite in Richtung Vienenburg waren zum einen die Kaserne (Unterkunft der Soldaten und Unteroffiziere) und die Garagen sowie das Munitionsgelände.
Auf der anderen Seite der Straßen befanden sich das Stabsgebäude und weitere Garagen, sowie Lagerräume und Unterkünfte der ledigen Offiziere und Berufssoldaten.
Auf dem heutigen Platz des Stabsgebäudes (heute Wohnhaus) befand sich die alte Grenzkompanie Lüttgenrode)

Dort wo die beiden Wohnhäuser stehen, befand sich die alte Grenzkompanie Lüttgenrode, hinter den beiden Wohnhäusern stehen noch Teile der alten Garagen. Aufnahme April 2014, Sammlung Neumann

Bericht von Dassi
Jedenfalls hatten wir im Nov. 1972 in Veltheim noch die normale Kompaniesicherung im Abschnitt vom Mühlbach (...fast Rohrsheim) über Hessen Damm bis ca. zum großen Grenzknick bei Osterode. Veltheim war die 9. GK.
In Lüttgenrode war unser III. GB damals angesiedelt. In Hessen war das II. GB. Der Kontakt dorthin existierte eigentlich gar nicht. Ich war höchstens drei Mal als Kraftfahrer dort.
Die 10. GK war Rhoden; 11. GK Göddeckenrode, 12. GK Wülperode.
Ab Januar 1973 war dann die Bataillonssicherung im Abschnitt des III. GB angesagt. Die Voraussetzungen waren fast „0". Die offizielle Einweisung in die neuen Abschnitte war sehr spärlich. Die Sicherung in den unbekannten Abschnitten war oft vom Postenführer vor Ort zu organisieren. Vom Führungspunkt kam in entsprechenden Situationen der seelische Beistand mit Worten wie „Gegen Sie in die Abriegelung" bzw. „Handeln Sie nach der vorgegebenen Varianten". Es kam aber auch schon vor, dass der Posten am Anfang dieser neuen Sicherung auf „Anruf" an einem GMN Mast die ganze Nacht festgehalten wurde. Mit der Zeit wurde der Posteneinsatz aber dann effektiver und lief ab dem Frühjahr dann. Es hatte sich eben eingespielt.
Dies sollte nur ein kleiner „Anklang" sein. Als einzigen Turm damals hatte ich nur den Turm am Hang in Göddeckenrode (...erst noch Holzturm, dann BT11) nicht betreten. Da ich unseren KC oft nach Lüttgenrode ins GB gefahren habe, war ich auch dort im Bataillonsführungspunkt gewesen. Für mich ist sehr interessant, warum, wie und auch wann die Umgestaltung des Sperrsystems am Klußgrund und am Kamm (kleiner Fallstein) vorgenommen wurde. Zu meiner Zeit ging der K6 noch durch den Klußgrund.
Ich war damals oft zwischen der Ilse und der Straße Rhoden-Hornburg eingesetzt. War auch ein Punkt, wo schon mal zu meiner Zeit Festnahmen getätigt wurden. Waren ja auch genug SP1, R67 oder Hundelaufanlagen da.
Es kam aber auch vor, dass Fahrzeuge aus dem Nirgendwo (P3) in der Nacht erschienen. Vorher wurden die Posten aber zurückgezogen bzw. durften den sonst so wichtigen Kamm verlassen. Über sichtbare Spuren auf dem K6 wurde anschließend aber auch nicht berichtet. Immer akkurat geharkt. War schon eine geheimnisvolle Gegend und eine geheimnisvolle Zeit.
Mit freundlicher Genehmigung von Dassi, private Mail, Internetforum DDR Grenze.

Das Ausbildungsbataillon wird im II. Teil behandelt.

Die ehemaligen Kommandanturen, Grenzabteilungen und Grenzbataillone

Das Grenzbataillon Bartensleben
Luftlinien zum Stab Oschersleben 24 km

Das ehemalige Grenzbataillon war in einem Gutshaus von Bartensleben untergebracht worden. Der Ort Bartensleben liegt südlich vom Erxlebener Forst und war zirka 2 km von der Grenze entfernt. Die räumliche Unterbringung war ausschlaggebend dafür, das das Grenzbataillon bald verlegt wurde.

1954 – 57	Keine Stationierung der Grenzpolizei bekannt.
1958 – 61	Keine Stationierung der Grenzpolizei bekannt.
1962 – 1971	I. Grenzbataillon Bartensleben/Grenzregiment-25 Oschersleben/7. Grenzbrigade Magdeburg Dem Grenzbataillon Bartensleben unterstanden: (Mit Luftlinie zum Stab GB Bartensleben) - Grenzkompanie Walbeck 7 km - Grenzkompanie Schwanefeld 4 km - Grenzkompanie Beendorf 3 km - Reservegrenzkompanie Bartensleben 0 km
1962 – 71	I. Grenzbataillon Bartensleben/Grenzregiment-25 Oschersleben, sowie Stationierung einer Reserve Grenzkompanie.
1972	*Umzug Stab I. Grenzbataillon Bartensleben als III. Grenzbataillon nach Lüttgenrode, bisher keine Bestätigung.*
1972	Zivile Nutzung des ehemaligen Objektes in Bartensleben.

Die Kommandantur/Grenzabteilung Weferlingen
Luftlinien zum Stab Oschersleben 34 km

Der etwas größere Ort Weferlingen liegt nordwestlich vom Hagholz und genau dem westlichen Ort Grasleben gegenüber. Die Grenze war zirka 500 m weit entfernt. Eine Eisenbahnlinie und mehrere Straßen verbanden Weferlingen mit anderen Orten. Zu dem Objekt des Grenzbataillons bestand eine gute Straßenverbindung. Das Grenzbataillon lag aber am südlichen Rand des Bataillonsabschnittes.

1954 – 57	Kommandantur Weferlingen/Grenzbreitschaft Oschersleben/Abschnittsverwaltung Nord Perleberg
	Der Kommandantur Weferlingen unterstanden:
	(Mit Luftlinie zum Stab GB Weferlingen)
	- Kommando Döhren 4 km
	- Kommando Weferlingen 0 km
	- Kommando Walbeck 4 km
1958 – 61	Grenzabteilung Weferlingen/25. Grenzbreitschaft Oschersleben/2. Grenzbrigade Magdeburg
	Der Grenzabteilung Weferlingen unterstanden:
	(Mit Luftlinie zum Stab GB Weferlingen)
	- Grenzkompanie Döhren 4 km
	- Grenzkompanie Weferlingen 0 km
	- Grenzkompanie Walbeck 4 km
	- Grenzkompanie Schwanefeld 6 km
1962	*Umzug Stab Grenzabteilung Weferlingen als*
	I. Grenzbataillon nach Bartensleben, bisher keine Bestätigung.
1962 - 71	III. Grenzbataillon Weferlingen/Grenzregiment-23
	Gehörte bis 1989 zum Grenzregiment-23 Weferlingen
1989	Grenzkreiskommando 203 Haldensleben Standort Weferlingen
1990	zivile Nutzung

Die/das Grenzabteilung/Grenzbataillon Barneberg
Luftlinien zum Stab Oschersleben 16 km

Der Ort Barneberg liegt südlich des Bergbaugebietes und hatte eine gute Straßenanbindung zu allen umliegenden Orten. Zur Grenze waren es zirka 2,5 km. Er lag fast in der Mitte des zu sichernden Bataillonsabschnittes.

1954 – 57	Keine Stationierung der Grenzpolizei bekannt.
1958 – 61	Grenzabteilung Barneberg/25. Grenzbereitschaft Oschersleben/2. Grenzbrigade Magdeburg

Der Grenzabteilung Barneberg unterstanden:
(Mit Luftlinie zum Stab Barneberg)
- 9. Grenzkompanie Sommersdorf 6 km
- 10. Grenzkompanie Karoline 2 km
- 11. Grenzkompanie Barneberg 0 km
- 12. Grenzkompanie Hötensleben 4 km

1962 – 71	III. Grenzbataillon Barneberg/Grenzregiment-25/ 7. Grenzbrigade Magdeburg

Dem III. Grenzbataillon Barneberg unterstanden:
(Mit Luftlinie zum Stab Barneberg)
- 7. Grenzkompanie Sommersdorf 6 km
- 8. Grenzkompanie Karoline 2 km
- 9. Grenzkompanie Hötensleben 4 km
- Reservegrenzkompanie Barneberg 0 km

1972 – 81	PiK/Gr-25 Oschersleben/Grenzkommando Nord Stendal
1982	Reserveobjekt/GR-25 Oschersleben
1983	Auflösung Grenzregiment-25
1983	Reserveobjekt/GR-20 Halberstadt
1989	Reserveobjekt/GKK-204 Halberstadt/Oschersleben
1990	zivile Nutzung

Die Kommandantur Wefensleben
Luftlinien zum Stab Oschersleben 18 km

Der Ort Wefensleben lag völlig außerhalb des zu sichernden Grenzabschnittes der Kommandantur. Er liegt südlich der Autobahn A 2 und war zirka 7 km von der ehemaligen Grenze entfernt. Er hatte einen Bahnanschluss nach Magdeburg und Straßenanbindungen zu den umliegenden Ortschaften.

1954 – 57	Kommandantur Wefensleben/Grenzbereitschaft Oschersleben/Abschnittsverwaltung Nord Perleberg Der Kommandantur Wefensleben unterstanden: (Mit Luftlinie zum Stab Wefensleben) Kommando Beendorf 9 km Kommando Morsleben 6 km Kommando Harbke 8 km Kommando Sommersdorf 6 km
1958	Keine weitere Verwendung des Objektes durch die GT mehr bekannt.

Die Kommandantur Hötensleben
Luftlinie zum Stab Oschersleben 18 km

Da der Ort sich unmittelbar an der ehemaligen Grenze befand, wurde hier auch die erste Grenzpolizei stationiert.

1954 – 57	Kommandantur Hötensleben/Grenzbereitschaft Oschersleben/Abschnittsverwaltung Nord Perleberg Der Kommandantur Hötensleben unterstanden: (Mit Luftlinie zum Stab Hötensleben) - Kommando Karoline 3 km - Kommando Hötensleben 0 km - Kommando Ohrsleben 4 km
1958 – 61	keine weitere Stationierung eines Bataillonsstabes mehr, sondern hier wurde nur noch eine Grenzkompanie stationiert. 2. Grenzkompanie
1962 – 71	9. Grenzkompanie
1971 – 81	6. Grenzkompanie
1983	Auflösung Grenzregiment-25
1983 - 89	Übernahme des Grenzabschnitts durch das Grenzregiment-20 Halberstadt.
1989	gehörte zum GKK-204
1989	Am 19. November 07.50 Uhr wurde der Grenzübergang Hötensleben zu Schöningen geöffnet.
1990	Zivile Nutzung durch Interessierte für Militärtechnik.

Die Reservegrenzabteilung Flechtingen wird im Teil II behandelt.
Der Überblick über den Wechsel der Stationierung der Kommandanturen, Grenzabteilungen und Grenzbataillone

1954 – 1957	es gab drei Kommandanturen: Weferlingen, Wefensleben und Hötensleben
1958 – 1961	Umbenennung der Kommandanturen in Grenzabteilungen. Es gab folgende Grenzabteilungen: Weferlingen, Marienborn, Barneberg und Reservegrenzabteilung Flechtingen
1962 – 1971	Umbenennung der Grenzabteilungen in Grenzbataillone. Es gab folgende Grenzbataillone: I. GB Bartensleben, II. GB Marienborn, III. GB Barneberg und AbB Flechtingen
1962	Verlegung AbB Flechtingen zum Stab Oschersleben Stab Oschersleben
1963	Verlegung AbB Oschersleben als 25. AbB nach Mönchhai/Dingelstedt
1971 – 1981	es gab folgende Grenzbataillone: I. GB Marienborn, II. GB Hessen, III. GB Lüttgenrode und 25. AbB Mönchhai
3/1978	Wechsel GB Hessen nach Ohrsleben als II. GB
1979	Wechsel GB Lüttgenrode nach Hessen als III. GB

Die Grenzkompanien in der letzten Struktur des GR-25

1. Grenzkompanie Schwanefeld
3241 Schwanefeld
Streitfleck, PF 68170
Luftlinie zum Stab Oschersleben 28 km

Der Ort Schwanefeld lag ungefähr 1,8 km von der Grenze entfernt. Die nächstliegenden Orte waren, nördlich Walbeck und südlich Beendorf. Die Verbindung zu ihnen waren einfache Landstraßen. Die Grenzkompanie lag am südwestlichen Ortsrand von Schwanefeld.
(Mit Luftlinie zum vorgesetzten Stab Grenzabteilung oder Grenzbataillon)

1954 – 57	Keine Stationierung der Grenzpolizei bekannt.
1958 – 61	4. GK/Grenzabteilung Weferlingen 6 km

1961 – 62		Gründung der Grenzregimenter
1962		Neuformierung im Grenzregiment-25 Oschersleben.
1962 – 71		2. GK/I. Grenzbataillon Bartensleben 4 km
1971		Auflösung Grenzregiment-22 Halberstadt.
1971		Das Grenzregiment-25 Oschersleben übernimmt den Grenzabschnitt.
1971		Neuformierung im Grenzregiment-25 Oschersleben.
1971 – 81		1. GK/I. Grenzbataillon Marienborn 6 km
1983		Auflösung Grenzregiment-25 Oschersleben.
1983		Das Grenzregiment-23 Kalbe/Milde übernimmt den Grenzabschnitt.
1983		5. GK/II. Grenzbataillon Marienborn/GR-23 Kalbe
1989		Die letzte große Umformierung der Grenztruppen und Bildung der GW, GKK und GBK.
1989		7. GW/ GKK-203 /Haldensleben Standort Weferlingen
		Die Bezeichnung Grenzwachen wurde erst ab März 1990 verwendet.
1990		Am 02.10.1990 wurden die Grenztruppen aufgelöst.
1990		zivile Nutzung

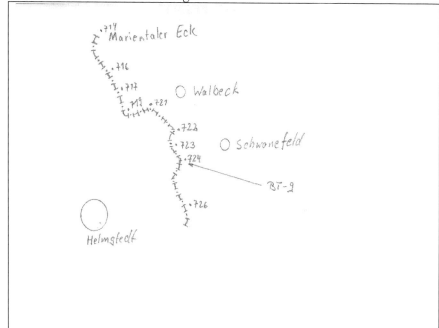

Der Grenzabschnitt vor dem Ort Schwanefeld.

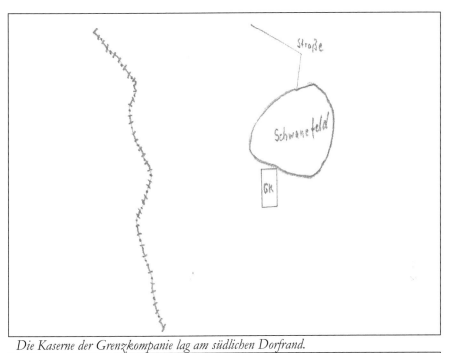

Die Kaserne der Grenzkompanie lag am südlichen Dorfrand.

Die Anlage der Kaserne lag im Streitfeld heute Siedlung.

Mit freundlicher Genehmigung von Kundschaft2,
Internetforum Grenztruppen der DDR, Seite: Die Grenzkompanien

Mit freundlicher Genehmigung von Kundschaft2,
Internetforum Grenztruppen der DDR, Seite: Die Grenzkompanien
Der Blick auf die am OE Schwanefeld an der Landstraße Beendorf-Schwanefeld gelegene ehemalige Grenzkompanie

Zu den obigen Bildern habe ich einige Informationen. Habe dort 1972/73 gedient. Die Straße (heute L43) war zu meiner Zeit die Trennungslinie zwischen der damaligen 10. GK Döhren, wo ich 15 Monate gedient hatte und der 11. Grenzkompanie Walbeck.
Mit freundlicher Genehmigung von Angelo, Internetforum DDR Grenze, Seite Spurensuche

Bericht von Ernest

Das auf dem oberen Bild zu sehende Gehöft gehörte Georg Becker. Wir waren sehr oft dort, wenn wir an der Trennungslinie eingesetzt waren, da er ein Gehege mit Wildschweinen hatte.

Vor dem Grenzpfeiler (obiges Bild) hatte man auf Graslebener Seite eine Aussichtstribüne aufgebaut.

Es kamen auch sehr oft Schaulustige.

Die ehemalige Minensperre wurde 1972 gesprengt, zeitgleich wurde im vorderen Grenzbereich der
3-Meterzaun errichtet.

Also das sah zu meiner Zeit schon so aus. Gleich hinter dem Zaun war jedenfalls an dieser Stelle die Grenze.

Speziell in unserem Abschnitt gab es einige Stellen, wo das der Fall war. Darum hatte man wohl auch dort die Tribüne oder Besucherplattform aufgebaut. Man war hautnah am Geschehen.

Zwischen dem 3-Meterzaun und Grenze befanden sich dort noch die Reste einer alten Ziegelei.

Rechts, auf den Bild nicht mehr zu erkennen, verlief der Bahndamm. Die Züge fuhren bis zur Grenze vor und sozusagen von hinten in den Bahnhof Weferlingen ein.
Da man vom Zug aus alles gut einsehen konnte, hatten die Walbecker auch des öfteren mit versuchten Grenzdurchbrüchen zu tun.
Der Grenzbereich dort lag in einer kleinen Senke. Hauptsächlich im Frühjahr und Herbst lag dort alles im Nebel und war nicht einzusehen. Aus dem Grund war auch der gesamte Bereich mit Signalgeräten gespickt. Richtung Bahndamm befand sich ein Beobachtungsturm aus Holz. Das war 1972/73. Holztürme waren später bestimmt nicht mehr „in".
Mit freundlicher Genehmigung von Ernest, Internetforum DDR Grenze, Seite: Spurensuche

Bericht von Rollo (Gast)
Jawohl das stimmt, das ist die alte Straße zwischen Grasleben und Weferlingen. Das mit der Ziegelei stimmt auch, ist linker Hand aus Grasleben kommend im Wald vor der ehemaligen Grenze zu finden.
In der Senke rechter Hand geht der Dorfbach aus Grasleben in Richtung Weferlingen unter der ehemaligen Grenze hindurch . Davor liegen die Graslebener Klärteiche, deshalb Nebel. Aber gerade an dieser Stelle durchbrachen in den 80er Jahren mit einer Raupe 2 oder 3 Personen die Grenze. Da schliefen einige Grenzer den Schlaf der Gerechten. Der Beobachtungsturm am Bahndamm (zur der Zeit aus Beton) war angeblich nicht besetzt, weil baufällig.
Und an der Stelle des Baches waren wohl keine Minen, weil sich dort auch oft Rehwild aufhielt, die sonst immer die Minen ausgelöst hätten. Da ich zu der Zeit bei der Bundeswehr war, in Grasleben wohnte und zu der Uhrzeit gerade zum Dienst wollte, als es an der Grenze krachte, fuhr ich die paar Meter zur Grenze und sah die Raupe noch, wie sie auf Westseite fuhr. . Sie hatte, laut Zeitungsberichten, über 80 Einschläge von den Splittern der Selbstschussanlagen, soweit ich mich erinnern kann..
Kenne den Bereich auch sehr gut, da ich oft auf den hölzernen Aussichtsturm auf der Westseite war und zur heutigen Zeit dort oft zu Fuß unterwegs bin.
Mit freundlicher Genehmigung von Rollo, Gast im Internetforum DDR Grenze, Seite: Spurensuche

Bemerkungen zur Flucht mit der Planierraupe

Am 29. 04. 1982 flüchteten 2 Bauarbeiter mit Hilfe einer Planierraupe östlich von Grasleben. Sie durchdrangen mit der Planierraupe den Metallgitterzaun, trotz der SM-70.
Nach einiger Zeit wurden über ein Megafon die Grenzsoldaten der DDR aufgefordert, einen verantwortlichen Offizier an die Grenze zu schicken. Er sollte die Rückführung der Planierraupe mit dem BGS besprechen.
Die Angehörigen der GT ließen sich hierbei viel Zeit. Es gab eine nochmalige Aufforderung nach 90 Minuten durch den BGS.
Dann erschien aber ein verantwortlicher Offizier vom GR-25, der Major H. war zuständig für das Pionierwesen. Nach Absprache sollte die Planierraupe durch Bauarbeiter aus der DDR wieder zurückgefahren werden. Dazu durften diese das Gebiet der BRD betreten. Das geschah dann auch.

2. Grenzkompanie Mohrsleben
3241 Morsleben
Am Schacht, PF 38904
Luftlinie zum Stab Oschersleben 24 km

Der Ort Morsleben lag zirka 1,3 km von der Grenze entfernt. Die nächst gelegenen Orte waren östlich Alleringersleben (2 km) und nördlich Beendorf (2 km). Südlich vom Ort verlief die Autobahn A 2. Die Grenzkompanie lag am westlichen Ortsrand.
Trennungslinie zur 3. GK Harbke Grenzsäule Nr. 748.
Trennungslinie zur 1. GK Schwanefeld Grenzsäule Nr. 740.
(Mit Luftlinie zum vorgesetzten Stab Grenzabteilung oder Grenzbataillon)

1954 – 57	Kommando/ Kommandantur Wefensleben 6 km
1958 – 61	6. GK/ Grenzabteilung Marienborn 2 km
1961 – 62	Gründung der Grenzregimenter
1962 – 71	4. GK/ II. Grenzbataillon Marienborn 2 km
1971	Auflösung Grenzregiment-22 Halberstadt.
1971	Das Grenzregiment-25 Oschersleben übernimmt den Grenzabschnitt.
1971	Neuformierung im Grenzregiment-25 Oschersleben.
1971 – 81	2. GK/ I. Grenzbataillon Marienborn 2 km
1983	Auflösung Grenzregiment-25

1983	Das Grenzregiment-23 Kalbe/Milde übernimmt den Grenzabschnitt.
1983	6. GK/ II. Grenzbataillon Marienborn/GR-23 Kalbe/Milde
1989	Die letzte große Umformierung der Grenztruppen und Bildung der GW, GKK und GBK.
1989	6. GW/ GKK-203 /Haldensleben Standort Weferlingen *Die Bezeichnung Grenzwachen wurde erst ab März 1990 verwendet.*
1990	Am 02.10.1990 wurden die Grenztruppen aufgelöst.
1990	Die GK wurde zurückgebaut und 2007 entstand auf der Fläche ein Parkplatz für die Beschäftigter vom „Endlager für radioaktive Abfälle".

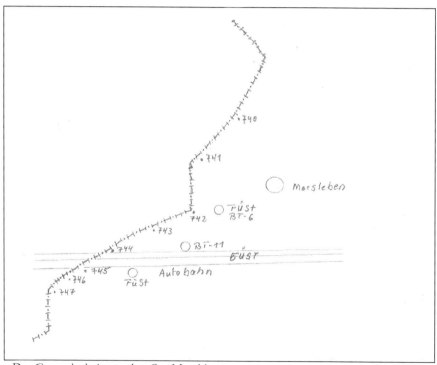

Der Grenzabschnitt vor dem Ort Morsleben.

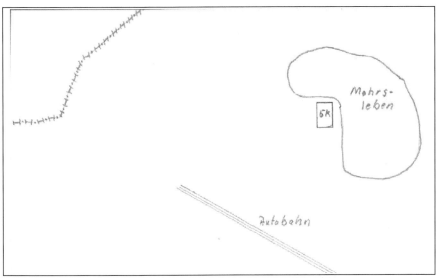

Die Kaserne der Grenzkompanie lag westlich der Ortschaft Morsleben.

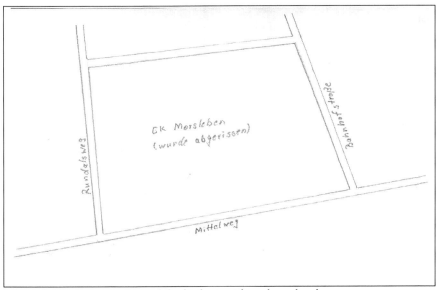

Lage der Grenzkompanie am Schacht, heute nicht mehr vorhanden.
Rechte Trennungslinien zur 1. GK Schwanefeld die Grenzsäule Nr. 740, linke Trennungslinie zur 3. GK Harpke die Grenzsäule Nr.748.

PoP A4 an der Autobahnbrücke

Obige zwei Bilder mit freundlicher Genehmigung von Schreiberer, Internet Forum Grenztruppen der DDR, Seite Bilder der GK Morsleben

Bericht von Udo:
Zu den Postenpunkten: Ich fang mal an der rechten Trennungslinie an. Am Waldrand zur Beendorfer Straße war der PP - Neuer Weg, in der Verlängerung der Kompanie am Ende der Wiese war PP -Roland (dieser Posten konnte auch an der F 1 eingesetzt werden, dort war ein Schlagbaum und ein Schiffsscheinwerfer).
An der F1, am Kolonnenweg war ein Holzturm (1972 war auf der anderen Seite der F1 der BT 11 fertig, nahe dem noch stehenden Führungspunkt).
Der nächste PP war an der Magdeburger Warte.
An der linken Trennungslinie nach Harpke war ein Dreierposten mit einem ca 3m hohen Holzturm.
An der Eisenbahnlinie in Richtung Harpker Straße (nahe dem Stellwerk) war auch noch ein Holzturm.
Es konnte auch noch ein Posten zwischen F 1 und der rechten Trennungslinie eingesetzt werden.
Nach Abschluss der Unteroffiziersschule in Glöwen im Oktober 1971 wurden ich in die 2.GK Morsleben I.GB/GR-25 versetzt. Ich dachte damals, ich bin am am Ende der Welt .War ja auch so. Es war das Ende unserer Welt. Der 28.Oktober (mein erster Tag am Kanten) war ein kalter aber sonniger Tag, noch heute hab ich den Geruch von der verbrannten Kohle aus dem Harpker Kraftwerk in der Nase. Die Spielereien der U-Schule waren vorbei.
Jetzt war es ernst. Täglich zweimal K-6 laufen (rechte TL Schwanefeld bis Bahndamm TSE -3.GK Harpke).
War schon stressig. Dann mal wieder 8 Stunden auf Posten stehen. Sehr oft KS (Kontrollstreife) laufen.
Ich hab mein Dienst an der Staatsgrenze, denk mal sehr ernst genommen . Auch die Gruppe, die ich dort übernommen habe, zu der habe ich ein gutes Verhältnis gehabt. Vertrauen war ein heikles Thema, möchte aber sagen, dass ich meinen Soldaten und Gefreiten vertraut habe. Zwiegespräche hatte ich mit meinem Gefreiten V. G. (Lehrer von Beruf und ca 5-6 Jahre älter wie ich) musste also mit seiner „Besserwisserei „leben". Wie gerne würde ich sie mal wieder treffen. Leider hab ich nur ihre Namen auf ein NVA-Handtuch. Ich hab noch auf dem alten Holz B-Turm an der F-1 Dienst getan. In Frühjahr 1972 hat man bei uns die Bataillonssicherung eingeführt. Mit dieser Maßnahme war es aus mit der Ruhe in der Kompanie. Dieses System hat mir nicht zugesagt. Hab mein Politoffizier (Oltn. M.) was von Scheidung wegen zu langer Bahnfahrt im Urlaub und zu kurzem Urlaub vorgegaukelt

und bat um meine Versetzung in das GAR- 5 nach Perleberg mit dem Ziel ins AbB Wismar zu kommen. Hat ja auch geklappt. Wismar war von mein zu Hause 60km entfernt. Wismar war leider nur noch ein halbes Jahr. Im Herbst1972 ging die 6.und 9. AbK auf Rügen (Bobbin bei Glowe). Der Winter auf Rügen in undichten Baracken, nein danke. Im April 1973 wurden wir nach Potsdam /Heinrich-Mann-Allee verlegt, wo ich dann auch bis zu meiner Entlassung am 24.04.1974 verblieben bin. 1990 hab ich meine alte Grenzkompanie und meinen Abschnitt besucht. Die Kompanie stand noch, im Abschnitt gab es noch Grenzsäulen und der Zaun stand noch, heute gibt es nur noch den Kolonnenweg. Ich fahre fast jährlich in „meinen" Abschnitt. Meine Schwester wohnt in Magdeburg und im Sommer zu ihrem Geburtstag mache ich ein Umweg über Morsleben. Und ich erkenne all die Postenpunkte wieder. Sicher sieht man heute vieles anders aber trotzdem war es unser Land, welches wir geschützt haben.
Mit freundlicher Genehmigung von Udo, Internet Forum DDR Grenze, private Mail

Bericht von Küche69:
Ich muss sagen, dass die Ausbildung in der Grenzkompanie nicht direkt weitergeführt wurde!
Es gab zwar noch den Politunterricht und vereinzelt wurden einige Soldaten über die kleine Sturmbahn gejagt (aber nur wenn sie irgend einen Scheiß angestellt hatten), der Politunterricht war regelmäßig und wurde vom Politoffizier persönlich durchgeführt, sollte er mal verhindert gewesen sein, so machte der Zugführer den Unterricht. Ich persönlich habe so einen Unterricht in der GK nicht mitmachen brauchen, da ich genug in der Küche zu tun hatte.
Der Zustand des Gefechtsalarms wurde, wenn ich mich richtige entsinne, einmal pro 1/2 Jahr durchgeführt, Ende 1988 habe ich einen solchen Alarm mitgemacht, brauchte aber selber nichts unternehmen und habe mir die Sache angesehen, wie alle fix antreten mussten und schnell fertig sein mussten.
Bei uns in der 6.GK Morsleben, haben manche Kameraden auch Unsinn gemacht, z. B. haben sie in ihre Thermosflaschen geblasen (Geräusche gemacht) wie wilde Tiere, natürlich waren „Batzen im Busch" und nicht einmal weit weg von den Kameraden und es gab Ärger. Mit Signalgeräten gab es auch manch schönen Spaß. Oder es wurde mit der Dreifarbentaschenlampe den Neuen ihre Farbe gezeigt.

Es gab manch lustigen Moment oder Augenblick oder ein Ereignis, einige sind mir noch in Erinnerung geblieben. Möchte hier aber gleich sagen, dass mancher, die von mir angesprochenen Momente, nicht so lustig finden wird, aber ich nenne dennoch einige: die Kameraden hatten eines Nachts einmal selbst hergestellten Schnaps getrunken und waren natürlich „zu wie die Muh" einer kam noch splitterfasernackt zu mir in die Küche. Also, er wollte etwas holen und rutschte von der Treppe ab und landete genau dem Spieß vor den Füßen. Naja lange Rede kurzer Sinn. Wir versuchten ihn wieder zur Besinnung zu bringen, mit Ammoniakgeruchsstäbchen. Allen wurde schlecht, nur der, den es betraf, blieb im Lummerland. Wir hatten auch einen Unteroffizier, der mich immer irgendwie erschrecken musste. So unter anderem schlug er immer mit der flachen Hand und mit voller Wucht auf die Metallplatte der Essensausgabe. Ich Rindvieh, erschrak natürlich immer und die Lacher waren nicht auf meiner Seite. Aber eines Sonntages habe ich besagtem Unteroffizier einen Aufwischlappen (nagelneu) paniert und als Schnitzel serviert, alles brüllte vor Lachen. Er hatte danach keinen Spaß mehr auf die Platte zu klatschen. Auch hatten wir einige Fahrräder für den Grenzdienst, diese wurden auch öfters genutzt. Nicht selten sprangen die Ketten ab oder ein anderes Mal verlor einer bei der steilen Abfahrt vom Zaun ins Objekt den Sattel. Das Gelächter war diesem Kameraden sicher. Einmal hatten die „Neuen" als Strafe (Arbeitsverrichtung außer der Reihe), dass Treppenhaus zu putzen. Die haben natürlich die Steintreppen im Treppenhaus gebohnert und beim Alarm flogen die Kameraden reihenweise auf die Sch... , nur gut das vor den Fenstern Gitter waren, sonst hätte es bestimmt Unfälle gegeben! Auch hat ein Hundeführer seinen Hund immer geärgert und einmal kam dieser Hundeführer besoffen aus dem Ausgang und ging in Ausgangsuniform in den Hundezwinger. Sein Hund erkannte ihn natürlich nicht und hat ihn in den Ar... gebissen!
Ich erinnere mich auch gern an meine Grenzzeit, wir haben uns Filme im Klub angesehen und es gab auch Grillabende und ein Schwein haben wir im Winter 1988 auch geschlachtet. Da ich in der Küche tätig war, konnte ich abends (nach vollendeter Arbeit) hinter der Kompanie im Grünen sitzen und in Ruhe einen Kaffee trinken. Es war eine schöne Zeit welche ich nicht vermissen möchte!
Mit freundlicher Genehmigung von Küche 69, Internetforum DDR Grenze Seite Grenztruppen der DDR

Bericht von Udo E.:
Bei Regen hatten wir unseren Regenumhang und im Winter unsere Winterdienstuniform. Beim Ablaufen des K 6 wurde man schon recht warm. Zum sitzen hatten wir unser Sitzkissen mit. Bei extremer Kälte wurde Tee rausgefahren. Auf unserem alten Holz-B-Turm an der F 1 wurden im Abstand Zeitungen verbrannt. Warme Gedanken waren auch gut gegen die Kälte. Ich rede aus der Zeit von 1971/72
Mit freundlicher Genehmigung von Gruß Udo E., Internetforum DDR Grenze, Seite Winter an der Grenze

Mit freundlicher Genehmigung von Gert1952, Internet Forum DDR Grenze, Seite: Fragen und Antworten

*Mit freundlicher Genehmigung von Angelo, Internetforum DDR Grenze, Seite Spurensuche: Die Grenzkompanie Mohrsleben zuletzt 6.GK/ GR-23.
Aufnahme kurz nach der Wende.*

Bemerkungen:
Direkt auf der ehemaligen Reichstraße Nr. 1, später B1, stand nach dem Krieg ein Busanhänger. Er war noch im letzten Weltkrieg (1945) zerschossen und ausgebrannt, dort stehen gelassen worden.
Man sagt, dass er noch bis weit in die sechziger Jahre dort an der Grenze gewesen sein soll und dann baute man einfach die Grenzanlagen davor.
Erst 1989 sollen die davon übrig gebliebenen Reste weggeräumt und der Grenzübergang (Morsleben – Lappwald) errichtet worden sein.

Bericht von Udo E.:
Soweit wie ich mich erinnern kann, hatten wir kein Seitengewehr mit zum Grenzdienst (1971). Ich glaube bei uns (GR-25 /I.GB/2.GK) war es, weil die Posten aus lauter Langweile damit Löcher in die Wände des Holzturmes gebohrt haben.
Im Winter wurden dann diese mit dem „ND" wieder zugestopft. Es wurden überhaupt einige Zeitungen mitgenommen. Alle 10 min wurde eine verbrannt, damit es einigermaßen erträglich war.

Mit freundlicher Genehmigung von Udo E., Internetforum DDR
Grenze, Seite: Mein Leben als DDR Grenzsoldat

*links in Richtung Pottkuhlenweg, mit freundlicher Genehmigung von Schreiberer,
Internet Forum DDR Grenze, Seite: Grenzbilder
Udo 52, Internetforum Grenztruppen der DDR, Seite GK Morsleben*

Bericht von Gert1952:
Die Freiwilligen Grenzhelfer gab es aber nicht erst seit den 80zigern!In
Morsleben hatten sie in der BA-Kammer ihre Sachen hängen, Fleck-
tarnanzüge mit grüner Armbinde. Waffen haben sie, soviel ich weiß
nicht getragen. Ein oder zweimal im Jahr sind sie auch auf einen
Schießplatz gefahren, da wurden Mpi`s von der Kompanie mit ge-
nommen. Außerdem haben sie auch mit KK-Mpi, wir hatten seit 1972
4 Stück im Waffenbestand, auf unseren kleinen Schießstand geschossen.
Am Tag der Grenztruppen gab es immer ein Stück Torte, wenn kein
Dienst war, sind viele gar nicht erst
aufgestanden. Da hatte ich immer mehrere Stücke zum Frühstück,
sonst hätten die Küchenfrauen oder die Offiziere die Reste mit nach
hause genommen. Natürlich war an unserem Ehrentag auch Appell, da

gab es Auszeichnungen und Beförderungen. Das gleiche war zum Tag der NVA, an einen solchen wurde ich 1973 zum Unterfeldwebel befördert, da ich zu der Zeit.
In Morsleben hatte der Wachposten im Schnee über Nacht groß EK und Jahreszahl hinterlassen. Als Hptm E. (der Deutsche) das frühmorgens sah, ließ er die EK auf dem Hof antreten und solange marschieren bis alles verschwunden war.
Ich war Gruppenführer Gruppe 1/3/ 2.GK Morsleben in der Zeit 1971/72. 1970 Herbst Uffz-Schule Mönchhai, danach von Ende März 71-73 Herbst Grenzkompanie Morsleben, Gruppenführer und stellvertretender Zugführer Der BT, ein jämmerlicher Anblick! Als ich 1971 nach Morsleben kam, stand an der F1 noch der große Holzturm und der Bushänger war auch noch da. 1990 waren die Reste schon zur Seite geschoben.

Mit freundlichen Genehmigung von Greso, Internet Forum DDR Grenze, Seite: B-Türme

Bericht von Gert1952
Ich EK1973/2 habe im GR25/I GB/2.GK Morsleben gedient. Mich würde interessieren was aus der Kompaniechronik geworden ist? Wir haben ab Mitte 72 den Bataillonsabschnitt gesichert, von Schwanefeld bis Sommersdorf. Saublöde Schichten, einen Tag früh, einen Tag spät und dann eine Nacht! Eines Tages kam ein neuer ZF auf die Kompanie Hauptmann Egon B. Ich hatte mit ihm die erste Schicht (Nachschicht) im Abschnitt 3 in Harbke. Der Führungspunkt ein BT-11 oberhalb vom Tagebau. Der Posten hatte das LMG mitzunehmen, eine rabenschwarze Nacht, unter uns hätten Möbelwagen durch fahren können, ohne das wir sie gesehen hätten. Uns gegenüber war in Offleben ein großes hellerleuchtetes Werk. Mitten in der Nacht springt der Hptm. auf einmal hoch, das Fenster hochgeklappt, das LMG aufgebockt durchgeladen und auf die Fassade von dem Werk gezielt. Ich wusste vor Schreck gar nicht was ich sagen sollte. Sagt er: „Die würden aber gucken, wenn ich denen ein paar Schuss rein setzen würde!" Er entlädt die Waffe und stellt sie in den Waffenständer zurück. Nach ca. einer Stunde, das selbe Spiel mit seiner Pistole. Grenzermacke!? So habe ich in den 3 Jahren viele Leute kennen gelernt, prima Kumpel aber auch durchgeknallte Typen. Lange war der Hptm. nicht auf der GK. Er wurde scheinbar von einer Einheit zur anderen gelobt. Ein Freund war in den 80zigern in Marienborn, der hat ihn auch gekannt. Für den Hptm. war das Ende der GT sicher unerträglich. Er trug seine Pistole ständig, sogar im Urlaub.

Mit freundlicher Genehmigung von Gert 1952, Internet Forum Grenztruppen der DDR, Seite GR-25

3. Grenzkompanie Harbke
Luftlinie zum Stab Oschersleben 28 km

Der Ort Marienborn liegt unmittelbar an der Autobahn A 2 und war ungefähr 3 km von der Grenze entfernt. Marienborn war Grenzübergangsstelle für Autos und Eisenbahn. Die beiden GÜST-Territorien waren Sperrgebiet. Die Grenzkompanie lag im Magdeburger Gehege westlich der Ortschaft ungefähr 500 m bis zur Grenze. Nachbarorte waren nordöstlich Morsleben (4 km) und südlich Harbke (4 km).
(Mit Luftlinie zum vorgesetzten Stab Grenzabteilung oder Grenzbataillon)

1954 – 57		Keine Stationierung der Grenzpolizei bekannt.
1958 – 61		7. GK/Grenzabteilung Marienborn
1961 – 62		Gründung der Grenzregimenter
1962 – 71		5. GK/ II. Grenzbataillon Marienborn
1971		Auflösung Grenzregiment-22 Halberstadt.
1971		Das Grenzregiment-25 Oschersleben übernimmt den Grenzabschnitt.
1971		Neuformierung Grenzregiment-25 Oschersleben.
1971 – 81		3. GK/ I. Grenzbataillon Marienborn
1983		Auflösung Grenzregiment-25
1983		Das Grenzregiment-23 Kalbe/Milde übernimmt den Grenzabschnitt.
1983		II. Grenzbataillon/ GR-23 Kalbe/Milde
1989		Die letzte große Umformierung der Grenztruppen und Bildung der GW, GKK und GBK.
1989		1. GW/ GKK-204
Die Bezeichnung Grenzwachen wurde erst ab März 1990 verwendet.
1989		Am 09.11.1989 21.15 Uhr überschritt die erste Person die Grenze zu Helmstedt (Frau mit Tochter).
1990		Am 30.06.1990 wurden die Kontrollen eingestellt.
1990		Am 02.10.1990 wurden die Grenztruppen aufgelöst.
1990		Zuerst zivile Nutzung durch Asylantenheim, danach leer und verfallen.

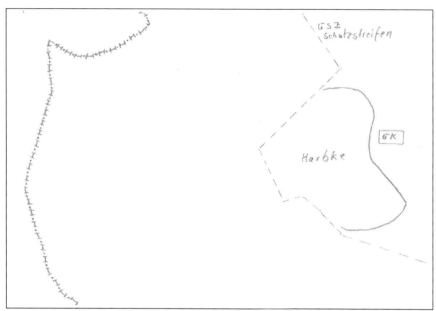

Der Grenzabschnitt vor der Ortschaft Harbke. Zwischen der Grenze und der Ortschaft befand sich der Kohlepfeiler, sowie die Lage der GK im Ort

*Alle Bilder mit freundlicher Genehmigung von Kundschaft2,
Internetforum Grenztruppen der DDR, Seite: Die Grenzkompanien*

4. Grenzkompanie Sommersdorf
„Eberhard Knospe"
3221 Sommersdorf
Amtmannsbreite, PF 88845
Luftlinie zum Stab Oschersleben 18 km

Der Ort Sommersdorf lag ungefähr 500 m von der Grenze entfernt. Die unmittelbaren Nachbarort waren: nordöstlich Sommerschenburg (Gneisenau Grabstätte, 800 m), nördlich Harbke zirka 4 km und südlich Völpke 3 km.
Die Grenzkompanie lag nördlich am Dorfrand der Ortschaft Sommersdorf.
(Mit Luftlinie zum vorgesetzten Stab Grenzabteilung oder Grenzbataillon)

1954 – 57	Kommando/Kommandantur Wefensleben 6 km
1958 – 61	9. GK/ Grenzabteilung Barneberg 6 km
1961 – 62	Gründung der Grenzregimenter
1962 – 71	7. GK/ III. Grenzbataillon Barneberg 6 km
1971	Auflösung Grenzregiment-22 Halberstadt.
1971	Das Grenzregiment-25 Oschersleben übernimmt den Grenzabschnitt.
1971	Neuformierung Grenzregiment-25 Oschersleben.
1971 – 81	4. GK/ I. Grenzbataillon Marienborn 6 km
1983	Auflösung Grenzregiment-25
1983	7. GK/ II .Grenzbataillon Marienborn/ GR-23
1983	Das Grenzregiment-23 Kalbe/Milde übernimmt den Grenzabschnitt.
1989	Die letzte große Umformierung der Grenztruppen und Bildung der GW, GKK und GBK.
1989	2. GW/ GKK-204
	Die Bezeichnung Grenzwachen wurde erst ab März 1990 verwendet.
1990	Am 12.04.1990 16.00 Uhr wurde der Grenzübergang zu Hohnsleben eröffnet.
1990	Am 02.10.1990 wurden die Grenztruppen aufgelöst.
1990	Zivile Nutzung durch die Freiwillige Feuerwehr.

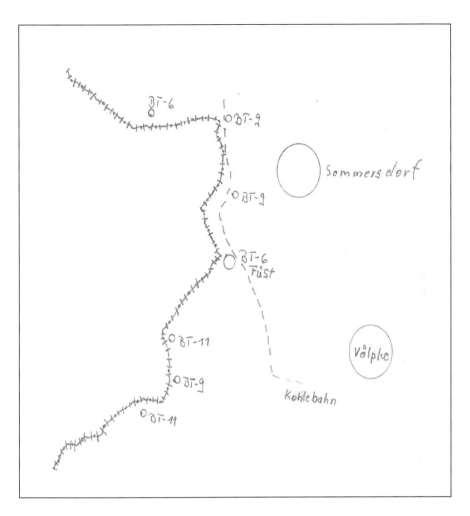

Der Grenzabschnitt vor der Ortschaft Sommersdorf.

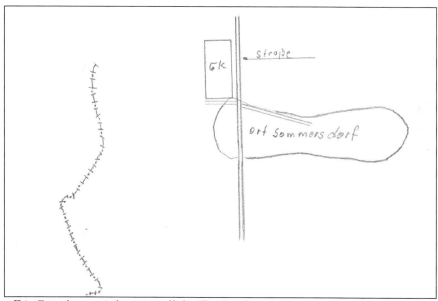

Die Grenzkompanie lag am nördlichen Dorfrand.

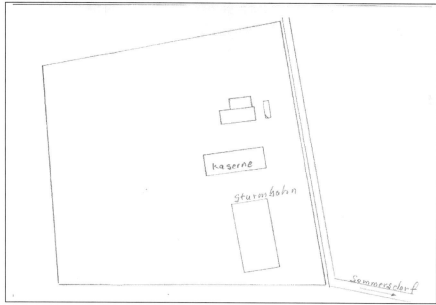

Eine Skizze vom Kasernengelände.

Die GK Sommersdorf.

Beide obigen Bilder mit freundlicher Genehmigung von Kundschaft2, Internetforum Grenztruppen der DDR, Seite: Die Grenzkompanien

Mit freundlicher Genehmigung von LO-driver, Internet Forum DDR-Grenze, Seite: Gedenken an Eberhard Knospe

Auch ich war in Sommersdorf der „Eberhard Knospe" GK von 1997-1988.

Läuft man auch von Wirpke bis zum Tuskulum,
die Zeit geht nicht rum.

Bericht von Feldwebel88:
Eine kleine Geschichte von mir vom Winter 86/87. Ich hatte Schicht bis früh 6 Uhr, legte mich dann zum Schlafen und wachte gegen 16 Uhr wieder auf, machte mich fertig und ging runter an die große Tafel, wo dran stand, wann man zum Grenzdienst raus musste. Dachte mir na schön 2.a-gruppe von 18-6 Uhr. Ihr müsst wissen in unserem Abschnitt gab es eine alte Führungsstelle, die meistens durch die 2te A-Gruppe besetzt war aber nur nachts um denn rechten Bereich abzusichern. Das lief so ab, von 18- 24 Uhr ein Postenpaar Ruhe, von 00.00-6.00 Uhr das andere Paar Ruhe, theoretisch. Da ich ja A-Gruppenführer war schickte ich erst das andere Paar zur Ruhe. Kurz vor 24 Uhr rief der KGSi über Funk „über Dora melden (Dora=Abkürzung für Draht bzw. GMN). Die Leute geweckt und ab in

die Abriegelung. Gegen 6 Uhr war die Lage erledigt, GSZ wurde durch Schnee und Wind ausgelöst. Also rein in die Kompanie nach 6 Uhr.
setzte mich noch hin in den Klubraum und schrieb einen Brief an meine Eltern, gegen 8.30 Uhr kam der UvD in dann Klubraum und sagte zu mir: „Heiko für dich Grenzalarm, rein in die Klamotten, Waffe geholt und Befehl empfangen. Ich musste mit Fahrer auf die FüSt, da der LO der A-Gruppe ausgefallen war. Naja auf der FüSt war och nicht viel los, wir quatschten mit dem KGSi. Gegen 13 Uhr war der LO wieder einsatzbereit und wir wollten rein in die Kompanie. Sind raus zum Tor 100 Richtung Kompanie. Am Kp 59 (Kontrollpunkt von der VP) ist unser Trabi stehen geblieben, (Antriebe kaputt) da standen wir nun 3,5 Std. bevor uns geholfen wurde.
Gegen 17 Uhr waren wir wieder in der Kompanie.
Der erste Blick an die Tafel für denn Grenzdienst wieder das selbe 2. A-Gruppe von 18-6 Uhr. Der erste Posten ging schlafen und ich mit meinem theoretisch ab 00.00 Uhr. Da aber immer noch sehr viel Wind ging, klingelte der Zaun wieder kurz nach 24.00 Uhr, da standen wir dann draußen bis gegen 10 Uhr früh in der Abrieglung bis der GSZ wieder einsatzbereit war. Gegen 10.30 bin ich dann wie tot ins Bett gefallen, waren meine „schönsten 42 Std." bei den GT.
Noch eine kleine Geschichte aus meiner Dienstzeit bei den Grenztruppen. Es war Mitte 1987, ich war als Posten eingeteilt auf der FüSt, zum Anlernen als KGSi. Es war gegen 15 Uhr, als wir eine Meldung bekamen, das ein Hund sich, von der Hundetrasse in unserem Bereich, losgelöst hatte. Wir sollten doch alle Posten benachrichtigen, die sich im Abschnitt befanden. Im Bereich der Wirpke, war ein Uffz. mit seinem Posten auf dem B-Turm als Beobachtungsposten der offenen Stelle eingesetzt. Der Uffz. war auch Hundeführer und hatte seinen Hund mit im Grenzdienst und diesen unterhalb vom B-Turm angeleint. Als er die Meldung bekam, das sich der Hund von der Hundetrasse sich losgerissen hatte, fragte er an, ob er seinen Hund reinnehmen könnte in denn B-Turm, der KGSi bestätigte es. 2 Minuten später meldete sich der Posten über das GMN, mein Postenführer ist so eben in die nächste Etage, des B-Turms gefallen. Der KGSi schickte eine Streife zu dem B-Turm, die in der Nähe war, um erste Hilfe zu leisten. Wenn ich mich recht erinnere wurde das Postenpaar (samt Hund) aus dem Grenzdienst rausgelöst.
Der Postenführer wurde dann ins Krankenhaus gebracht und untersucht. Nach ein paar Tagen kam er wieder in die Kompanie. Seit dem

Tage des Absturzes konnte er nichts mehr riechen, so gefährlich war der Grenzdienst.
Mit freundlicher Genehmigung von feldwebel88, Internet Forum DDR Grenze, Seite Dienst und Schichtzeiten eines Grenzsoldaten

Bericht von exgakl
Ich versuche es mal aufzuklären, das mit den B-Türmen.... (von RTL bis LTL) 01= Hochschüttung, 02 = alte Führungsstelle (nachts A-Gruppe), 3 = Str. Harpke/Hohnsleben, 4 = Wirbke, 5 = Gänseberg, 5 = Führungsstelle, 6 = Tuskulum, 7 = Fotoposten (Barneberg/Offleben). den B-Turm Seespitze habe ich gestern unterschlagen
Mit freundlicher Genehmigung von exgakl, Internetforum Grenzer suchen Grenzer, Seite GK Sommersdorf

Bericht von Tom 002
Es geschah in der Nacht vom 04.05.1982 zum 05.05.1982. Der Postenführer Gefreiter Eberhard Knospe war mit Soldat Klaus D. am Postenpunkt Wirpke im Grenzabschnitt Sommersdorf eingesetzt.
In den frühen Morgenstunden des 05.05.1982 so gegen 02.00 Uhr geschah die schreckliche Tat. Soldat Klaus D. erschoss seinen Postenführer Eberhard Knospe mit mehreren Schüssen aus seiner Kalaschnikow und flüchtete anschließend über den Grenzzaun in die Bundesrepublik.
Es war damals eine meiner ersten Nachtschichten an der Grenze. Bin Ende April 1982 in die Grenzkompanie Sommersdorf als junger Unteroffizier versetzt wurden und war in dieser Nacht mit im Grenzabschnitt.
Für uns Grenzer in der Kompanie war es ein Schock und unfassbar.
Das Landgericht Braunschweig verurteilte Klaus D. zu 5 Jahren Jugendstrafe wegen Totschlag.
In der damaligen DDR wurde Klaus D. in Abwesenheit am 17.05.1983 vom Militärgericht Berlin wegen Mordes zu einer lebenslangen Freiheitsstrafe verurteilt.
Mit freundlicher Genehmigung von Tom 002, Internetforum Deutsche Einheit, Seite Gedenken an E. Knospe

Die GK Sommersdorf.

Die ehemalige Einfahrt zur GK Sommersdorf.

Hier im Gelände war das Ereignis.
Mit freundlicher Genehmigung von LO driver (alle drei Bilder oberhalb), Internetforum DDR Grenze, Seite Zum Gedenken an…

Zufahrt zum GSZ-Tor 99 (auch Tor Nena genannt)
Mit freundlicher Genehmigung von exgakl, Internet Forum Deutsche Einheit, Seite: die Grenze bei Offleben

5. Grenzkompanie Hötensleben
3235 Hötensleben
Hinter dem Narkenhoch, PF 73508
Luftlinie zum Stab Oschersleben 18 km

Der Ort Hötensleben lag unmittelbar an der Grenze und war im Zentrum durch eine Mauer vom westlichen Vorfeld getrennt. Die Grenzkompanie lag östlich außerhalb der Ortschaft. Die unmittelbare Nachbarortschaft war östlich Barneberg 4 km.
Die Eisenbahnstrecke nach Oschersleben (unter der Bezeichnung Heringsbahn bekannt) fuhr mehrmals täglich. Der Bahnhof lag zuerst im Schutzstreifen, der Schutzstreifen wurde aber später verlegt.
Zwischen Hötensleben und Offleben war auf der westlichen Seite am Schlagbaum ein viel besuchter Besucherpunkt (Holzpodest).
Am Ortsrand von Hötensleben gab es eine 670 m lange Sichtblende zur BRD. Der BT am Schützenplatz wurde aus baufälligen Gründen auf 4 m gekürzt. Im Haidholz in der Nähe von Hötensleben lag vermutlich eine sowjetische Einheit. Der Kommandantur Hötensleben (hier waren schon kurz nach 1945 die Grenzpolizei stationiert) unterstanden folgende Kommandos:
- Kommando Hötensleben
- Kommando Pabstorf
- Kommando Karoline

(Mit Luftlinie zum vorgesetzten Stab Grenzabteilung oder Grenzbataillon)

1954 – 57	Kommando Hötensleben/ Kommandantur Hötensleben
1958 – 61	12. GK/ Grenzabteilung Barneberg 4 km
1961 – 62	Gründung der Grenzregimenter
1962	Neuformierung im Grenzregiment-25
1962 – 71	9. GK/ III. Grenzbataillon Barneberg 4 km
1971	Auflösung Grenzregiment-22 Halberstadt.
1971	Das Grenzregiment-25 Oschersleben übernimmt den Grenzabschnitt.
1971	Neuformierung Grenzregiment-25 Oschersleben.
1972 – 81	5. GK/ II. Grenzbataillon Hessen 20 km Später II. Grenzbataillon Ohrsleben 4 km
1983	Auflösung Grenzregiment-25
1983	Das Grenzregiment-23 Kalbe/Milde übernimmt den Grenzabschnitt.

1983	12. GK/ III. Grenzbataillon Weferlingen/ GR-23
1989	Die letzte große Umformierung der Grenztruppen und Bildung der GW, GKK und GBK.
1989	3. GW/ GKK-204 *Die Bezeichnung Grenzwachen wurde erst ab März 1990 verwendet.*
1989	Am 19. November 07.50 Uhr wurde der Grenzübergang Hötensleben zu Schöningen geöffnet.
1990	Am 02.10.1990 wurden die Grenztruppen aufgelöst.
1990	Zivile Nutzung, private Wohnung, vorher Asylbewerberheim.

Der Grenzabschnitt vor der Ortschaft Hötensleben.

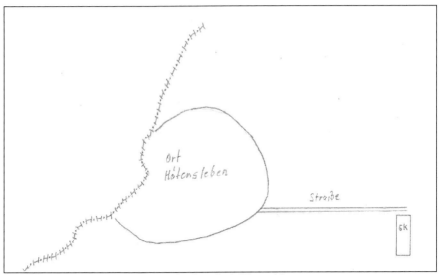

Die Lage der Grenzkompanie in der Ortschaft Hötensleben.

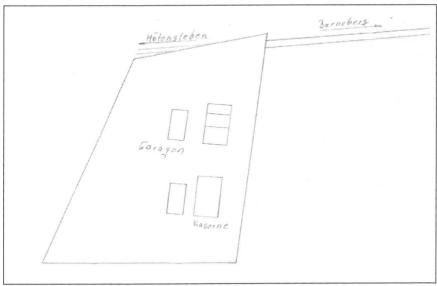

Eine Skizze von der Kasernenanlage der Grenzkompanie Hötensleben.

9.GK-Hötensleben, II.GB-Barneberg, Zeitraum 1962 – 71.
Mit freundlicher Genehmigung von Rasenspecht, Internet Grenzer suchen Grenzer, Seite wer hat seine ehemalige GK besucht

Die ehemalige Grenzkompanie Hötensleben. Bis 2003/04 noch als Wohnheim für Asylbewerber genutzt befindet sich das Objekt jetzt in Privatbesitz und wird bewohnt.

Von der Landstraße Barneberg - Hötensleben erlangt man diesen Blick auf die ehemalige GK Hötensleben. Mit freundlicher Genehmigung von Kundschaft2 (beide Bilder), Internetforum Grenztruppen der DDR, Seite: Die Grenzkompanien

Bericht von Rasenspecht:
Ich kam zur Mittagszeit in Hötensleben an. Schnell waren wir Rotärsche aufgeteilt in den 5 Zügen.
Eine halbe Stunde später, „Raustreten für die Fahrt in den Grenzabschnitt, nur zur Besichtigung".
Nach einer Stunde waren wir wieder zurück. Beeindruckt waren viele der Kameraden. Ein Abschnitt, bedingt der Ortsnähe Hötensleben zur Grenze könnte erlebnisreich werden und im südlichen Teil von Hötensleben mit angrenzenden Waldstück langweilig und öde. Gleichzeitig sind uns auch die drei Gaststätten gezeigt für unsere dienstfreie Zeit im Ausgang.
Welche Gedanken waren nun in den Köpfen der Soldaten. Nach Rückkehr war dann sofort Mittagessen angesagt. Alles in erlernte Disziplin vom Ausbildungslager in Dingelstedt. Nach dem Essen hatten nun die Gefreiten im Zimmer das Sagen. Kein Koppel tragen, keine Mütze innerhalb der Kompanie und die Begrüßung des nächst höheren Vorgesetzten, sprich Unteroffizier, mit 3 bis 5 Schritten vor ihm und 2 Schritten hinter ihm, das entfällt hier gänzlich. Meldung machen auf

dem Zimmer, erfolgt nur wenn ein entsprechender Offizier kommen würde.
Unser Zugführer war ein Oberleutnant, ein Primakerl, er legte auch keinen Wert weiter darauf. Ihm war es wichtig, dass der Zug gut miteinander harmonisieren würde. Die Rotärsche schauten sich an und verstanden so vieles nicht, wie das Leben an vorderste Front verlief.
Um 16:30 Uhr war Vergatterung, Herzklopfen hatten alle neuen Kameraden.
Nun wurde es Ernst für unseren einjährigen Dienst, hoffentlich brauchen wir nicht zu schießen, so die Neuen unter einander. Mit den Gefreiten waren wir ja noch nicht so richtig warm geworden. Nach dem Abendbrot ging es nochmals im Dunkel in das Grenzgebiet zur Besichtigung. Untereinander sprachen wir über die Ausbildungszeit, jetzt in den Abendstunden, „Viel sehen, aber selber nicht gesehen werden". Das steckte in den Köpfen, jetzt wird es wahr, der Dienst an der Waffe.
Meine erste Nachtschicht begann um 22.00 Uhr und zwar sollte es der letzte Postenplatz im Hötensleber Abschnitt im Waldgebiet werden. Viel wurde auf dem LKW nicht erzählt, war es nun die Neugierde, die Angespanntheit oder war es auch ein wenig die Angst vor der neuen Situation. Der LKW hielt auf der Verbindungsstraße Hötensleben nach Ohrsleben, wir, der Postenführer und ich, mussten noch ungefähr 500m bis zu unseren Postenplatz laufen.
Unterwegs wurde ein fliegender Wechsel mit den anderen Kameraden durchgeführt. Sie mussten sich beeilen, der LKW war ja noch in Wartestellung. Nun begann für mich der Ernst des Lebens, ich hatte eine Menge Angst gehabt. Mein Postenführer machte Meldung im Führungsbunker, dass alles ok sei. Ich verfolgte gespannt seine Vorgänge. Anschließend übergab er mir den Feldstecher und das Sprechgerät vom Grenzmeldenetz. Dann sagte er, und diese Worte werde ich nie vergessen können: „Wenn Du abhauen möchtest, dann muss Du es tun, aber bitte nicht in meiner Gegenwart, erschieße oder verletze mich nicht, nach ein paar Tagen wirst Du das Grenzgebiet genau kennen, da gibt es bessere Stellen, wie der hiesige Ort. Ich, so der PF, möchte gesund und munter in einem halben Jahr wieder zu Hause sein und nicht im Knast". So und nun lege ich mich schlafen, halbstündlich machst Du Meldung im FP und so nach 2 Std. kannst Du mich wecken, damit ich die Meldung wieder ausführen kann.
Eine Antwort hatte ich nicht in dieser Situation. In mir ist die Welt zusammengebrochen. Wie sind wir in der Ausbildung geschult worden,

wie wichtig war unser Dienst an vorderster Stelle. Und nun stand ich einsam und verlassen ängstlich am Waldesrand. Der PF, ob er geschlafen hat oder ob er mich getestet hat, ich kann es heute nicht mehr beschreiben. Aber vermutlich hat er fest geschlafen, denn am Abend vorher hatten sie mit den anderen Kameraden Abschied gefeiert. Heilfroh war ich dann, als die erste Schicht zu Ende ging.
Mit freundlicher Genehmigung von Rasenspecht, Internet Forum Grenzer suchen Grenzer, Seite Erlebnisberichte

Bericht von Rasenspecht:
Zu meiner Zeit als Soldat/Gefreiter 1967/68 gab es alle 8 Wochen, ab Mai 68 waren es dann alle 12 Wochen Wochenendurlaub. Theoretisch von Freitag 08.00 Uhr bis Montag 24.00 Uhr. Wer aber nun eine lange Reise vor sich hatte, der durfte schon eher aus der Kompanie. In unserem Fall in Hötensleben fuhr die erste Bahn gegen 04.00 Uhr. Von der GK zum Bahnhof war es ein guter Kilometer und da durften die Urlauber mit dem Mannschaftswagen der Ablösung mit rausfahren.
Von Hötensleben über Halberstadt – kann aber auch über Oschersleben gewesen sein – nach Magdeburg, weiter nach Leipzig und dann nach Zeitz, ca. 7 Stunden Eisenbahnfahrzeit mit Wartezeiten. Vom Bahnhof Zeitz nach Hause, wie sollte es anders sein, gelaufen.
Taxi gab es recht selten und wenn waren sie zu teuer für mich. Ein Bus fuhr leider nicht. Das war dann nochmals ca. 45 min Fußweg. Viel Zeit hatte man da zum Wochenendurlaub leider nicht, aber wir waren ja mal draußen. Die Ankunft in der GK war entsprechend der Zugverbindung so gegen 21.00 Uhr. Dann gab es noch den Jahresurlaub, so glaube ich 12 Tage im Jahr, die wurden in der Regel auf 2 Fahrten verteilt, da konnte bzw. war Zivil genehmigt. Es versteht sich von selbst, Hin- und Rückfahrt in Uniform, zu Hause dann war Zivil erlaubt. Grundsätzlich Wochenendurlaub nur in Uniform, auch zu Haus. Daran gehalten hat sich keiner. Es war aber ein entsprechender Vermerk auf dem Urlaubsschein. Kontrolliert, an den Urlaubstagen wurde ich nicht. Das einzig Gute daran, dass die Bahnfahrt spottbillig war. Ich glaube keine 10 Mark für Wehrpflichtige.
Zu Weihnachten wurde die GK in 4 Gruppen aufgeteilt. Verheiratete Soldaten zu Weihnachten und über Sylvester, die Ledigen 8 Tage davor und 8 Tage nach Sylvester.
Mit freundlicher Genehmigung von Rasenspecht,
Internet Forum Grenzer suchen Grenzer, Seite: Urlaub in der GK

Bericht von Rasenspecht:
Wir hatten auch Sitzkissen und an kalten Wintertagen haben wir Zeitungen unter den Körper getragen, die wir dann zum Ende der Schicht im sogenannten Panzerbunker unter der Sitzbank verbrannt haben.
Nur einmal hatten wir das Problem, als wir wieder aus dem Bunker gegangen sind, war bei einem Kameraden die Hose wegen der hohen Temperatur auseinander gebröckelt.
Ein Kampfanzug zu meiner Zeit sollte 1967 so ca. 360 Mark kosten, war viel Geld. Wir hatten aber eine gute Beziehung zum Schreiber, als Vertreter oder Helfer zum Hauptfeldwebel. Der gab uns einen neuen Kampfanzug, Glück gehabt
Mit freundlicher Genehmigung von Rasenspecht, Internet Forum Grenzer suchen Grenzer, Seite: Der Postenführer

Bericht von Rostocker:
Klar kann man da neidisch werden, meine Zeit bei den GT war 74/75, also ich habe einen Winter mitgemacht und das hat gereicht. Wenn ich die letzte Szene in einem Grenzerfilm sehe, schlagen Erinnerungen hoch. Der LO neben den Bunker und das Postenpaar in dem Eiskeller, das habe ich durch. Wir saßen meistens im LO, obwohl es verboten war aber dort war es angenehmer. Hatte auch mal eine Schicht, wo einem nichts anderes übrig blieb, als dort seinen Dienst zu versehen. Aber da hatte ich als Postenführer regelmäßig Grenzstreife angemeldet, um wenigstens einigermaßen in Bewegung zu bleiben. Ja ich möchte nur den Jungs vom BGS und ZGD mal echt sagen, da wart ihr besser dran. Winter an der Grenze, echt gesagt, aus meiner Sicht, das war grausam und gerade so eine Bunkerschicht. Man wenn ich nur dran denke, wenn man auf den BT war, konnte man das Postenbrot wenigstens an der Heizung etwas wärmen. Aber in so einem Eiskeller von Bunker, wo die Wände glitzerten vor Frost, da hat man lange Nase gemacht. Naja die Zeiten sind vorbei und man hat es überstanden aber auch das gehört mal hier her. P.S. Was haben wir nicht alles für Sozialismus und Vaterland durchgehalten Wenn ich die Zeit zurück drehen könnte, mit dem Wissen von heute und das als 19.Jähriger, dann würde ich mich über Winter beim BGS oder ZGD zum Dienst melden. Zu meiner Zeit war es so, auf den BT gab es zwar eine Heizung, die hing unterhalb der Decke aber was brachte die, nichts. Es zog die Kälte durch die Röhre von unten nach oben. Und in diesem Bunkern gab es nur eine Sitzgelegenheit, aus Holz zusammengezimmert. Wir waren froh, das wir immer unsere Luftis (Luftkissen) dabei hatten. Und selbst

die waren zu meiner Zeit verboten, weil man dachte, wir wollte darauf schlafen. Aber es war anders, wir haben sie als Polster zu Sitzgelegenheit genommen oder wie gesagt, bei so einer Bunkerschicht als Nierenschützer gegen die eiskalten Bunkerwände. Und dieses wird mir jeder ehemalige Grenzer sicher bestätigen. Ich weiß für manch einen ist es nicht nachvollziehbar aber es war so. Und ich möchte heute den ehemaligen Sacki hören, der sagt, so schlimm war es doch nicht, denn der hatte die Realität auf seiner FüSt, verloren damals.
Mit freundlicher Genehmigung von Rostocker, Internet Forum Deutsche Einheit, Seite: Winter an der Grenze

6. Grenzkompanie Ohrsleben
3231 Ohrsleben
Am Dorfe, PF 80699
Luftlinie zum Stab Oschersleben 18 km

Der Ort Ohrsleben lag zirka 500 m von der Grenze entfernt (Ohrslebener Sack) und im Grenzgebiet. Die Grenzkompanie befand sich am östlichen Dorfrand. Die benachbarten Ortschaften waren nördlich Hötensleben 4 km und südöstlich Wackersleben 3 km.

1973	GK Ohrsleben erhielt zu den Weltfestspielen in Berlin das Ehrenbanner.
1976	besuchte der Armeegeneral Heinz Hoffmann die Grenzkompanie.
	Bezeichnungen und Namen da sind bzw. waren: Großer Graben, Mittlerer Graben, Bahndamm Gunzleben, Mückenwinkel, Söllinger Straße, Pumpenweg, Dorfkrug. Der Sicherungsbereich der GK Ohrsleben war 16 km. Einer der schlechtesten Postenpunkte war am Wackerslebener Kanal, hier war es immer schlammig.
Ab 1976	wurde begonnen den Bataillonsstab in Ohrsleben zu bauen.
Ab 1979	kam der Bataillonsstab nach Ohrsleben. (Mit Luftlinie zum vorgesetzten Stab Grenzabteilung oder Grenzbataillon)
1954 – 57	Kommando Ohrsleben/ Kommandantur Hötensleben 4 km

1958 – 61	Reserveobjekt
1961 – 62	Gründung der Grenzregimenter
1962	Neuformierung im Grenzregiment-25
1962 – 71	Reserveobjekt
1971	Auflösung Grenzregiment-22 Halberstadt
1971	Das Grenzregiment-25 übernimmt den Grenzabschnitt.
1972 – 81	6. GK/ II. Grenzbataillon Hessen 16 km Später II. GB Ohrsleben 0 km
1983	Auflösung Grenzregiment-25
1983	Übernahme des Grenzabschnitts durch das Grenzregiment-23 Kalbe/Milde.
1983	8. GK/ II. Grenzbataillon Marienborn/ GR-23
1989	Die letzte große Umformierung der Grenztruppen und Bildung der GW, GKK und GBK.
1989	RO/ GKK-204 *Die Bezeichnung Grenzwachen wurde erst ab März 1990 verwendet.*
1990	Am 14.04. 10:00 wurde der Grenzübergang zur Ortschaft Söllingen geöffnet.
1990	Am 02.10.1990 wurden die Grenztruppen aufgelöst.
1990	Zivile Nutzung durch Interessierte der Militärtechnik.

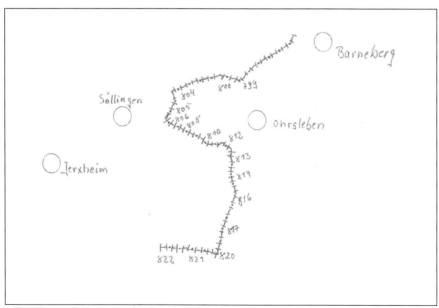

Der Grenzabschnitt vor der Ortschaft Ohrsleben.

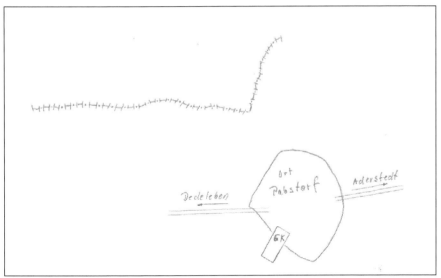

Eine Skizze zur Lage der Grenzkompanie im Ort.

Im Objekt war neben der 8. Grenzkompanie (Zeitraum 1971 -81) auch der Funkaufklärungstrupp 3 des Kdo GT stationiert. Teile des rechts großen Unterkunftsgebäudes waren im Juli 2007 bereits eingestürzt und auch der weitere Gebäudeteil war arg beschädigt.

Blick auf die Garagen der Kasernenanlage. Alle zwei Bilder mit freundlicher Genehmigung von Kundschaft2, Internetforum Grenztruppen der DDR, Seite: Die Grenzkompanien

Ein Teil der Kaserne der GK Ohrsleben.

Ganz links hinter dem Erdwall befand sich das Munitionslager.
Alle drei Bilder mit freundlicher Genehmigung von Rasenspecht, Internet Grenzer suchen Grenzer, Seite: Bildergalerie

*Hof des Kompaniegeländes. Links sind die Garagen zu sehen.
Im Vordergrund links war die Stiefelwaschanlage.
Alle drei Bilder mit freundlicher Genehmigung von Rasenspecht, Internet Grenzer
suchen Grenzer, Seite: Bildergalerie*

Die alte Kaserne der GK Ohrsleben, vorne der Anbau war die MHO, Aufnahme vom April 2014, Sammlung Neumann

Links der Fahrradschuppen und rechts Garagen, Aufnahme vom April 2014, Sammlung Neumann

Ein jährliches Traditionstreffen in Ohrsleben, das von einigen Dorfbewohnern (Freunde der Militärtechnik) liebevoll vorbereitet und durchgeführt wird. Es wird von zahlreichen Besuchern gut angenommen.

Die alte UvD-Klappe am Eingang, Aufnahme vom April 2014, Sammlung Neumann

Der ehemalige Flur der Kaserne, Aufnahme April 2014, Sammlung Neumann

Die jetzige Traditionswand, Aufnahme vom April 2014, Sammlung Neumann

Aufnahmen aus dem Grenzdienst, April 2014, Sammlung Neumann

Aufnahme vom April 2014, Sammlung Neumann

Wenn man vom Ort zur GK fährt bietet sich dieses Bild vom Unterkunftsgebäude im Juli 2009

Noch stehen, die inzwischen jeglicher Fensterverglasung beraubten Unterkunftsgebäude, gesichert hinter dem verschlossenen Eingangstor der GK.

Der kleine Anbau war die MHO der GK. Alle Bilder mit freundlicher Genehmigung von Kundschaft 2, Internet: Grenzerforum, Seite: Bilderreihe der ehem. GK.

Bericht von Grenzmann:
Um die Heimfahrt mussten wir uns selbst kümmern, das bedeutete, wir mussten vorher das Kursbuch der DR studieren. Möglichkeiten gab es da über Oschersleben - Magdeburg - Halle - Leipzig - Chemnitz - Mittweida oder über Oschersleben - Berlin - Chemnitz - Mittweida. Die Umsteigezeiten waren teilweise so knapp, so dass es hieß, Beine in die Hand nehmen (genannt rennen). Die Heimfahrt war immer eine halbe Tagesreise. In den Grenzkompanien waren die Kontrollen wiederkehrenden und lasch. Teilweise erfolgten keine. Es kam immer darauf an, wer gerade Diensthabender war. Zivilerlaubnis zum Urlaub gab´s für uns GWDler eigentlich nie. Wir durften nicht mal im Winter in Stiefeln nach Hause fahren, weil die „Ballettschuhe" viel zu kalt waren. Haben aber meist die Stiefel eingepackt und dann an der Bushaltestelle oder auf dem BHF angezogen.
Grenzmann, Internet Forum Grenzer suchen Grenzer, Seite Urlaub in der GK

7. Grenzkompanie Pabstorf
Luftlinie zum Stab Oschersleben 20 km
Der Ort Pabstorf lag ungefähr 1,8 km von der Grenze entfernt und nicht im Schutzstreifen. Die Grenzkompanie lag südwestlich am Dorfrand. Folgende Ortschaften lagen in unmittelbarer Nähe:

Östlich Aderstedt 1,3 km, westlich zirka 2,3 km Dedeleben. Pabstorf war nur über die Orte Dedeleben oder Aderstedt erreichbar.
Gleich nach 1945 wurde mit einer Sicherung der damaligen Grenze begonnen. Das im Ort liegende Objekt der Grenztruppen hatte eine wechselvolle Geschichte.
Zuerst sicherte eine Grenzkompanie vom Grenzregiment-22 Halberstadt, danach war hier eine Ausbildungskompanie vom Ausbildungsbataillon-22 aus dem GR-22 Halberstadt untergebracht.
Mit der Auflösung des GR-22 Halberstadt übernahm 1971 das Grenzregiment-25 Oschersleben das Objekt und stationiert wieder eine Grenzkompanie hier. Nach der Auflösung vom GR-25 Oschersleben 1983 übernahm das Grenzregiment-20 Halberstadt mit einer GK das Objekt. Mit der Umstrukturierung 1989 wurde das Objekt Pabstorf Reserveobjekt.
(Mit Luftlinie zum vorgesetzten Stab Grenzabteilung oder Grenzbataillon)

1954 – 57	Kommando Pabstorf/Grenzbereitschaft Halberstadt	
1958 – 61	Reservegrenzkompanie/GR-22	
1961 – 62	Gründung der Grenzregimenter	
1962 – 71	1. AbK/AbB-22/GR-22 Halberstadt	
1971	Auflösung GR-22 Halberstadt	
1971	Das Grenzregiment-25 Oschersleben übernimmt den Grenzabschnitt.	
1971 – 81	7. GK/ II. Grenzbataillon Hessen 13 km	
	Später II. GB Ohrsleben 8 km	
1983	Auflösung Grenzregiment-25	
1983	Das Grenzregiment-20 Halberstadt übernimmt den Grenzabschnitt.	
1983 – 89	10. GK/ III. Grenzbataillon Hessen/GR-20 13 km	
1989	Die letzte große Umformierung der Grenztruppen und Bildung der GW, GKK und GBK.	
1989	RO/ GKK-204	
	Die Bezeichnung Grenzwachen wurde erst ab März 1990 verwendet.	
1990	Am 02.10.1990 wurden die Grenztruppen aufgelöst.	
1990	Zivile Nutzung als Altersheim (alle Bauten außer der Unterkunft der GK) und die Unterkunft der GK wird privat genutzt.	

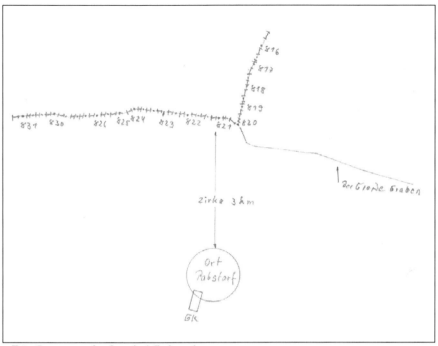

Die Grenze vor der Ortschaft Pabstorf.

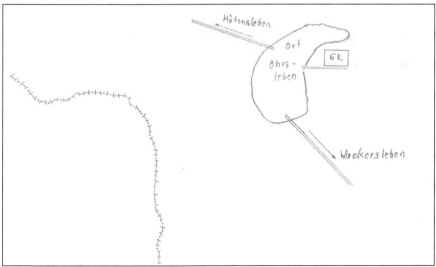

Die Lage der Grenzkompanie in der Ortschaft.

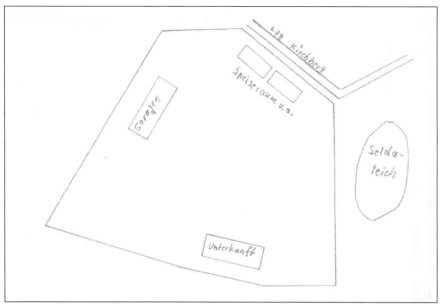

Eine Skizze vom Kasernengelände.

Die Auffahrt zur Unterkunft.

Die Unterkunftskaserne. Alle zwei Bilder, mit freundlicher Genehmigung von Kundschaft 2, Internet Grenzerforum, Seite: Bilderreihe ehemaliger Grenzkompanien

Sammlung Neumann, Aufnahme April 2014

Alle obigen Aufnahmen Sammlung Neumann, Aufnahme April 2014

8. Grenzkompanie Dedeleben
3601 Dedeleben, Am Jachtfeld, PF 73511
Luftlinie zum Stab Oschersleben 24 km

Der Ort Dedeleben lag zirka 3 km von der Grenze entfernt. Die Grenzkompanie lag am nördlichen Dorfrand. Durch den Ort führte die Fernverkehrsstraße 244. Der Ort lag zentral und war durch drei Straßen und mit der Eisenbahn zu erreichen. Drei Orte lagen in unmittelbarer Nähe: 4 km östlich Pabstorf, 4 km westlich Rohrsheim und 2 km südlich Vogelsdorf.
Dedeleben lag außerhalb vom Schutzstreifen. Der Große Graben bildete teilweise die Grenze, wobei die Grenzlinie oftmals die Seiten am Großen Graben wechselte.
Die Grenzkompanie war Ortsausgang von Dedeleben in Richtung Staatsgrenze stationiert.
Ihre rechte Trennungslinie (der große Graben) war gleichzeitig die Trennungslinie des Grenzbataillon Hessen und des GR-20 zum Grenzregiment 23 Kalbe/Milde. Die Grenzkompanie Ohrsleben (9. GK) war der unmittelbare rechte Nachbar.
Die linke Trennungslinie war der Hessendamm.
Ein markanter Geländepunkt war der Kiebitzdamm, eine ehemalige Gaststätte, welche nun unmittelbar im Grenzgebiet an der Straße zum Bahnhof Jerxheim lag. Der daneben fließende Bach (Großer Graben - Bachmitte) war die Grenzlinie. Hier verlief schon früher die Grenze zwischen Braunschweig (HB) und Preußen (KP).
(Mit Luftlinie zum vorgesetzten Stab Grenzabteilung oder Grenzbataillon)

1954 – 57	Kommando Dedeleben/Grenzbereitschaft Halberstadt
1958 – 61	GK Dedeleben/Grenzbereitschaft Halberstadt
1961 – 62	Gründung der Grenzregimenter
1962 – 71	2. Grenzkompanie/I. Grenzbataillon Hessen/Grenzregiment-22 Halberstadt
1971	Auflösung GR-22
1971	Übernahme des Grenzabschnitts durch das Grenzregiment-25 Oschersleben.
1971 – 81	8. GK/ II. Grenzbataillon Hessen 8 km Später II. GB Ohrsleben 10 km
1983	Auflösung Grenzregiment-25 Oschersleben

1983	Übernahme des Grenzabschnitts durch das Grenzregiment-20 Halberstadt.
1983 – 89	1. GK/ I. Grenzbataillon Hessen 10 km
1989	Die letzte große Umformierung der Grenztruppen und Bildung der GW, GKK und GBK.
1989	Am 08.12.1989 12.00 Uhr wurde der Grenzübergang zu Jerxheim geöffnet.
1989	4. GW/ GKK-204
	Die Bezeichnung Grenzwachen wurde erst ab März 1990 verwendet.
1990	Am 02.10.1990 wurden die Grenztruppen aufgelöst.
1993	Die Gemeinde kauft die ehemalige GK als Gemeindeverwaltungssitz.
2003	Seniorenzentrum Krüger (die ehemalige GK wird von der Fam. Krüger der Gemeinde abgekauft) mit betreuten Wohnen mit Arzt, Friseur und Kaffe. Der Explatz und die Garagen existieren noch.

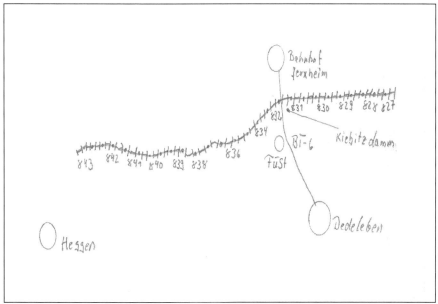

Der Grenzabschnitt vor der Ortschaft Dedeleben.

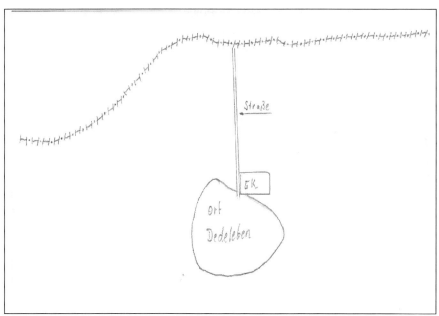

Die Lage der Grenzkompanie im Ort Dedeleben.

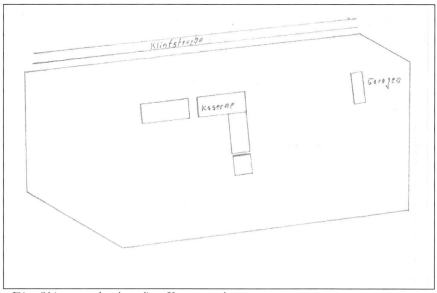

Eine Skizze von der ehemaligen Kasernenanlage.

Erlebnisbericht von Douglas Wannek
Wie kam man überhaupt als Soldat nach Dedeleben
Ende Oktober 1975 hörte ich zum ersten Mal den Ortsnamen Dedeleben auf der Fahrt vom Grenzausbildungsregiment zum Einsatzort an der Grenze. Nach einem halben Jahr mit wirklich anstrengendem Drill, gut in allen Fertigkeiten eines Infanteristen ausgebildet und mit sozialistisch-staatsbürgerlichem Grundwissen sehr ausreichend versehen, wurde ein gutes Tausend junger Grenzsoldaten aus Halberstadt an den eisernen Vorhang versetzt – natürlich lauteten die Begriffe damals anders. Wirklich gespannt gingen wir als „Knollen" (so wurden die „Neuen" an der Grenze genannt) ganz unerfahren in unser neues Umfeld, was doch so anders war als zuvor gelernt. Anders insbesondere für einen 19-jährigen Berliner, der sich der Besonderheit, Ruhe und Abgeschiedenheit – ja auch Schönheit eines Dorfes an der Staatsgrenze, erst erschließen musste ... usw.
Der ehemalige Grenzsoldat Douglas Wannek beschreibt in seinem Bericht an den Dorfklub in Dedeleben, (nachzulesen in der Regimentschronik GR-20, erschienen im Engelsdorfer Verlag 2013) seinen Dienst in der Grenzkompanie. Er berichtet über die Garnison, den Ausgang, den Ort Dedeleben, den Grenzdienst, die Vorgesetzten, das Westfernsehen und weiteres. Es lohnt sich diesen Bericht vollständig zu lesen.

Bericht von EK76/1:
Auch wir hatten kein Seitengewehr dabei,
1975-76/Dedeleben. Auch Berlin '81 nicht.
Es gab genug zu schleppen: Kaschi, Magazin Tasche mit Inhalt. Regenumhang.
Als Knolle kamen noch die Leuchtzeichen, Postentabelle und natürlich die „leckere" Postentasche dazu. Oft ging die Thermosflasche schon beim Aufsitzen auf den LKW zu Bruch. Das bedeutete Extra-Revierreinigen. Ist aber schon wieder ein anderes Thema.
Mit freundlicher Genehmigung von EK 76/1, Internetforum DDR Grenze Seite Mein Leben als DDR Grenzsoldat

Gefunden im Gästebuch der Gemeinde Dedeleben (www.Gemeinde-Huy-Dedeleben.de), geschrieben von Douglas Wannek im Oktober 2006 (gedient in der GK Dedeleben Oktober 1975 bis Oktober 1976)

Internetseite Dedeleben, zeigt den Besuch (1975) einiger Kinder aus dem Kindergarten in der Grenzkompanie

Der BT im Grenzbereich Dedeleben mit der Grenzanlage und im Vordergrund einen Erdbunker, aus der Internetseite von Dedeleben.

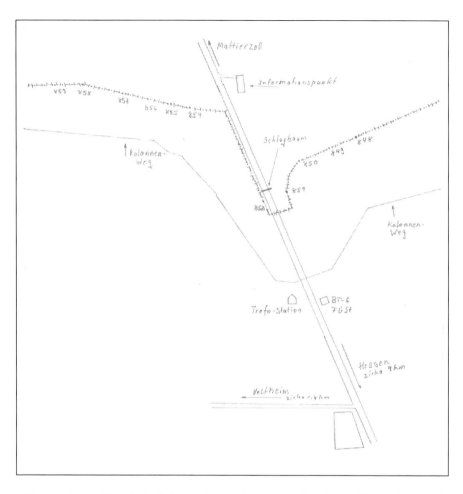

Der markante Geländeabschnitt am Hessendamm. Die Straße von Hessen kommend war nur bis zur Abzweigung nach Veltheim befahrbar. Der Kolonnenweg rechts und links vom Hessendamm ist heute noch befahrbar. Am jetzigen Standort des BT-6 stand vorher ein Holz-BT. Auf der westlichen Seite war kurz vor der Grenzmarkierung ein Schlagbaum. Bis hier hin kamen der Grenzzolldienst und auch die täglichen Besucher. Da es eine kurze Entfernung bis zum BT war, konnte man die Personen gut erkennen. Der Informationspunkt befand sich auch schon vor der Grenzöffnung auf diesen Platz.

Der BT nach der Wende dicht rechts der Straße nach Jerxheim. Er wurde leider abgerissen.
Alle drei Bilder mit freundlicher Genehmigung aus der Internetseite Dedeleben.

9. Grenzkompanie Veltheim
3601 Veltheim, am Papenhofswege, PF 80608
Luftlinie zum Stab Oschersleben 34 km

Der Veltheim liegt westlich vom Hessendamm und zirka 1,2 km von der Grenze entfernt. Er war nur über die Ortschaft Hessen zu erreichen. In unmittelbarer Nähe lagen westlich 5km Osterode und südöstlich 4 km Hessen. Auch beim Ort Veltheim bildete der Große Graben die Grenze. Zwischen der Ortschaft und dem Großen Graben lagen sumpfige Wiesen. Die GK lag am südlichen Ortsrand.
Zur DDR-Zeit lag Veltheim im Sperrgebiet und konnte nur mit einem Passierschein aufgesucht werden. Seit 1945 waren Truppen zur Grenzsicherung in Veltheim stationiert.
Im 19. Jahrhundert war der „Krug" ein Mittelpunkt des männlichen Lebens in Veltheim. Der Krüger (Gastwirt) war nicht der Eigentümer, die Pacht wurde jährlich ausgehandelt. Später wurde der Krug an einen Gastwirt verkauft, damit die Gemeinde Geld bekam. Der Besitzer wechselte aber öfter. Zur DDR-Zeit war es eine Konsumgaststätte und ein beliebter Treffpunkt der Grenzsoldaten.
(Mit Luftlinie zum vorgesetzten Stab Grenzabteilung oder Grenzbataillon)

1954 – 57	Kommando Veltheim/Kommandantur Halberstadt
1958 – 61	3. Grenzkompanie/Grenzabteilung Hessen/ 22. Grenzbereitschaft Halberstadt
1961 -62	Gründung der Grenzregimenter
1962 – 71	4. Grenzkompanie/I. Grenzbataillon Hessen/Grenzregiment-22 Halberstadt
1971	Auflösung GR-22 Halberstadt
1971	Übernahme des Grenzabschnitts durch das Grenzregiment-25 Oschersleben.
1971 – 81	9. Grenzkompanie/ III. Grenzbataillon Lüttgenrode/ GR-25 10 km
1978	Der Stab III. Grenzbataillon Lüttgenrode verlegt nach Hessen. 4 km
1983	Auflösung GR-25 Oschersleben
1983	Das GR-20 Halberstadt übernimmt den Kompanieabschnitt.
1983 – 89	Reserveobjekt und teilweise Nutzung durch die Kompanie zur Sicherstellung der Grenzsicherung.

1989	Die letzte große Umformierung der Grenztruppen und Bildung der GW, GKK und GBK.
1989	RO/ GKK-204 Halberstadt/Oschersleben
Die Bezeichnung Grenzwachen wurde erst ab März 1990 verwendet.
1990	Am 02.10.1990 wurden die Grenztruppen aufgelöst.
1990	Zivile Nutzung durch Wassergewinnungsanlage Veltheim und durch das Bundesvermögensamt.

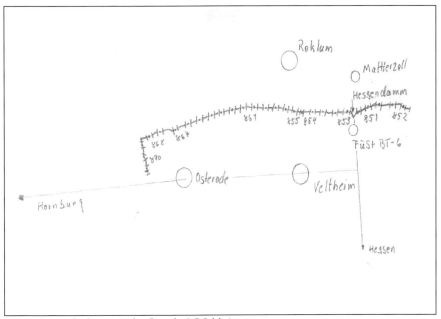

Der Grenzabschnitt vor der Ortschaft Veltheim.

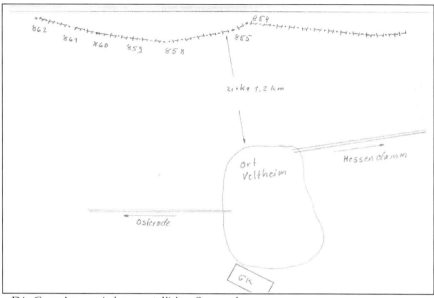

Die Grenzkompanie lag am südlichen Ortsrand.

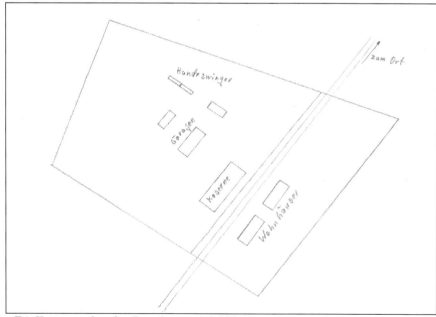

Die Kasernenanlage der Grenzkompanie Veltheim.

10. GK Veltheim Haupteingang mit Postenpilz, Sammlung Neumann, April 2014

Straßenseite der 10. GK, Sammlung Neumann, Februar 2011

Links die GK und rechts die zwei Wohnblöcke,
Sammlung Neumann, Februar 2011

Sammlung Neumann, April 2014, Sprechstelle am Objektzaun

Bericht von Rotwings:
Zu meiner Zeit in der 9. GK. in Veltheim (Damals GR-25,1971-81), war monatlich jeweils ein anderer Zug der Kompanie dran, Vorschläge für den nächsten Monat zum Essenplan zu machen. So eine kleine Sendung „wünsch Dir was" war das immer. In den einzelnen Gruppenzimmern wurde da schon über jeweilige „Leibgerichte" der Bewohner gesprochen. Auch ausgefallene, der jeweiligen Heimatregion entsprechende Gerichte wurden vorgeschlagen. So habe ich einige Sachen dort damals das erste mal auf den Teller bekommen. Die erstellte Liste der Gerichte wurde dann an die Küche weitergeleitet. Der Küchenleiter, Hauptfeld und KC machten dann das Beste draus. Die Realisierung der „Wünsche" war dann zwar nicht immer möglich, aber es wurde so gut wie möglich täglich realisiert. Es klappte eigentlich immer recht gut. Auch die Postenverpflegung, welche uns vor dem Dienst am Kanten in den berühmten Postentaschen hingestellt wurde, war ok.. Im Winter konnte es geschehen, dass die Thermobehälter für die „Warmverpflegung" schon hin waren. Dann war die Suppe schon mal kalt gewesen oder sie konnte nach ein paar Stunden gelutscht werden.
Die Mengen der ausgegebenen Speisen und Getränke waren immer reichlich und in Ordnung. Die Qualität der gesamten Versorgung in Veltheim war gut bis sehr gut. Sicher hatten unsere damaligen ortsansässigen Küchenfrauen viel Anteil an dieser Tatsache. Die wöchentlich ausgegebenen Postenbeutel waren immer pünktlich ausgegeben worden und mit damals nicht immer in Verkauf erhältlichen Produkten angereichert. Die Grundvoraussetzung für einen zufriedenen Gefreiten oder Soldaten im Grenzdienst, mit den damals üblichen 8 bis 12 Stunden Schichten im Abschnitt, war somit erfüllt. Dazu kamen ja dann immer noch die jeweils 1,5 bis 2 Stunden Vor- und Nachbereitungszeit. Nicht umsonst sagten wir damals immer: „Wie die Verpflegung, so die Bewegung". Aber das ist ja heute auch noch so. Wir haben uns jedenfalls damals, sicher auch aus diesem Grund, nicht schlecht bewegt. Da ich Kraftfahrer war, war ich eigentlich nicht so oft im Dorf im Ausgang. Das, was vor dem Ausgang oft anlag, war vielfach recht stressig. Auch wollte ich nicht die ganze Zeit vor dem Ausgang immer „schön lieb sein" um nicht schon vorher von der Ausgangsliste gestrichen zu werden oder auch nur diese Drohung zu hören. Viel zu erleben war in den Dörfern einer Grenzkompanie zu der Zeit nicht. Die Mädels wurden an diesem Tag vorher von den Eltern eingesperrt und in der Dorfkneipe war es auch nicht so prickelnd. Die Schnitzel und

das frisch gezapfte Hasseröder in der Gaststätte waren aber immer super. Bier, Nordhäuser und Goldi wurden bei den täglichen Fahrten irgendwie in einem Dorfkonsum organisiert, in die Kompanie mitgebracht und auch schon für schlechte Zeiten eingelagert. Wenn wir A-Gruppe oder später A-Zug hatten wurde aber aus bestimmten Gründen schon freiwillig auf diese „Leckerei" verzichtet. So hielten es aber laut meiner Erinnerung alle Züge der Kompanie. Ein guter Lagerplatz für diese Schätze unseres Zuges war das etwas abseits liegende Hundegebäude oder auch Hundezwinger genannt. Da wir tolle, giftige Gassenhunde hatten und es auch etwas nach Hund gerochen hat, traute sich da kaum jemand „Unbefugter" hin. Der Hundeführer war Angehöriger unsers Zuges und die Hunde machten unseren „Chappi" sehr, da er sie ja täglich versorgte. Gemeinsam waren wir eben stark.

Bouletten, Schnitzel und weitere Sonderverpflegungen wurden auch noch von unterwegs mitgebracht. Damals gab es ja noch in Ost-Deutschland kleine Fleischereien und Bäcker in den Orten. Ja lang ist es her.

Mit freundlicher Genehmigung von Rotwings, Internet Forum Grenzer suchen Grenzer, Seite: die Verpflegung in der GK

Bericht von Rotwings:
Ebenso zum Abschnitt des III. GB des GR 25 in dieser Zeit. Im Herbst/Winter 1972 stand übrigens noch der Holzturm auf dem Hessendamm. Kenne aber auch schon den zu der Zeit erbauten BT 11. War auf beide eingesetzt.

Die größte Anzahl der Wehrpflichtige der einzelnen Kompanien sind ja auch eigentlich nur zwischen der Kompanie und dem Abschnitt auf der Ladefläche eines LO umhergekutscht worden.

Da hatte ich als Kraftfahrer durch entsprechende Fahrten, welche nicht nur mit der Grenzsicherung zu tun hatten, doch viel mehr Abwechslung und Überblick im gesamten Abschnitt. So wurde ich oft für Fahrten ins Regiment, Bataillon, Post, Krankenhaus, GV's abliefern zur weiteren ... oder zu besonderen Anlässen [Feierstunde zur Verleihung eines Ehrenbanner in Harpke] eingesetzt. Dadurch wusste man oft mehr und auch öfter was so im Hintergrund gelaufen ist. Es kam öfter auch vor, dass man dann als KS (vor allem in den Nachtschichten) mit jemandem unterwegs war.

Nicht so toll waren die anfallenden Touren mit den KC, der bei vielen nicht beliebt war. Dem gegenüber waren 90% der weiteren Offiziere wirklich verträglich und konnten sich auf Ihre Mannschaften verlassen.

Ich staune immer wieder, wie in einigen Kompanien so Fotos geschossen werden konnten. Unser KC Hauptmann Le... war regelmäßig auf Jagd nach Fotoapparaten, Miniradios, Luftkissen, Fusel usw. Regelmäßig waren „Schrankkontrollen" angesagt. Meine vielen Packungen „Westkaugummi" interessierten eigenartigerweise aber keinen. (Wie viele Jahre habe ich eigentlich jetzt schon keinen Kaugummi mehr gekaut? War damals aber eben aktuell. Würste auf den Reinigungsstab der Mpi grillen gab es bei uns damals aber gar nicht. Da sieht man eben schon die Unterscheide der 70'er und 80'er Jahre.

War trotz allem aber eine schöne Zeit, weil wir uns in der Stube, im Zug usw. recht gut verstanden haben. Es bestehen Freundschaften seit dieser Zeit und es bereitet immer wieder Freude wenn man sich trifft.

Mit freundlicher Genehmigung von Rotwings, Internet private Mail

Bericht von Dassi:

Jedenfalls hatten wir im Nov. 1972 in Veltheim noch die normale Kompaniesicherung im Abschnitt vom Mühlbach (...fast Rohrsheim) über Hessen Damm bis ca. zum großen Grenzknick bei Osterode. Veltheim war die 9. GK.

In Lüttgenrode war unser III. GB damals angesiedelt. In Hessen war das II. GB. Der Kontakt dorthin existierte eigentlich gar nicht. Ich war höchstens drei Mal als Kraftfahrer dort. Die 10. GK. war Rhoden; 11. GK. Göddeckenrode, 12. GK. Wülperode. Ab Januar 1973 war dann die Bataillonssicherung im Abschnitt der III. GB angesagt. Die Voraussetzungen waren fast „0". Die offizielle Einweisung in die neuen Abschnitte war sehr spärlich. Die Sicherung in den unbekannten Abschnitten war oft vom Postenführer vor Ort zu organisieren. Vom Führungspunkt kam in entsprechenden Situationen der seelische Beistand mit Worten wie „Gegen Sie in die Abriegelung" bzw. „Handeln Sie nach der vorgegebenen Varianten". Es kam aber auch schon vor, dass der Posten am Anfang dieser neuen Sicherung auf „Anruf" an einem GMN Mast die ganze Nacht festgehalten wurde. Mit der Zeit wurde der Posteneinsatz aber dann effektiver und lief ab dem Frühjahr dann. Es hatte sich eben eingespielt.

Als einzigen Turm damals hatte ich nur den Turm am Hang in Göddeckenrode (...erst noch Holzturm, dann BT11) nicht betreten. Da ich unseren KC oft nach Lüttgenrode ins GB gefahren habe, war ich auch dort im Bataillonsführungspunkt gewesen.

Für mich ist sehr interessant, warum, wie und auch wann die Umgestaltung des Sperrsystems am Klußgrund und am Kamm (kleiner Fall-

stein) vorgenommen wurde. Zu meiner Zeit ging der K6 noch durch den Klußgrund.
och mal den genauen Verlauf der Sperranlagen zu ermitteln. Ich war damals oft zwischen der Ilse und der Straße Rhoden-Hornburg eingesetzt. War auch ein Punkt, wo schon mal zu meiner Zeit Festnahmen getätigt wurden. Waren ja auch genug SP1, R67 oder Hundelaufanlagen da.
Es kam aber auch vor, dass Fahrzeuge aus dem Nirgendwo (P3) in der Nacht erschienen. Vorher wurden die Posten aber zurückgezogen bzw. durften den sonst so wichtigen Kamm verlassen. Über sichtbare Spuren auf dem K6 wurde anschließend aber auch nicht berichtet. Immer akkurat geharkt. Waren schon eine geheimnisvolle Gegend und eine geheimnisvolle Zeit.
Damals bei der Ausbildung zum MKF in Mönchhai erzählten uns die Fahrlehrer von den aufgelösten „alten Strukturen", die bis zum Jahr 1971 im Bereich Halberstadt bestanden und zeigten uns so einiges. Da war in Halberstadt aber schon das GAR-7 mit der „Außenstelle" Dingelstedt/Mönchhai. Wir sind damals im Bereich Halberstadt - Blankenburg - Quedlinburg immer sehr viel rumgefahren. Dabei waren wir dann z.B. In Halberstadt, in der Harmoniestraße (Stab) auch desöfteren gewesen. Natürlich auch im (noch altem) Objekt neben der Russenkaserne.
Mit freundlicher Genehmigung von Dassi, Internetforum DDR Grenze, Private Mail

Bericht von Dassi:
Ich kenne den Hessendamm noch mit dem alten Holzturm. Habe selbst auf diesem Turm im Winter 72/73 mächtig gefroren. Im selben Jahr wurde der BT 11 (rund) aufgestellt. Einen Elektroanschluss gab es nach der Montage noch nicht. Auf dem Betonklotz war es dem empfinden nach noch kälter. Tagsüber war man auf dieser „Bütt" verdammt auszuhalten. Von wegen: „Mein Entschluss, handele zum Punkt X und mache Signalgerätekontrolle ...". Aber wenigstens war da öfter was los. So gab es dort durchaus „Stammkunden" auf der anderen Seite. Im Frühjahr und Sommer wurden wir durchaus auch durch „nette" Aktivitäten unterhalten. Aber was nutzte das, die Heimat war weit und Ausgang von vielen Faktoren abhängig (Saubere Kragenbinde und vieles mehr). Eigentlich ging es nur zum Ausgang um ein gutes Hasseröder zu trinken. Die Mädels im entsprechendem Alter wurden so wie so an den im Ort genau bekannten „Ausgangstagen" einge-

sperrt. Aber noch einmal zum Hessendamm. Nachts war dieser Punkt immer besetzt. Kontrollen waren, da die Kompanie recht nahe war, immer zu erwarten. Auch Kontrollen von „sonst wo" kamen, bedingt durch die gute Straßenanbindung mal vorbei.

Geführt wurden wir zu dieser Zeit, zumindest solange wie die Kompaniesicherung betrieben wurden (Dez. 1972) aus unserer 9. Kompanie in Veltheim. Der nächste hohe Holzturm der 1. Generation befand sich übrigens in Höhe „Steinmühle". Der Abschnitt der 9. GK. hatte in gesamter Länge zu dieser Zeit keinen Streckmetallzaun und was so noch dazu angebracht wurde. Es gab auch keinen befestigten Kolonnenweg. Im Frühjahr (Mai - Juni!!!) wurden die über den Winter im Modder versackten Fahrzeuge (LO's) dann wieder freigezogen und geborgen. Soll aber vor meiner Zeit auch schon vorgekommen sein, wie die „Alten" sagten.

Im neuen Jahr (1973) änderte es sich schlagartig zum schlechteren. Die Bataillonssicherung wurde eingeführt. Der von der Diensthabenden Kompanie zu besetzende Führungspunkt war im GB in Lüttgenrode. Der zu sichernde Abschnitt war dann westlich von Rohrsheim bis kurz hinter der Verbindungsstraße Lüttgenrode - Wennenrode. Das war dann einer meiner Stammstellungen als Kraftfahrer, da der den Abschnitt führenden Offizier durch den Posten an der Trennungslinie zur GK. Abbenrode (1.GK. GR20), im Fahrzeug mitgenommen wurde.

Zu meiner Zeit ist mir keine GK in Osterode am Fallstein bekannt gewesen, währe uns auch nicht entgangen. Die nächste GK. war Rhoden (10.GK). Da waren wir mal zum Duschen hingefahren worden, als bei uns im zeitigen Winter 72/73 die Heizung komplett ausgefallen war. Draußen kalt, drinnen kalt, alles kalt. War mal so ca. 10 Tage. Gab dann eine Decke fürs Bett mehr. Na Toll! Dazu kam dann der Spruch: „EK halt durch, bald bist Du frei". War für uns im 2. Diensthalbjahr damals sehr aufmunternd.

Im übrigen gab es zu dieser Zeit schon die „Lichtstrasse" in Wülperode aber noch nicht den See auf der Seite in Niedersachsen. Einmal, als ich dort eingesetzt war, fiel die Beleuchtung kurz, für max. ca. 10 Min. aus. Ole, das gab dann aber Fragen. Die Ursache konnte nie aufgeklärt werden. War auch besser so. Lange Weile hatten wir in dieser Nacht jedenfalls nicht mehr gehabt. Vermutlich war die Empfindlichkeit des eingebauten Dämmerungsschalters sehr hoch und für bestimmte Fälle und Lebenslagen zu gering. Wurde unter dem Motto „Noch mal gut gegangen" abgehakt.

Mit freundlicher Genehmigung von Dassi, Internetforum DDR Grenze, Seite: Spurensuche

Erlebnisberichte von Dassi:
Veltheim war definitiv im Jahr 1972 / 1973 die 9. GK im GR 25 (Oschersleben). War dort von Nov. 1972 bis Okt. 1973 stationiert. In Hessen war der Stab vom II. Bataillon. Jedenfalls nicht der Stab von unserem III. Bataillon. Dieser Stab war in Lüttgenrode. War selbst dort als Kraftfahrer oft vor Ort. Dort war die Führungsstelle für den Grenzbereich 9. GK. (Veltheim) bis 12. GK. (Wülperode). [10. GK. Rhoden; 11. GK. Göddeckenrode] In Osterode war zu dieser Zeit kein Objekt in Nutzung.
Unser Hauptfeldwebel in Veltheim, wohnte damals direkt am Weg, ca. 100 m vor der Kompanie [... war ein feiner Kerl!] Die Masse der Offiziere und Berufssoldaten wohnten in den beiden Blöcken gegenüber der Kompanie.
Den damaligen KC Hauptmann Le. habe ich noch gut in Erinnerung. Der war aber nicht ganz so fein, oder wie heute gesagt wird „ok."!
Er fuhr damals privat einen „Sapo" [Saporoshez], was schon sicher persönliche „Strafe" genug war. Dieser Wagen wurde damals auch „Kremelwanze", „Stalins letzte Rache", „T34 Sport" genannt. Es wurde sogar „Wer früher eine Ziege drosch, fährt heute einen Saporoshez" gespottet. Dieser Wagen war wie für Ihn geschaffen. Passte sehr gut zu Ihm und wir als Soldaten bzw. Gefreite, hatten immer etwas zu lästern.
Das Wohl „seiner untergebenen Genossen" war Ihm damals, wie ich meine, immer recht u. wichtig. So sehnte jeder einzelne den letzten Tag herbei, um wie ich damals eben, über Mönchhai (Okt. 1973) nach 18 Monate wieder entlassen zu werden.
Er war in dem damals recht ödem Ort Veltheim der unangenehmste „Genosse, Führer, Chef o.ä." mit dem ich jemals zu tun hatte. Die anderen Offz. waren eigentlich alle recht verträglich und vertrauenswürdig.
Das Leben (Unterkunft, allgemeinen Umgangsformen) und auch die Verpflegung waren in der Kompanie recht gut. Somit war auch die Stimmung im allgemeinem ok.. Der ständig um ein „Ehrenbanner" kämpfende KC hatte aber immer wieder neue Idee für die Gestaltung vom „Innendienst". Mal weiße Farbe für eine Außenwand oder für einen Stamm eines Baumes, mal eine Natursteinmauer für den Eingangsbereich. Eben wie bei den „Freunden" in Halberstadt. So erklärt sich sicher auch der Saporoshez. Der Spieß entschärfte aber, wie auch

wir es ja mitbekamen, etliche super Ideen. Eigentlich war so jeder in Veltheim froh wenn wir Grenzdienst hatten.

Mit Wissen soll man ja erfahrungsgemäß bescheiden umgehen. Ist auch so eine Lebenserfahrung. Sollten aber noch einige Fragen bestehen helfe ich gern weiter. Ich habe auch noch Kontakt zu einige meiner damaligen Kumpels aus dieser „Veltheimer" Zeit. Sicher wissen die auch noch etwas, was man so nach ca. 40 Jahren möglicherweise durcheinander gebracht hat. Ich war sehr erstaunt in diesem Sommer was in diesem Abschnitt nach 1973 so verändert wurde (Bereich 10. GK. Rhoden - Trennungslinie zur 11. GK. Göddeckenrode). Damals war ich noch auf dem Holzturm auf dem Kamm des kleinen Fallstein (10. GK. Rhoden) oder im Kusgrund (11. GK. Göddeckenrode) auf einem Turm der Bauart „Gulag". Auf dem Kammweg kamen auch aus dem Hinterland „unbekannte Fahrzeuge [P3] und der Bereich wurde von Posten der Kompanien geräumt. Nach einiger Zeit fuhren sie wieder los. Auf dem K6 waren Spuren danach aber nicht mehr auszumachen. War alles wieder gut, so wie vorher. Eigentlich wusste aber jeder der Posten „durch Vererbung" bescheid, was wo und wie ablief. Da ich Kraftfahrer war, kam ich in allen vier Abschnitten viel rum und habe so recht viel gesehen und erfahren. Bei Fahrten im Abschnitt als Kontrollstreife war das manchmal recht locker [Uffz., Zugführer] aber auch öfter mit entsprechenden Leuten [KC usw.] recht stressig.

Da die Kolonnenwege, in vielen Bereichen zu dieser Zeit, noch nicht existierten, waren die Ablösefahrten unendlich. Kilometer wurden geschruppt und somit waren Fahrten vor und nach Dienst von einer bis eineinhalb Stunden (Ablösefahrten vom Veltheim in den Abschnitt der 11. GK. oder 12. GK.) normal. Der Tank war nach Dienst immer recht durstig.

Weiterhin bestand der Dienst im Sommer 1973 fast nur aus „verstärkter Grenzsicherung". Damals waren in Berlin die Weltfestspiele, Ulbricht ist gestorben, in Chile wurde geputscht und Israel und die umliegenden Araber haben sich auch noch gefetzt. Also 12 Stunden am Kanten, 12 Stunden in der Kompanie. Super. Aber die Zeit verging und der Sackstand war geringer. Entlassen wurden wir dann Ende Oktober an einem Sonntag. Klamottenabgabe in Mönchhai. Sachen so wie wir aus der Grenzkompanie kamen wurden in eine Zeltplane, welche mit dem jeweiligen Namen versehen wurde, eingelagert. Man sagte uns für „alle Falle". Sah so aus als wenn wir bald wieder einziehen sollten, wenn die Lage es erfordern sollte. Dies ist aber dann doch nicht geschehen. Aber das ist sicher wieder ein separates Thema.

Im Objekt der GK Veltheim waren auch zeitweise (Mitte 84 bis Herbst 86) ein Nachrichtenzug des I. GB Hessen untergebracht und diente als Nachrichten- und Pionierlager.
Mit freundlicher Genehmigung von Dassi,
Internet Forum DDR Grenze, Seite: GK Veltheim

Erlebnisbericht von Rotwings
In der Grenzkompanie Veltheim war es dann recht erträglich. Ich war damals dort auch als Kraftfahrer eingesetzt. Da dort genug Kraftfahrer waren, war die Ausbildung auf W50 und LO glatt unwichtig. Brauchte keiner dort mehr. Aber ein Trabi war da, der nicht besetzt werden konnte. Hatte zwar keine Typenberechtigung aber fahren durfte ich eben aus praktischen Gründen diesen kleinen doch. War eigentlich viel besser als LO-Fahrer in der Grenzkompanie. So waren dann Fahrten nach Oschersleben (Regiment), nach Halberstadt und nach Mönchhai (Genossen zum Arrest oder GV zur weiteren ...) die Regel. Versorgungsfahrten, Fahrten zu medizinischen Behandlungen und „Lustfahrten" nach Osterwieck bzw. Wernigerode waren auch öfter angesagt. Unser KC
(... ein Hauptmann L.) war aber als Mensch bzw. allgemein ein Ar.. .Hatte diese unangenehme Person öfter im Trabi zu kutschieren. Ob zum Friseur, als Kontrollstreife oder zum Führungspunkt im Batt. in Lüttgenrode. Stellvertreter, Zugführer, Hauptfeld, GAKl's usw. waren aber wieder alle sehr ok.. Hätte dort mit einem anderen „Boss" viel erträglicher und auch effektiver sein können. Der hatte wohl schon etwas die „Grenzlandstaupe" und wollte unter allen Umständen in einen Stab oder in eben diese Richtung. Er merkte aber nicht, dass er wohl dort gar nicht gebraucht wird. War mal dabei, wie er von einem Kontrolloffizier. zurecht gefaltet wurde. (... nicht ohne Grund) Zu meiner späteren Zeit in einem VEB sagte man dazu „wegen mangelnde Leitungstätigkeit". Danach stand die gesamte Kompanie aufgereiht, mit rollenden Augen zum „Anschiss" bereit, angetreten. War dann immer wieder ein Motivationsschub. Zu meiner Zeit war für Ihm der Kampf um das begehrte „Thälmann Ehrenbanner" jedenfalls
danach gelaufen. .
Ab November 1972 bis Oktober 1973 war ich dann in Veltheim. Habe dort in Veltheim dann noch 2 Monate der alten Kompaniesicherung (Kompanieabschnitt Veltheim) kennen gelernt. War gegenüber Mönchhai eine kaum zu glaubende Situation. Es lief alles in ruhigen, organisierten und effektiven Bahnen ab. Der Hauptfeld hatte alles in

der Kompanie im Griff. Auch der Grenzdienst war für die daran Beteiligten erträglich und überschaubar organisiert. Ab Januar 1973 erfolgte dann die Umstellung auf die Bataillonssicherung. Der Abschnitt war dann von Veltheim bis Lüttgenrode. Wurde von Anfang an schön geredet. Kaum Voraussetzungen dafür aber vorhanden. Voll auf Knochen der beteiligten, ob Offz., Uffz. oder Soldaten. Dadurch auch ein enormer Stimmungsumschwung. Möglicherweise wurde die Stimmungslage bei den Mannschaftsdienstgraden wieder besser, als alle die, die alte Kompaniesicherung kannten, weg waren.

Es gab aber ja aber auch die, die sich länger verpflichtet hatten oder Offz. waren und nicht so einfach gehen konnten. Sehr anstrebenswert war der Job in einer GK zu dieser Zeit bei diesem Dienstdurcheinander sicher nicht.

Dazu hatten wir in im Sommer 1973 ständig mit „verstärktem Grenzdienst" usw. zu tun. In Berlin die Weltfestspiele, Ulbricht ist zu dieser Zeit gestorben, in Chile wurde geputscht und Israel und Ägypten waren im Krieg. Viele Gründe den Sommer im Freien am Kanten zu verbringen. Was immer klappte war eine sehr gute Verpflegung in der Kompanie. Der Postenbeutel war immer gut gefüllt. Das habe ich immer noch in recht guter Erinnerung. Der Küchenleiter und vor allem aber die Küchenfrauen waren einfach super. Sie zauberten wirklich immer wieder gute Sachen auf den Tisch.

Als Kraftfahrer hörte ich aber auch schon bei Fahrten mit entsprechendem Offz. oder Berufssoldaten der Grenzkompanie, dass Sie von den Linieneinheiten sehnlichst weg wollten. Gerade die jüngeren Offz. waren nicht so glücklich mit dem ständigen, unregelmäßigen Diensten. Ihre Frauen fühlten sich in dieser verlassenen Gegend, wie sie durchblicken ließen, auch nicht so richtig wohl. Wie aber dieses Problem lösen? Also besonders gut sein und hoffen, „entdeckt" zu werden und folgerichtig ins Regiment usw. versetzt zu werden. Aber dies wissen sicher betroffene besser.

Mit freundlicher Genehmigung von Rotwings,
Internet: Forum „Grenzer sucht Grenzer".

Erlebnisbericht von Dassi
Habe gerade heute zu meiner Frau im Auto gesagt, was jammert da halb Deutschland über die Kälte. An der Grenze in Veltheim im großen Bruch hatten wir zu meiner Zeit auch Temperaturen unter -20°C bis ca. -25 C gehabt. Bei der Nachtschicht z.B., ging es pünktlich um 20.30 Uhr aus der 9. Kompanie in Veltheim los. War man im Stamm-

abschnitt, nutzte auch bummeln nichts. Fünfzehn bis zwanzig Minuten später war man am Ablösepunkt. Furchtbar, gut eine Stunde vor der Zeit! Dann die acht Stunden Grenzdienst! Abgelöst wurden wir damals von der entferntesten Kompanie des Batt. (12. GK. Wülperode). Da der Kolonnenweg nur in Teilen vorhanden war, dauerte es ewig, bis die dann eintrafen. Die Ablösezeit reichte bei den winterlichen Verhältnissen oft nicht aus. So war es dann oft schon mal 6.30 Uhr oder gar schon 7.00 Uhr geworden. Wenn es dann noch eine Lage gab, wurde es noch später. Es konnte sein, dass der Abschnitt dann erst nach dem Hell werden bzw. der K6 Kontrolle übergeben bzw. übernommen wurde. Möglicherweise die halbe Nacht in der Abriegelung verbracht und nicht mal den Ort verlassen können. Dann in die Kompanie, Fahrzeug wieder auftanken und fahrbereit machen, Waffe reinigen [... als Kraftfahrer Gott sei Dank oft lassen], usw.
Sogar das kalte Wasser in den Waschräumen auf den Händen bzw. Armen war, als wenn ein Engel einem anpinkelt. Warmes Wasser ging gleich nicht einmal. Es schmerzte sogar.
Der Gedanke war nur „geschafft", wieder eine kalte Schicht hinter einem gebracht. Keiner hat sich beschwert! Wir saßen ja in einem Boot. Ärgerlich war nur, wenn der Thermosbehälter nicht durchgehalten hatte und die gut gemeinte warme Suppe der Küchenbediensteten in der Verpflegungstasche für die Grenzschicht schon ein Eisblock geworden war. So haben wir die Suppe schon schnell mal am Dienstbeginn, noch lauwarm gegessen.
Ich war eigentlich immer froh, nur einen Winter kennen gelernt zu haben. Ausbildung im Sommer in Mönchhai, na ja, war nicht langweilig. Immer schön in Bewegung. Zweites Halbjahr an der Grenze dann, die Natur in Herbststimmung mit Nebel, so dicht, wie ich nie wieder gesehen habe. Dann der Winter, mit Raureif so dick und schön wie selten gesehen, aber auch eben scheiß kalt. Der Frühling und Sommer waren dann wieder erträglich. Wenn es nur nicht immer diese ständigen Gelegenheiten für einen „verstärkten Grenzdienst" gegeben hätte. Weltfestspiele, Ulbricht verstorben, Krieg im nahen Osten (Israel-Ägypten), Putsch in Chile. War, wie ich gerade wieder in Erinnerung bekomme doch auch eine bewegte Zeit. Sicher habe ich auch noch einige Erinnerungen abgespeichert welche interessant sein könnte.
Mit freundlicher Genehmigung von Dassi, private Mail

Erlebnisbericht von LO-Fahrer
Am Kanten in Veltheim wurde es dann immer kleiner mit den Wagen (und somit besser). Da hatte ich dann einen Trabi zu gurken. War recht gut. Mal 'ne Tour nach Halberstadt, mal nach Oschersleben, mal ins Batt. nach Lüttgenrode, oder einfach nur Post oder Schrippen holen, Kranke ins Krankenhaus fahren oder mit den Küchenfrauen der Kompanie zu ihrem monatlichem „Küchenfrauennachmittag des Batt." fahren. So hatte man zur Küche auch immer einen heißen Draht und super Portionen. Natürlich war aber auch Grenzdienst angesetzt. So verging eben die Zeit schnell und man bekam nicht die gefürchtete „Grenzlandstaupe" bei der ja einige die Koppelpfähle laufen sahen. Eigentlich taten mir die Kumpels, die jeden Tag mit dem LO an den Kanten gefahren und irgendwo abgesetzt wurden, oft leid. Aber wir als Kraftfahrer hatten die Kumpels dann schon mit entsprechende „Stoffe" immer gut versorgt und aufgemuntert. Die waren dann immer sehr dankbar, was sich im Innendienst bei den Revieren auszahlte. Der Zusammenhalt in der Kompanie war eigentlich, durchweg mit allen Dienstgraden, immer sehr gut. Man saß eben in einem Boot und wollte ohne Vorkommnisse über die Zeit kommen.
Mit freundlicher Genehmigung von LO-Fahrer,
Internet Forum DDR Grenze, private Mail

Erlebnisbericht von Dassi:
Ich werde mal versuchen „unseren" damaligen Abschnitt der 9. GK durchzugehen.
Werde von der rechten Trennungslinie zur 8. GK. ausgehen. Die Trennungslinie verlief in Richtung Rohrsheim hinter dem Mühlgraben. Unser letzter Postenpunkt hieß MÜHLGRABEN. Es war bei uns einer der gehasstesten Postenpunkt. Ratten warteten dort schon auf die Postentaschen, um uns die belegten Brote zu klauen. Der Punkt wurde über den Zugang „Konrad Klappe", auf halben Weg zum Hessen Damm mit dem LO angefahren. Von dort dann immer als GS zum Mühlgraben und auf dem Erdwall die Zeit bis zur Ablösung ertragen. Als Hilfe befand sich dort ein Scheinwerfer (Akkubetrieb). In der Nacht wurde regelmäßig von dort eine Lichtschneise gelegt [... meistens Richtung 8. GK.]. Der Punkt wurde, da er so abgelegen war, auch immer sehr schlecht abgelöst. Jeder war eigentlich froh, wenn er bei der Dienstausgabe für dort nicht eingeteilt wurde.
Der nächste Postenpunkt war dann der HESSENDAMM, wo jetzt an der B79 der Turm noch steht.

Zu meiner Zeit war dort noch ein Holzturm der 1. Generation. Hatte auf den auch noch „Dienst" gemacht. Der BT11 wurde auch zu meiner Zeit dort aufgestellt [1972/1973]. War ja eine Errungenschaft damals, leider aber noch ohne Stromanschluss. Nur wieder Akkus. Durch den Beton war es auf der „Bütt" kalt wie Sau. Da gab es den Tag über auch kaum eine Möglichkeit runter zu kommen. Es war eigentlich immer was los. Reisegruppen, BGS, Zoll und auch als Zugabe für die Grenzer „erotische Darbietungen". Die hat sich dann der Postenführer angesehen, der Posten beobachtete derweil das Hinterland. Die Schicht verging dort immer recht schnell. Nachts lagen wir immer auf den Wall, wo heute die Straße verläuft. Der Graben daneben war immer ein Problem. Die Böschungen bescherten uns immer wieder unangemeldeten Besuch in Form einer Kontrollstreifen jeglicher Art. Der Punkt war eben „verkehrstechnisch" sehr gut erreichbar. So war schnell mal Besuch aus Oschersleben vom Regiment oder aus Lüttgenrode vom Batt. da.

Der nächste, am Tag besetzte Postenpunkt war dann in Höhe STEINMÜHLE. Da stand auch ein hoher Turm der 1. Generation. Bei diesem PP war ein LMG als Bewaffnung obligatorisch. Von dort war bis zu unserer linken Trennungslinie [Großer Grenzknick] zu sichern. In den Nächten waren zwischen dem genannten Punkten immer wieder Postenpunkte eingerichtet [Vogelwäldchen], oder durch Grenzstreifen ergänzt Bei auftretenden „Situationen bzw. Lagen" waren im Schweinsgalopp recht große Distanzen zu überwinden um in die Abriegelungspunkte am K6 zu gelangen. Besonders hinderlich waren die vorhandenen, oft recht zugewachsenen Entwässerungsgräben. So lag da schon mal schnell einem drin. Ein Anruf wegen „... in Graben gefallen" um abgelöst zu werden war fast zu 100% sinnlos. Durchhalten war dann angesagt.

Genutzt wurden in diesem Abschnitt der 9. GK viele Signalgeräte Sp1 bzw. R67. Die Kontrolle und Bestückung führten dann eigentlich immer die eingesetzten Postenpaare der Frühschicht bzw. der Nachmittagsschicht durch.

Die Ablösung war zu der Zeit der Kompaniesicherung gar kein Problem. Klappte recht gut. Mit dem Januar 1973 führte man die Bataillonssicherung ein. Eigentlich ohne sie dafür notwendigen Voraussetzungen. Es wurde mit einem Schlag alles schlechter (Ablösezeiten, Dienstvor- und Dienstnachbereitung), kaum eine Einweisung in die neuen Abschnitte usw. Das schlimmste waren aber das von „oben" vorgegebene jetzt ist alles besser. Jeden Tag sahen wir was aber wirk-

lich los war. Keine komplett durchgehenden bzw. vorhandenen Kolonnenwege, Funkgeräte welche kaum über einen Hügel kamen usw. Dadurch waren alle am Kanten immer recht gefordert.
Das Essen war zu meiner Zeit in unserer Kompanie immer super. Wer da was zu meckern hatte, hatte etwas nicht verstanden. In der Küche gab sich jeder große Mühe. Die Küchenkräfte aus dem Ort sahen in uns oft ihre Jungs. Die waren recht nett zu uns.
Ansonsten hatten wir kaum, bzw. keinen Kontakt zu der einheimischen Bevölkerung. War auch irgendwie von der Kompanieleitung so gesteuert und nicht gewünscht. Der einzige Anlaufpunkt war die Dorfkneipe. Aber nicht mal das lohnte sich. Der Stress, der sich vor diesem Ausgang abspielte, war kaum erträglich. Neben dem allgemeinem Trara (Kragenbinde, Unterwäsche, Taschentuch usw.) konnten nur immer pro Zug maximal 2 Personen ?? aus dem Zug ausgehen. Kraftfahrer jeweils nur einer aus dem Zug. So ist man dann lieber gar nicht gegangen. Als Kraftfahrer hatte man ja die Möglichkeit sich auch mal ein Bier oder etwas Hochprozentiges zu besorgen. Den „Sackstand" tat man sich gar nicht mehr an. Ich war, so glaube ich, im letzten Halbjahr nur zwei Mal im Ausgang.

Ich werde jetzt versuchen „unseren" damaligen Abschnitt des 3 GB. der GR25 weiter durchzugehen.
Die Postenpunkte werde ich mal so weit wie ich in Erinnerung habe und wo ich auch selbst besetzt vor Ort war, schildern. Den Abschnitt der 9. GK [Veltheim] hatte ich ja schon ausführlich beschrieben. [Mühlbach bis großen Grenzknick bei Osterode].
Der Abschnitt der 10 GK. Rhoden war vom Grenzknick bei Osterode bis zum Kamm [Kleiner Fallstein].
Der erste Postenpunkt war immer die Straße Osterode [Hornburger Straße ... auch BT 11; so wie Hessendamm]. Der zweite PP war dann zwischen Osterode und Rhoden auf halben Weg [Holzturm 1. Generation]; freie Sicht in Richtung Rhoden und Osterode]. Der Dritte PP war direkt vor Rhoden [Hornburger Str.].
Der vierte PP der 10. GK Rhoden war der Kamm am kleinen Fallstein. [Super Sicht in alle Richtung]. Hier wurde übrigens zu meiner Zeit schon mal die „normalen" Posten abgezogen und der K6 nachbehandelt (geharkt o.ä.) wieder vorgefunden. Fahrzeuge P3 waren zufällig dann auch zu hören bzw. zu sehen gewesen. Keiner sagte was genaueres, weil es das nicht gab. Eigentlich wurden die Geschehnisse von EK zu EK weiter vermittelt und dann irgendwann auch erlebt. So brauchte

also keiner Fragen stellen. Der Abschnitt der 11. GK Göddeckenrode begann im Klußgrund mit einem Holzturm, der kaum zu beschreiben war. Es war eine Bütt, wie die Förster es heute noch nutzen. Auf diesen Hügel war gute Sicht zum Nachbarposten der 10. GK auf dem Kamm. Der Postenpunkt war immer besetzt und es war landschaftlich recht schon. Aber immer irgendwie unheimlich, bei bestimmten Lagen auch gespenstisch. Der Grenzverlauf war in einen absoluten Talkessel, wie mitten durch eine Tasse. Angefahren wurde der PP über die Straße nach Hornburg aus Richtung Bühne / Hoppenstedt kommend. Umsonst hat man ja wohl auch später den Verlauf der Sicherungsanlagen in Richtung Willeckes Lust (Ausflugslokal auf der Westseite] verlegt. (Siehe noch jetzt vorhandener Kolonnenweg). Der zweite PP war dann der Butterberg. Er war am Tag nicht immer, aber häufig besetzt, in der Nacht aber immer. Von diesem Punkt war dann auch die Ilse rechts im Blickfeld. Links war dann der Hang Göddeckenrode in der Ferne zu sehen. Dies war erst auch ein Holzturm der 1. Genration, welcher dann wieder von einem BT11 abgelöst wurde (immer besetzt [Führungsturm für Abschnitt 11.]). Ich war da aber als Kraftfahrer nie eingesetzt worden. Das Postenpaar wurde immer an der Straße (Hang Göddeckenrode) abgesetzt und ist dann hingelaufen.

Der nächste PP war denn durch Göddeckenrode durch direkt auf der Kreuzung im 500m Streifen [Steinfelder Zoll). Da war man dann mit dem Fahrzeug immer in guter Sichtweite vom BT11 am Hang Göddeckenrode. Waren dann am Tag immer DV-Schichten notwendig. Es war dort oft ein Einsatz als Grenzstreife (Fuß oder KFZ) möglich. Ein Holzturm 1. Generation war damals noch direkt im Grenzknick an der Kiesgrube bzw. an der Oker. Der war für „normale Posten" tabu. Ich war aber einige Male da drauf, auch in Begleitung von GAKl.

Der 4. Abschnitt [12GK. Wülperode] begann dann an der Oker vor Wülperode an einem kleine Straßenknick. Besetzt war der 1. PP immer. Der Bereich der Kreuzung Wiedelah bzw. der Hang Wülperode war immer wegen der Häusernähe recht „wichtig zu sichern". (...1972 war schon eine Lichtstrasse vorhanden] Die Beleuchtung habe ich mal mit einer Taschenlampe außer Betrieb gesetzt) Danach wusste ich als gelernter Elektriker, wie empfindlich der Dämmerungsschalter eingestellt war. Der Vorfall ist aber aus Gründen des „Nicht Bekanntwerdens" der Ursachen nicht weiter verfolgt worden. War eben doch zu dieser Zeit eine verdammte unzuverlässige Technik eingesetzt! Bei dem „Ausfall der Lichtstrasse" sprang man erfahrungsgemäß im Kreis. War dann immer sehr hoch angebunden.

Der zweite PP war der Park Suderode. Eine ständig besetzte Stellung. In der Nacht war es dort durch den alten Baumbestand immer recht unheimlich. Es war in diesem Gebiet immer viel Wild drin. Es knackte und krachte eigentlich zu jeder Zeit. Röhrende Hirsche in der Brunft habe ich dort in nächster Nähe das erste Mal gehört. Es war gewaltig und der Kupferbolzen war recht locker.

Der nächste, also 3. PP, war dann auf freiem Acker ein neu errichteter BT 11.. Am Tag war der immer besetzt. Nachts war da eine rege Streifentätigkeit. Da bin ich am Tag öfter mal als Kraftfahrer gelandet. Als der alte Holzturm da in diesem Bereich noch stand wurden wir Grenzer mal vom Westen aus arg beschimpft. Ulbrichtknechte, Mörder in Uniform und in unsere Richtung gehaltene Flinten veranlassten uns dann befehlsgemäß zu verschwinden. Ich glaube es war so ein Feiertag, wo alles was Beine hatte an gut zugängliche Punkte der Grenze wackelte. Nur gut, dass in diesem kurzen Bereich schon ein Streckmetallzaun war. Der hatte damals die Prügel dann abbekommen.

Der 4. PP war dann die Straße von Lüttgenrode nach Vienenburg. Da habe ich recht viel Dienstzeit verbracht. War so eine Stammstellung. Sie war ständig besetzt, weil es der letzte Postenpunkt unseres Regimentes war. Da habe ich mal mit einem Posten zusammen eine Nacht vor, bzw. in einer Hundehütte verbracht. Es war damals sau kalt, der Wind pfiff und zu allem Überfluss setzte auch noch Schneefall ein. Was tun. Kein Baum, kein Strauch. Aber eine Hundelaufanlage in unmittelbarer Nähe. Ein berechnender Hund schloss schnell Freundschaft mit uns und wollte seine „Einsamkeit" mit uns teilen. Jedenfalls bekam er Postenbrote von uns und er hat uns in Seine Hütte eingeladen. Ein Posten mit den größten Teil seines Körpers in der Hütte, der andere Posten davor und auf dessen Beine dann der Hund, eine wahre Schicksalsgemeinschaft. Nicht alle Hunde waren aber so gutmütig. So war in einer Gasse ein wahres Ungeheuer. Der ist zu allem Überfluss auch irgendwie öfter mal da raus gemacht. Der Hundeführer hatte den dann immer wieder eingefangen. Da dieses Rauskommen öfter war, war keiner glücklich in den direkten Bereich eingesetzt zu sein. Irgendwie hat es den Hund dann auch erwischt. Ein Postenpaar aus einer anderen Kompanie (... bei der Bat. Sicherung eingesetzt) hat den Hund dann erschossen. Ja, der Hund war schon furchterregend gewesen.

Zu der Grenzbevölkerung bestand bei der Bat. Sicherung in den einzelnen Orten absolut kein Kontakt. Durch die Ablösefahrten war recht viel Grenztruppenbewegung in den Orten. Aber zu den Bewohnern hatte man keinen rechten Kontakt. War auch nicht ratsam, Einkäufe in den einzelnen Konsum's in den Grenzorten zu erledigen. Informationen wurde irgendwie schnell mal weitergegeben, wenn z.B. 'ne Pulle „Blauer Würger" gekauft wurde.

In der Kompanie war die Info möglicherweise schon vor dem Eintreffen des Fahrzeuges eingegangen. Probleme gab es aber mit der direkten Bevölkerung nicht. Waren eigentlich alle recht nett. War eben jeder halbe Jahr ein kommen und gehen.

Einzig im Zug von Halberstadt nach Berlin erging es mir schon so, dass Worte gefallen sind, die ich nicht akzeptieren konnte und wollte. Dies aber dann auch fast bei jeder Bahnfahrt (Mörder in Uniform, ...). Es wurde aber von uns nicht überbewertet. Der Kontakt der Wehrpflichtigen zu den Berufssoldaten bzw. Offz. in der Kompanie war von Ausnahmen abgesehen, ordentlich. Gut war der Kontakt zu den Zugführern, zum Hauptfeld, Schirrmeister, Polit., usw. Eine wahre Fehlbesetzung war aber unser damaliger KC. Die ständige Überlebenshilfe für den Grundwehrdienstleistenden bei so einen I*****n war der Gedanke der „Endlichkeit" der 18 Monate. Ohne diesen Menschen als „Lebenserfahrung" hätte ich mir sogar ein noch länger da bleiben vorstellen können. Aber es sollte eben nicht sein und war aus heutiger Sicht auch gut so.

Zum Nachbarabschnitt Abbenrode bestand so gut wie kein Kontakt. Selten mal ein Zusammentreffen der Posten. Dafür aber ständig Besuch von sonst welchen Dienststellen aus unserem Regiment oder von weiteren zuständigen Dienststellen. Eigentlich genau so wie am Hessen Damm in Veltheim. Das Bataillon in Lüttgenrode war ja auch in Sichtweite. So war es mal schnell zum Beine vertreten üblich, als KS aufzutauchen oder die Genossen an vorderster Front zu besuchen.

Durch die Tätigkeit als Kraftfahrer habe ich sehr oft den führenden unseres Abschnittes (KC, stellv. KC, o.ä. .vor dem Dienst nach Lüttgenrode in den Führungspunkt gebracht, bin anschließend zum Grenzdienst an der Straße Vienenburg gefahren und habe nach Dienst den entsprechenden wieder abgeholt.

Auf den Fahrweg hat man dann schon gemerkt, wie die Schicht im Bataillonssicherungsbereich gelaufen war.

Da war es dann schon möglich nette, oder grobe Worte zu hören. Dienstgradmäßig wurde das aber dann weggesteckt und verständnisvoll gar nicht und auch gegebenenfalls mal „jawohl" gesagt.

Möglicherweise fallen mir noch so einige Episoden ein. (Rohre besorgen für die Kompanie in einer Nachbarkompanie, welche gerade eine Reko erhält; Fensterglas besorgen (klauen?) für die Kompanie im Batt. und Abtransport in der Nacht; Kommunikation über den Zaun mit dem BGS in Höhe Wülperode; Leuchterschießen mit Brandfolgen vor einem Infopunkt des ZGD. Der Zöllner tanzte rum wie Rumpelstilzchen, löschte die Flammen und schimpften sehr. Gezielter Anflug von einigen Hubschrauber auf den Holz B-Turm zwischen Osterode und Rhoden (Hose voll gehabt!) mit kurz vor der Grenze erfolgtem abbiegen.; Grenzerbelustigung durch ein jungen Paares am Hessen Damm auf der Westseite (... und nur ca. alle 12 Wochen Urlaub).
Gruß R. Dassi, Forum DDR Grenze, persönliche Email

10. Grenzkompanie Rhoden
3601 Rhoden, Unterm Ziegelhofe, PF68160
Luftlinie zum Stab Oschersleben 40 km

Der Ort Rhoden liegt zwischen dem Kleinen Fallstein und dem Großen Fallstein und zirka 1,2 km von der ehemaligen Grenze entfernt. Es gab nur eine Zufahrtsstraße über Osterwieck und Hoppenstedt. Die Ortschaft Hoppenstedt ist zirka 2 km entfernt. Die Nachbargemeinde Osterode 2 km entfernt konnte nur über Hoppenstedt, Osterwieck und dann Hessen erreicht werden. Nur auf dem Kolonnenweg konnten die GT alle Orte erreichen.

Der Ort Rhoden liegt in einem Tal zwischen dem Großen und dem Kleinen Fallstein eingebettet.

Die Kaserne der Grenzkompanie lag etwas abseits vom Ort, am östlichen Dorfrand. Es wurde im Laufe der Zeit von mehreren Grenzregimentern benutzt.

Ab 1961 war hier eine Grenzkompanie vom Grenzregiment 22 Halberstadt untergebracht.

Nach der Auflösung vom GR-22 1971 übernahm das GR-25 Oschersleben mit ihrer GK das Objekt. 1983 übernahm das GR-20 Halberstadt das Objekt und stationierte hier eine GK. 1989 übernahm das neugegründete Grenzkreiskommando Halberstadt/Oschersleben mit der 5. Grenzwache das Objekt.

Ab 1990 wurde es der zivilen Nutzung übergeben.

(Mit Luftlinie zum vorgesetzten Stab Grenzabteilung oder Grenzbataillon)

1954 – 57	Kommando Rhoden/Kommandantur Halberstadt
1958 – 61	5. Grenzkompanie/Grenzabteilung Lüttgenrode/ 22. Grenzbereitschaft Halberstadt
1961 – 62	Gründung der Grenzregimenter
1962 – 71	6. Grenzkompanie/II. Grenzbataillon Lüttgenrode/ Grenzregiment-22 Halberstadt
1971	Auflösung GR-22
1971	Das Grenzregiment-25 Oschersleben übernimmt den Grenzabschnitt.
1972 – 81	10. GK/ III. Grenzbataillon Lüttgenrode 6 km
1978	Der Stab III. Grenzbataillon Lüttgenrode verlegt nach Hessen. 10 km
1983	Auflösung Grenzregiment-25 Oschersleben
1983	Das Grenzregiment-20 Halberstadt übernimmt den Grenzabschnitt.
1983 – 89	2. GK/ I. Grenzbataillon Hessen/ GR-20
1989	Die letzte große Umformierung der Grenztruppen und Bildung der GW, GKK und GBK.
1989	5. GW/ GKK-204 Halberstadt/Oschersleben
	Die Bezeichnung Grenzwachen wurde erst ab März 1990 verwendet.
1989	Am 10.02.1990 wurde der Grenzübergang nach Hornburg eröffnet.
	Der Grenzübergang über Bühne nach Hornburg wurde schon am 18.11.1989 11.00 Uhr eröffnet.
1990	Am 02.10.1990 wurden die Grenztruppen aufgelöst.
1990	Zivile Nutzung durch einen Baubetrieb.

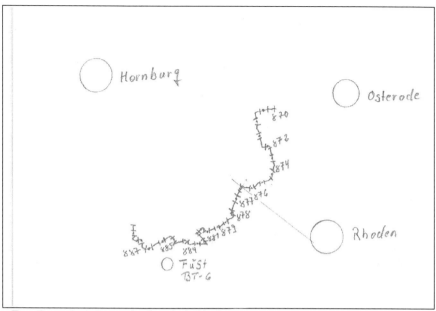

Der Grenzabschnitt vor der Ortschaft Rhoden.

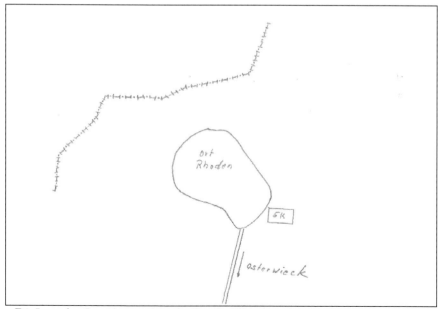

Die Lage der Grenzkompanie in der Ortschaft Rhoden.

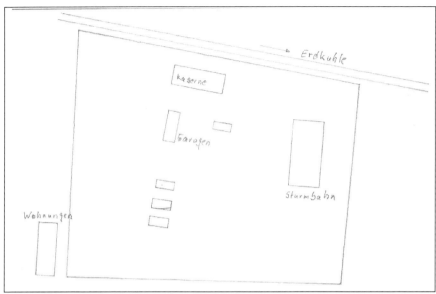

Eine Skizze von der Kasernenanlage GK Rhoden.

GK Rhoden – Haupteingang, Sammlung Neumann, März 2011

GK Rhoden Rückansicht, Sammlung Neumann, März 2011

*GK Rhoden FüSt auf dem kleinen Fallstein,
Sammlung Neumann, März 2011*

Sammlung Neumann, Aufnahme April 2014

Sammlung Neumann, Aufnahme April 2014

Bericht von Tilo Juchhöh:
Habe mal mit einem Kollegen sprechen können, welcher im GR 25, in der GK Rhoden war. Er war I/74 in Perleberg und dann bis I/77 in Rhoden. Er hat aber nach seinen Worten mit dem Thema GT abgeschlossen. Er hat mir zwar in Kurzform einige tolle Geschichten erzählt, aber auch nicht mehr. Hat wohl 5 Fluchten in seiner Zeit erlebt, eine wohl durch einen Nachrichten-Uffz. (oder sogar Offizier). Ein 16jähriges Mädchen aus dem Dorf, ein Bauer mit Moped hinter LO in Abschnitt eingefahren und dann rüber.
Die Politprominenz kam regelmäßig nach Rhoden. Dort soll es einen Bunker gegeben haben, wo regelrechte Festessen durchgeführt wurden.. So soll es u.a. so gewesen sein, dass in der GK Forellen frisch zubereitet und „vorgekostet" wurden. Das fertige Essen wurde dann mit dem P3 zum Bunker gefahren, wo Genossen und Genossinnen dann ihren Festschmaus zelebrierten. Vorrangig war die Frau Inge Lange immer dort. Sie hieß nicht ohne Grund „Forellen-Lange" oder „Forellen-Inge"!
Zur Struktur, Namen und bestimmte Besonderheiten könnte ich ihm dennoch ein paar Details entlocken, wäre er vielleicht auch nicht ganz abgeneigt. Aber hält sich etwas bedeckt, wie gesagt, das Thema wäre bei ihm durch.
Mit freundlicher Genehmigung von Tilo Juchhöh, Internet private Mail

Bericht von Dassi:
Bemerkenswert noch die Aufstellung, was so noch in den folgenden Jahren bis 1989 so verbaut wurde. Für mich würde es sehr interessant sein, was sich so im Bereich des kleinen Fallstein, Klusgrund bis zur Ilse (Butterberg) enorm verändert hatte. Zu meiner Zeit ging die Mienensperre noch direkt durch den Klusgrund. Über die große Anzahl der hier befindlichen Hundelaufanlagen, über die SP-1 Strecken und die R-67 brauche ich sicher nicht berichten. Es war in unserem Bat. III. ein absoluter Schwerpunkt neben dem „Hessendamm". Es stand damals auf dem Kamm Rhoden noch der große Holzturm (... zu meiner Zeit die Montage des BT 11 unmittelbar am Holzturm und dessen Abriss. Der Posten vom Kamm wurde in der Nacht so einige Male zurückgezogen. Da der Klusgrund schon zum Abschnitt der 11. GK. Gehörte, wurde der aber oft nicht „sorgfältig genug" zum verschwinden aufgefordert. So bekam man dann die ca. 3 Autos (P3) mit und hat intensiv „aufgeklärt". Da wir ja damals schon die Bat. Sicherung hatten und somit nur ein anderer Zug unserer Kompanie im Bereich Rhoden

(10. GK.) Dienst hatte, wurde früh dann schon intern ausgewertet. Der Posten vom Kamm wurde immer in Richtung Straße Rhoden zurückgezogen. Der K6 war am Morgen dann immer schön frisch auf ok. getrimmt.

Nach dem Umbau der Sperren wurde offensichtlich alles weiter Richtung Westen verlagert und der sehr große Bereich des K10 am kleinen Fallstein aufgegeben. Damit hatte sich dann bestimmt auch das mit den nächtlichen Aktionen im Bereich des kleinen Fallstein erledigt. Der Klusgrund war zu meiner Zeit mit Posten immer besetzt. Ebenso der Kamm Rhoden. In der Nacht auf jedenfalls auch der Bereich der „Ilse" und des „Butterbergs".

Bei meinem letzten Besuch vor Ort war ich wieder verunsichert. Ich meine, dass der Verlauf der Sperren von
der L 87 (Osterwiecker Str.), durch den Klusgrund zum jetzigen BT auf dem Kamm verlaufen ist. Dann im direktem Weg in Richtung Straße Rhoden.

Es würde für mich persönlich interessant sein, was da so sich verändert hatte bis 1989.

Mit freundlicher Genehmigung von Dassi
Internet Forum DDR Grenze, Seite: private Mail

11. Grenzkompanie Göddeckenrode
3601 Göddeckenrode, an der Schäferkamp, PF 88892
Luftlinie zum Stab Oschersleben 46 km

Der Ort Göddeckenrode lag in einem Grenzsack. Er war von drei Seiten der Grenze umgeben und war nur über eine Landstraße erreichbar.
Bis zur Grenze waren es zirka 500 m. Der Nachbarort Wülperode, südlich gelegen, war 2 km entfernt. Zum nächsten Ort Rimbeck-Bühne konnte man nur über Feldwege fahren. Die Grenzkompanie lag südöstlich weit außerhalb der Ortschaft an der Landstraße Wülperode Göddeckenrode.
Göddeckenrode besaß eine Wassermühle am Eckergraben. Der große Getreidesilo war schon weithin zu sehen. War es bis 1914 eine Ölmühle, so wurde sie danach als Getreidemühle betrieben. Das Mehl wurde in 75 kg Säcken verpackt. Neben der nicht ausreichenden Wasserkraft wurde auch ein Elektromotor verwendet. Ein schmackhaftes Mittagessen von 0,60 DM pro Portion wurde angeboten.
Der Ort gehörte schon immer zu Wülperode, wie Suderode und wurde zusammen als Dreirode bezeichnet.

(Mit Luftlinie zum vorgesetzten Stab Grenzabteilung oder Grenzbataillon)

1954 – 57	Kommando Göddeckenrode/Kommandantur Halberstadt
1958 – 61	7. Grenzkompanie/Grenzabteilung Grünthal/22- Grenzbereitschaft Halberstadt
1961 – 62	Gründung der Grenzregimenter
1962 – 71	7. Grenzkompanie/ II. Grenzbataillon Lüttgenrode/GR-22
1971	Auflösung GR-22 Halberstadt
1971	Das GR-25 übernimmt den Kompanieabschnitt.
1971 – 81	11. GK/ III. Grenzbataillon Lüttgenrode 8 km
1978	Der Stab III. Grenzbataillon Lüttgenrode verlegt nach Hessen. 16 km
1983	Auflösung Grenzregiment-25 Oschersleben
1983	Das Grenzregiment-20 Halberstadt übernimmt den Kompanieabschnitt.
1983 – 89	11. GK/III. GB Ilsenburg/GR-20
1989	Die letzte große Umformierung der Grenztruppen und Bildung der GW, GKK und GBK.
1989	6. GW/ GKK-204 Halberstadt/Oschersleben
	Die Bezeichnung Grenzwachen wurde erst ab März 1990 verwendet. Die GW wurde von Wülperode nach Göddeckenrode verlegt, da das Objekt Wülperode modernisiert werden sollte.
1990	Am 03.03.1990 11.00 Uhr wurde der Grenzübergang nach Schladen geöffnet.
1990	Am 02.10.1990 wurden die Grenztruppen aufgelöst.
1990	Zivile Nutzung durch einen Kfz-Betrieb.

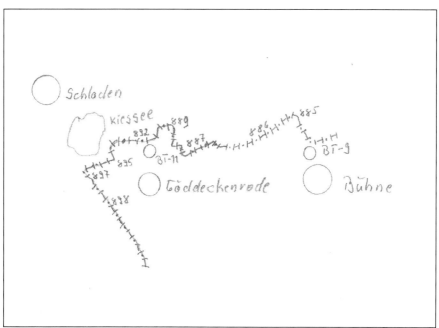

Der Grenzabschnitt vor Göddeckenrode.

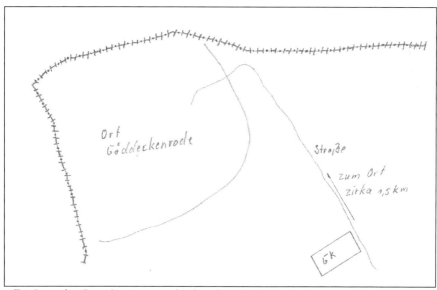

Die Lage der Grenzkompanie in der Ortschaft Göddeckenrode.

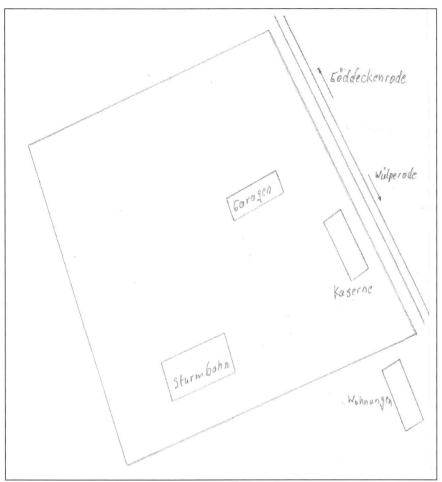

Die Kasernenanlage der Grenzkompanie Göddeckenrode.

12. Grenzkompanie Wülperode
3606 Wülperode, In den Döhren, PF 90691
Luftlinie zum Stab Oschersleben 46 km

Der Ort Wülperode, auch früher als Dreirode bezeichnet, war westlich und südlich von der Grenze eingeschlossen. Er lag zirka 500 m von der Grenze entfernt. Zum Ort führte nur eine Landstraße von Osterwieck kommend über Lüttgenrode und Suderode nach Wülperode. Teilweise bildete die Oker die ehemalige Grenze. Bis zum Nachbarort Suderode waren es 1 km. (Mit Luftlinie zum vorgesetzten Stab Grenzabteilung oder Grenzbataillon)

1954 – 57	Kommando Wülperode/Kommandantur Halberstadt
1958 – 61	RO/22. Grenzbereitschaft Halberstadt
1961 – 62	Gründung der Grenzregimenter
1962 – 71	RO/Grenzregiment-22 Halberstadt
1971	Auflösung GR-22 Halberstadt
1971	Das Grenzregiment-25 Oschersleben übernahm den Kompanieabschnitt.
1971 – 81	12. GK/ III. Grenzbataillon Lüttgenrode 6 km
1978	Der Stab III. Grenzbataillon Lüttgenrode verlegt nach Hessen. 16 km
1980 - 81	Aufruf für den sozialistischen Wettbewerb in den Grenztruppen im Ausbildungsjahr.
(81/82)	„Kampfposition X. Parteitag. Für den zuverlässigen Schutz der Staatsgrenze der DDR. Alles zum Wohle des Volkes."
1981	Inspektion durch Generalleutnant Bleck
1981	Die GK Wülperode hat am 01.12.81 die Verdienstmedaille der GT in Gold erhalten.
1983	Auflösung Grenzregiment-25 Oschersleben
1983	Das Grenzregiment-20 Halberstadt mit seinem III. GB Ilsenburg übernimmt den Kompanieabschnitt.
1983 – 89	3. GK/ III. Grenzbataillon Ilsenburg/ GR-20
1989	Die letzte große Umformierung der Grenztruppen und Bildung der GW, GKK und GBK.
1989	6. GW/ GKK-204 Halberstadt/Oschersleben
	Die 6. GW wurde kurze Zeit später nach Göddeckenrode verlegt, danach stand die Kaserne leer.
	Die Bezeichnung Grenzwachen wurde erst ab März 1990 verwendet.
1990	Am 10.02.1990 10.00 Uhr wurde der Grenzübergang nach Wiedelah eröffnet.
1990	Am 02.10.1990 wurden die Grenztruppen aufgelöst.
1990	Zivile Nutzung durch einen Landwirtschaftsbetrieb (Bio-Bauer).

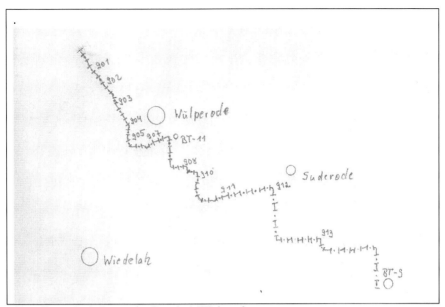

Der Grenzabschnitt vor der Ortschaft Wülperode.

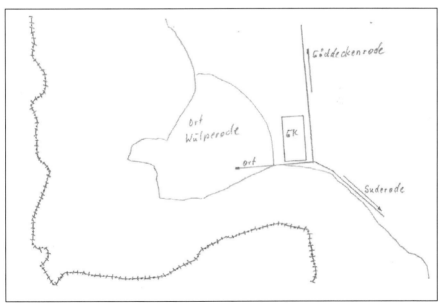

Die Lage der Grenzkompanie in der Ortschaft Wülperode.

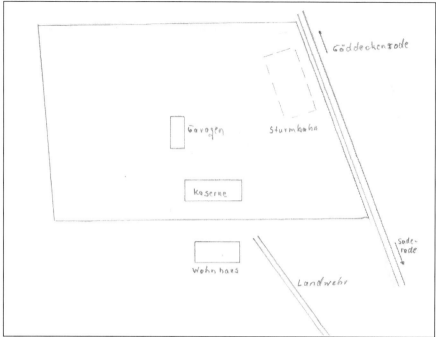

Eine Skizze vor der Anlage der Grenzkompanie Wülperode.

Unmittelbar am Dorfrand verlief der Schutzstreifen und somit der Grenzsicherungszaun.

Erläuterungen:
1. Der Friedhof, welcher sich am westlichen Dorfrand befindet, war durch den Grenzsicherungszaun eingezäunt.
2. Der Verlauf des Schutzstreifens.
3. Vor der Ortschaft Suderode (gehörend zu Wülperode) war unmittelbar am Waldrand ein Erdbunker für die A-Gruppe. Er ist heute noch teilweise erhalten. Ihm gegenüber dicht an der ehemaligen Staatsgrenze stand ein BT-9.
Ein BT-11 stand gegenüber der Grenzkompanie im Waldgebiet unmittelbar an der Böschung.
Von beiden BT ist heute nichts mehr zu sehen.
Die Führungsstelle befand sich in der GK.

GK Wülperode Hofseite, Sammlung Neumann, Februar 2011

mit freundlicher Genehmigung von Kundschaft 2, Internet Grenzerforum, Seite: Bilderreihe ehemaliger Grenzkompanien

Sammlung Neumann, Aufnahme April 2014

Bericht von ehem. HU.:
Als ich 1980 als Unterleutnant zusammen mit zwei Leutnants in die 12.GK/GR25 Wülperode kam, ereilte uns die Nachricht, dass diese Kompanie im Ausbildungsjahr 1980/1981 zum sozialistischen Wettbewerb in den GT aufgerufen habe. Nun, bis dahin war ich als 19jähriges Greenhorn ohnehin schon recht nervös, was mich wohl in einer GK erwartete und nun auch noch das. Generalinspektion, zwei Besuche von Baumgarten, von der Obrigkeit des GKN ganz zu schweigen. Ständig hampelten Fotografen herum und unser fotogenster Zugführer durfte ständig Model sein für irgendwelches Agitationsmaterial. Ja das klingt einerseits sehr makaber, aber auch aus heutiger Sicht lustig. War es aber nicht. Es ging es nicht darum, 25 Flüchtlinge zu fangen (oder gar schlimmeres). Eine Kompanie der Linie wurde auserkoren, die gesamten GT aufzurufen, beste Leistungen im sozialistischen Wettbewerb zu erzielen. Zuerst hieß das natürlich einen spurenfreien K 6 und „den Kampf um die Gewährleistung der Unantastbarkeit der Staatsgrenze und einer ständig hohen Gefechtsbereitschaft". Ansonsten ging es u. a. um die sogenannten Soldatenauszeichnungen: Bestenabzeichen, Klassifizierungsabzeichen, Militär-Sportab-

zeichen, Abzeichen für Gutes Wissen, Schützenschnur, Blick in die aufgehende Sonne usw. Auch das Neuerwesen spielte eine Rolle. Das ganze stand unter einem aufreißerischen Motto, z. B. (81/82) „Kampfposition X. Parteitag. Für den zuverlässigen Schutz der Staatsgrenze der DDR. Alles zum Wohle des Volkes." Für den Spaß hat die GK dann am 01.12.81 die Verdienstmedaille der GT in Gold erhalten und ich durfte mit dem KC und dem FDJler an einem Stehbankett in Pätz teilnehmen. In dieser Zeit haben wir in der GK die vermutlich letzte Inspektionsaktion von Generalleutnant Bleck genießen dürfen. So etwas hatte den Vorteil, dass im Objekt der Kompanie wirklich kein unnötiges Blatt Papier mehr vorhanden war.

Na das ging schon alle was an, zumindest in so einer „Wettbewerbskompanie". Als Vorgesetzter hast du nur eine Chance gehabt, wenn du klar machen konntest, wann voller Einsatz absolut notwendig war und wann man dann den Spielraum ziemlich groß werden lassen konnte/sollte. Da wuchsen aber auch der KC über sich hinaus: Vor der genannten Inspektion ging er persönlich mit einem Pappkarton durch den Flur zur Abgabe aller seltsamen Bandmaße u. Ä. mit dem Versprechen (eingelöst), die Dinger wieder auszugeben.

Mit freundlicher Genehmigung von ehem.HU., Internet Forum Grenztruppen der DDR, Seite: Aufruf zum soz. Wettbewerb

13. Grenzkompanie Harbke
Luftlinie zum Stab Oschersleben 24 km

Die Ortschaft Harbke grenzt westlicht dicht an dem Tagebau. Bis zur Grenze waren es zirka 2 km. Dazwischen lag aber der Tagebau. Nördlich von der Ortschaft verläuft in zirka 3 km die Autobahn A 2 und auch die Ortschaft Marienborn. Südöstlich liegt der Ort Sommersdorf in 3 km Entfernung. Die Fernverkehrsstraße 245 verlief durch den Ort. Die Grenzkompanie lag nordöstlich von Harbke. Die Grenzkompanie (kurz auch Kohlekompanie genannt) war zur Absicherung der Grenze am Tagebau (auch als Braunkohlepfeiler bekannt) verantwortlich.

(Mit Luftlinie zum vorgesetzten Stab Grenzabteilung oder Grenzbataillon)

1954 – 57		Kommando Harbke/ Kommandantur Wefensleben 8 km
1958 – 61		8. GK/ Grenzabteilung Marienborn/ 25. Grenzbereitschaft Oschersleben 3 km
1961 – 62		Gründung der Grenzregimenter.
1962 – 71		6. GK/ II. Grenzbataillon Marienborn/Grenzregiment-25 Oschersleben 3 km
1971 – 81		13. GK/ I. Grenzbataillon Marienborn 3 km
1983		Auflösung Grenzregiment-25 Oschersleben
1983		Übernahme des Grenzabschnitts der Grenzkompanie vom GR-23 Kalbe/Milde
1983 – 89		13. GK/ II. Grenzbataillon Marienborn/ GR-23
1989		Die letzte große Umformierung der Grenztruppen und Bildung der GW, GKK und GBK.
1989		1. GW/ GKK-204 Halberstadt/Oschersleben
		Die Bezeichnung Grenzwachen wurde erst ab März 1990 verwendet.
1990		Am 02.10.1990 wurden die Grenztruppen aufgelöst.
1990		zivile Nutzung
		Zwischenzeitliche andere Unterbringungen der GK Harbke: (teilweise noch nicht bewiesen)
		Als 3. GK ab 6/78 nach Ohrsleben
		Die 13. GK Harbke war bis Ende 78 in Beendorf und wurde danach nach Harbke verlegt!

Auf dem Gebiet der BRD (im Bereich Harbke) baute die DDR laut Vertrag mit der BRD Braunkohle ab. Der dafür auserwählte Tagebau Harbke wurde in 3 Zonen aufgeteilt. Die A-Zone umfasste u.a. das BRD Territorium.

Die Grenzsicherung erfolgte im Hinterland und wurde mit einem einfachen Aufbau in Form von Stacheldrahtrollen durchgeführt. Die ausfahrenden Züge, welche mit Rohbraunkohle beladen waren, hatten sich einer Sichtkontrolle durch die GT und der Betriebswache des Tagebaus, zu unterziehen. Die einfahrende Züge in die A-Zone wurden durch Kameras überwacht. Die BRD baute im westlichen Teil des Tagebaus die Braunkohle ab.

Nur ein hoher Erdwall (ca 70 Meter) trennte beide Teile des Tagebaus. Eine ZBW Streife mit Hund (unbewaffnet) kontrollierte auf dem Gebiet der BRD.

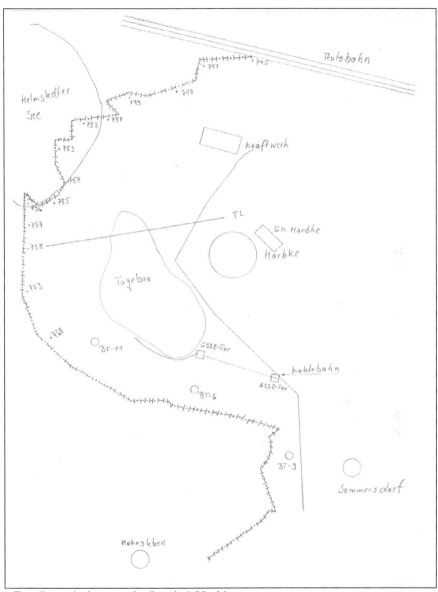

Der Grenzabschnitt vor der Ortschaft Harbke.

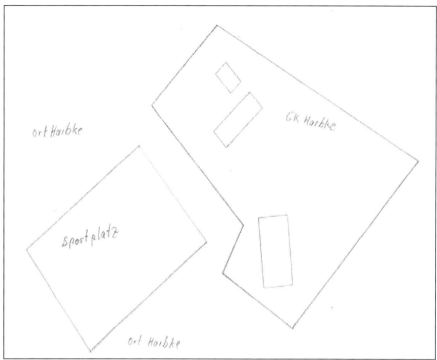

Eine Skizze vor der Kasernenanlage der GK Harbke.

Auch die Arbeiter wurden beim Einlass in die A-Zone durch die ZBW kontrolliert. Nur der PP114 und der GAKl konnten das westliche Vorfeld beobachten, alle anderen eingesetzten Grenzposten waren im Hinterland eingesetzt. Gegenüber vom Kraftwerk Harbke gab es die Führungsstelle. Fast alle BT waren beheizbar. Der Abbau der Braunkohle bedingte eine ständige schnelle räumliche Veränderung. Die eingesetzten Grenzstreifen hatten sie im Winter (Schlamm) wie im Sommer (Kohlenstaub) bei ihrem Gang über 1000 Treppenstufen einen schweren Dienst zu bewältigen..
Nach Informationen aus dem Internetforen der Grenztruppen!

Blick auf die Grenzkompanie Harbke.

Alle drei Bilder mit freundlicher Genehmigung von Kundschaft2, Internetforum Grenztruppen der DDR, Seite Grenzkompanien

Am 19. Mai 1976 wurden drei Vereinbarungen über den grenzüberschreitenden Abbau des Grenzkohlepfeilers unterzeichnet. Eine sehr pragmatische Lösung. Die DDR baute „West-Kohle" ab und die BKB aus der BRD baute „Ost-Kohle" ab. Zu Teilaspekten gibt es einen Artikel in „Horch und Guck" 2/2009, Heft 64.
Dieser Artikel geht aber nicht auf die Probleme der GT ein.
(Abbau und Neueinrichtung Grenzsicherungsanlagen, nicht- strukturmäßige Grenzkompanie...). Zeitweilig waren zur Unterstützung Kräfte des GR-42 eingesetzt. Gemeint war die Einsatzkompanie der Verwaltung 2000.

Bericht von Ernst1934:
Der Tagebau bestand schon vor der Grenzziehung. Er wurde nach meinem Wissen für das VW Werk in Fallersleben (Wolfsburg) schon während des Krieges erschlossen. In Weferlingen im Umspannwerk am Lappwald wurde der Strom für das zu bauende VW Werk Fallersleben - Wolfsburg umgewandelt und damit das VW Werk versorgt, sogar noch nach der Grenzziehung.
Bis 1952 ist Fallersleben unter anderem vom Umspannwerk Weferlingen mit Strom aus Harbke über Weferlingen versorgt worden.
Mit freundlicher Genehmigung von Ernst 1934, Internet Forum Grenztruppen der DDR, Seite: Grenzkohlepfeiler

Das Bild zeigt den auf einer eigens dafür planierten Trasse errichteten neuen MGZ im Bereich des Tagebaues Harbke. Der Zaun verläuft anschließend an den „Harbker Weg" durch den Tagebau zum Anschluss an den „Wulfersdorfer Hochkippe".
Der Zaun im Vordergrund ist der Betriebszaun aus Maschendraht. Zum Zeitpunkt der Aufnahme wird ca. 50m hinter dem MGZ vermutlich ein erdverkabeltes Grenzmeldenetz angelegt.
Mit freundlicher Genehmigung von Karl143, Internet Forum Deutsche Einheit, Seite: ehemalige innerdeutsche Grenze

B245a, links von der Straße befand sich früher ein BT 9, genannt Fotoposten

Gasthaus direkt an der B245a in Offleben, Diese zwei Bilder mit freundlicher Genehmigung von exgakl, Internetforum Deutsche Einheit, Seite Grenze bei Offleben

An der ehemaligen Grenze bei Harbke.

Das war besonders in den frühen Jahren der Grenze ein beliebtes Ausflugslokal, wo man bei gutem Wetter im Biergarten sitzen konnte. Die Gastwirtschaft gehörte in den 70er Jahren irgendeinem Verwandten (Schwager o. ä.) von einem BGS Beamten. Alle drei Bilder von Rostocker, Internet Forum Deutsche Einheit, Seite Die Grenze bei Offleben

Blick aus der ehem. Führungsstelle Richtung Offleben. Mit freundlicher Genehmigung von Tom002, Internet Forum Deutsche Einheit, Seite: Die Grenze bei Offleben

Die ehemaligen Grenzkompanien

Diese Orte waren in den Anfangsjahre Grenzkompanien, wurde dann aber im Laufe der Zeit aufgegeben oder an das Grenzregiment-23 Kalbe/Milde übergeben.
Einige der aufgegebenen Grenzkompanien waren in zweistöckige Holzbaracken, welche kurze Zeit nach der Aufgabe abgebaut wurden.
Übergabe an das Grenzregiment-23 Kalbe/Milde
GK Walbeck
GK Beendorf

Abbau der Grenzkompanien
GK Karoline
GK Rohrsheim
GK Lüttgenrode

Dieses Objekt der Grenzkompanie ist heute noch vorhanden
GK Barneberg

Grenzkompanie Walbeck
3241 Walbeck, Am Sande

Der Ort Walbeck liegt an der Aller und war zirka 1 km von der Grenze entfernt. Die Nachbarorte waren Weferlingen 3 km und Schwanefeld 2 km. Die Grenzkompanie lag am westlichen Ortsrand.
(Mit Luftlinie zum vorgesetzten Stab Grenzabteilung oder Grenzbataillon)

1954 – 57	Kommando Walbeck/ Kommandantur Weferlingen 4 km
1958 – 61	3. GK/ Grenzabteilung Weferlingen 4 km
1961 – 62	Gründung der Grenzregimenter
1962 – 71	1. GK/ I. Grenzbataillon Bartensleben/Grenzregiment-25 Oschersleben 7 km
1971	Auflösung GR-22 Halberstadt
1971	Das GR-25 wird umformiert
1971 – 83	Reserveobjekt/Grenzregiment-25 Oschersleben
1983	Das Grenzregiment-25 wird aufgelöst
1983	Das Grenzregiment-23 Kalbe/Milde übernimmt den Grenzabschnitt.

1983 – 89   11. Grenzkompanie/III. Grenzbataillon Weferlingen/Grenzregiment-23 Kalbe/Milde.
1989   Die letzte große Umstrukturierung der Grenztruppen.
1989   GW/GKK-203 Haldensleben Standort Weferlingen
             Die Bezeichnung Grenzwachen wurde erst ab März 1990 verwendet.
1990   Die Auflösung der Grenztruppen
1990   zivile Nutzung

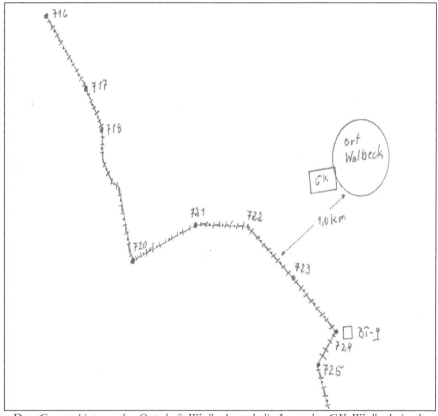

Das Grenzgebiet vor der Ortschaft Walbeck und die Lage der GK Walbeck in der Ortschaft.

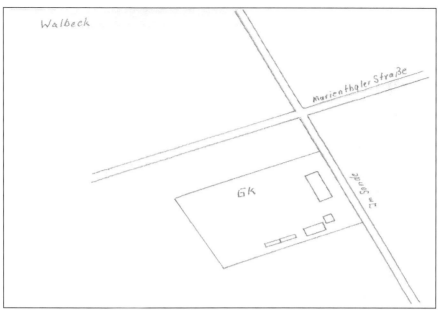

Eine Skizze von der Kasernenanlage der GK Walbeck.

Blick auf die Kaserne Walbeck.

Einige Garagen der GK Walbeck.
Mit freundlicher Genehmigung von Kundschaft2, Internetforum Grenztruppen der DDR, Seite: Die Grenzkompanien GR-23 (vorher GR-25), 11. GK Walbeck

Bericht von Hendrik EK 82-2:
Zumindest geht es um den ersten ganz offiziellen Tag, eher Nacht, nach der Verlegung in die Grenzkompanie Walbeck.
Nachdem die 6 Monate im GAR 7 Halberstadt + „Probeeinsätze" am Fuße des Brockens, absolviert waren, ging es nun in obige GK. Klein, fein und wie nicht anders zu erwarten… am A…... der Welt. Zumindest aber mit Kirchruine und Freibad (das hat so manches Mal Spaß gebracht). Wir sind also in Walbeck angekommen. Großansprache mit KC, Spieß und TA mit entsprechender Einteilung der einzelnen Züge. Dann Stuben einkramen und was es sonst noch an administrativen Kram zu bewerkstelligen gab. Die Einweisung in den Grenzabschnitt erfolgte prompt in der Nacht. Aufsitzen, und raus. Soweit so gut. Von der Nachbarkompanie konnten wir als Erstes den Turm bewundern und wurden auch gleich darauf hingewiesen: „Nicht feindwärts leuchten!". Der BGS? Hatte erst vor kurzem den Scheinwerfer ausgeschossen. Da zeigt man sich als Frischling natürlich sichtlich beeindruckt! Auf uns wird geschossen?! Hat man ja in Halberstadt nie etwas von gehört. Eher von Schützengräben ausheben und Panzernahbekämp-

fung. Und dann so eine Story!!! Aber egal erst Mal. Es wurden alle weiteren „Besonderheiten" des Grenzabschnitts erläutert und wir wurden gleichmäßig in kleinen Gruppen verteilt. Dann hieß es einfach nur: Lauscht in die Stille!

Der verkaufte B-Turm von Walbeck
Mit freundlicher Genehmigung von Spielregel254, Internet Grenzerforum, Seite Bilder entlang der Grenze

Irgendwann, weiß der Geier, gab es einen riesen Knall. Grenzalarm! Vermutlich versuchter Grenzdurchbruch. Kein Schuss ist gefallen. Nur der Knall. Jetzt ging natürlich die Aufregung los. Zusätzliche Kräfte… wir waren ja noch zu „doof" und alles sichern …
Im Laufe der Nacht stellte sich heraus, dass ein 16/17 Jähriger, „bewaffnet" mit einem langen Küchenmesser bis zum Streckmetallzaun vorgekommen ist und letztendlich die „Fotoapparate" ausgelöst hatte. Dann der übliche riesige Ablauf bei Grenzverletzungen.

Das war meine erste Nacht an der Grenze. Ich dachte nur: Das fängt ja gut an! Wie geht man als 20jähriger Schnösel damit um? Was den Scheinwerfer anging, das glaubt man im Moment nicht wirklich ... wurde aber mehrfach bestätigt. Auch später. Der BGS und der Zoll hatten, wie sich später herausstellen sollte, schon mal ein paar „nette" Überraschungen drauf.

Was die Republikflucht (Versuch) angeht ... ehrlich gesagt, da waren wir wohl alle erst einmal überfordert. (Zumindest wir „Frischlinge") Wer denkt denn gleich an so was!

Wenn diesbezüglich eines nix gebracht hat, dann Halberstadt"!

Dann gehen einem natürlich gleich Gedanken durch den Kopf wie: Ist das hier öfter so, Was ist wenn mal einer vor dir steht, Schusswaffe ja/nein ... Was ich aber in dem Moment so direkt gedacht habe, ich weiß es nicht mehr.

Jetzt, 30 Jahre danach, kommt mir das alles so unreal vor, obwohl ich aber weiß, dass es mehr als real war!

PS: Soweit ich weiß, hat der junge Mann überlebt. Was aus ihm geworden ist, vom Knast mal abgesehen, entzieht sich natürlich meiner Kenntnis.

Danke für die Information von Hendrik EK82-2, als Gast im
Internet Forum DDR Grenze, Seite: mein erster Tag an der Grenze

Bericht von Ernest:

Die Straße (heute L43) war zu meiner Zeit die Trennungslinie zwischen der damaligen 10. GK Döhren, wo ich 15 Monate gedient hatte und der 11.Grenzkompanie Walbeck.

Das alleinstehende Gehöft gehörte Georg Becker.

Wir waren sehr oft dort, wenn wir an der Trennungslinie eingesetzt waren da. Er hatte ein Gehege mit Wildschweinen.

Vor der Ortslage Grasleben hatte man auf westlicher Seite eine Aussichtstribüne aufgebaut. Es kamen auch sehr oft Schaulustige.

Bei einem Waldstreifen war eine Minensperre. Sie wurde 1972 gesprengt und dafür zeitgleich im vorderen Grenzbereich der 3-Meterzaun errichtet.

Zwischen dem 3-Meterzaun und Grenze befanden sich noch die Reste einer alten Ziegelei.

Rechts verlief der Bahndamm. Die Züge fuhren bis zur Grenze vor und sozusagen von hinten in den Bahnhof Weferlingen ein. Da man vom Zug aus alles gut einsehen konnte, hatten die Walbecker auch des öfteren mit versuchten Grenzdurchbrüchen zu tun.

Der Grenzbereich dort lag in einer kleinen Senke. Hauptsächlich im Frühjahr und Herbst lag dort alles im Nebel und war nicht einzusehen. Aus dem Grund war auch der gesamte Bereich mit Signalgeräten gespickt. Richtung Bahndamm befand sich ein Beobachtungsturm aus Holz.
Mit freundlicher Genehmigung von Ernest, Internet Forum DDR Grenze, Seite: Spurensuche

Bericht von Rollo:
Das die alte Straße zwischen Grasleben und Weferlingen.
Das mit der Ziegelei stimmt auch...ist linker Hand aus Grasleben kommend im Wald vor der ehemaligen Grenze zu finden.
In der Senke rechter Hand geht der Dorfbach aus Grasleben in Richtung Weferlingen unter der ehemaligen Grenze hindurch . Davor liegen die Graslebener Klärteiche, deshalb Nebel. Aber gerade an dieser Stelle durchbrachen in den 80er Jahren mit einer Raupe 2 oder 3 Personen die Grenze.
Da schliefen, Gott sei Dank , einige Grenzer den Schlaf der Gerechten. Der Beobachtungsturm am Bahndamm (zur der Zeit aus Beton) war angeblich nicht besetzt, weil baufällig.
Und an der Stelle des Baches waren wohl keine Minen, weil sich dort auch oft Wild aufhielt, die sonst immer die Minen ausgelöst hätten.
Da ich zu der Zeit bei der Bundeswehr war, in Grasleben wohnte und zur der Uhrzeit gerade zum Dienst wollte, als es an der Grenze krachte , fuhr ich die paar Meter zur Grenze und sah die Raupe noch, wie sie auf die Westseite fuhr.
Sie hatte, laut Zeitungsberichten, über 80 Einschläge von Splitter der Selbstschussanlagen, soweit ich mich erinnern kann.
Ich kenne den Bereich auch sehr gut, da ich oft auf dem hölzernen Aussichtsturm auf Westseite war und zu heutiger Zeit dort oft zu Fuß unterwegs bin.
Danke für die freundliche Information von Rollo, Gast im Internet Forum DDR Grenze, Seite Spurensuche

Grenzkompanie Beendorf

Der Ort Beendorf liegt nördlich der Autobahn A 2 und unmittelbar an der ehemaligen Grenze. Eine Straßenverbindung gab es zu den Orten Schwanefeld (2 km), Morsleben (1,8 km) und Bartensleben (2 km).
Die Grenzkompanie lag südöstlich von der Ortschaft Beendorf.
Neben der GK soll dort auch eine PiK gewesen sein (bisher nicht bestätigt worden).
(Mit Luftlinie zum vorgesetzten Stab Grenzabteilung oder Grenzbataillon)

1954 – 57	Kommando Beendorf/ Kommandantur Wefensleben 9 km
1958 – 61	5. GK/ Grenzabteilung Marienborn 4 km
1961 – 62	Gründung der Grenzregimenter
1962 – 71	3. GK/ I. Grenzbataillon Bartensleben/Grenzregiment-25 Oschersleben 3 km
1972 - 81	Reserveobjekt/Grenzregiment-25 Oschersleben
1983	Auflösung Grenzregiment-25
1983	Das Grenzregiment-23 Kalbe/Milde übernimmt den Grenzabschnitt.
1983 – 89	Reserveobjekt/Grenzregiment-23 Kalbe/Milde
1989	Die letzte große Umstrukturierung der GT
1989	3.GW/GKK-203 Haldensleben Standort Weferlingen
1989	Am 23.12.1989 10.00 Uhr wurde der Grenzübergang zu Bad Helmstedt eröffnet.
1990	Die GK Beendorf bestand nur aus Baracken und wurde abgerissen. Das Wohnhaus steht noch und ist auch bewohnt.

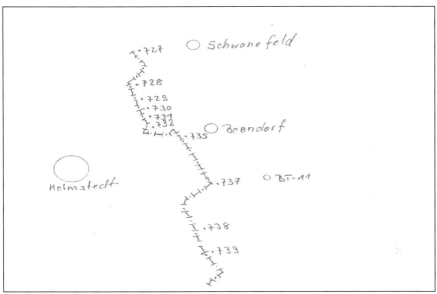

Der Grenzabschnitt vor der Ortschaft Beendorf.

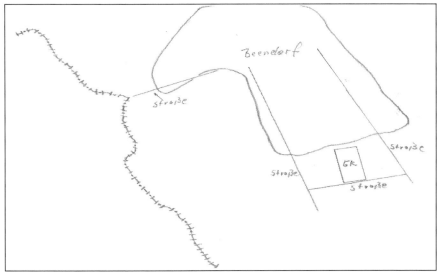

Die Lage der Grenzkompanie in der Ortschaft Beendorf.

Bericht von Westsachse89:
Meine Dienstorte waren Walbeck und Weferlingen. Den Bereich Beendorf haben wir im Rahmen der Bat.- Sicherung mit gesichert. Kurz nach der Beendorfer Senke war die linke Trennungslinie III.GB.GR23 bzw. generell linke Trennungslinie GR 23-GR 25. Habe einmal die Trennungslinie auf Befehl überschritten zur Absprache Posteneinsatz. Dort war ein Posten zu Fuß am BT 9 eingesetzt. Mein Einsatz war entweder Postenpaar zu Fuß am POP 124 BT 11 oder KS im Abschnitt. Logischer erscheint mir der Einsatz am POP 124 da ja an TL generell die Absprachen durchgeführt wurden. Leider kann ich es nicht mehr 100%ig schreiben. Einfahrvarianten zur Ablösung gab es 2 im Bereich Beendorf. Einmal Gassentor 113a, ich glaube hieß auch Seeberg und Gassentor 123a Schacht Marie?
Mit freundlicher Genehmigung von Westsachse 89 , Internet private Mail

Bericht von 39.:
Anfang 1950, inzwischen VP-Hauptwachmeister, wurde ich in Beendorf als PK (PK hieß ausgeschrieben Stellvertreter für Polit und Kultur und nicht wie immer fälschlich interpretiert wurde, Politkommissar) eingesetzt. Beendorf gehörte zur Grenzbereitschaft Osterwieck, später wurde Osterwieck aufgelöst und in die Grenzbereitschaften Oschersleben und Halberstadt aufgeteilt. Ich gehörte nun nicht mehr zu Salzwedel. Der gesamte Abschnitt für das Land Sachsen-Anhalt war danach in die 3 Bereitschaften Salzwedel, an der Elbe bei Wittenberge beginnend, Oschersleben und Halberstadt, in Schierke einschließlich Brocken endend, eingeteilt.
Ich wusste um die Schwierigkeiten in Beendorf, war doch der Ort und die Dienststelle immer als Beispiel in den Schulungen hingestellt worden. Mein oberster Chef, Inspekteur der VP Kurt Höfer wies mich persönlich vor Ort in meine neuen Aufgaben ein. Höfer war Spanienkämpfer und hatte seine Dienststelle für den Grenzbereich Sachsen-Anhalt in der Nähe von Halle im Gut Gimritz. Übrigens war auch sein Kaderchef Giebel ein Spanienkämpfer aus den Internationalen Brigaden. Von Höfer erhielt ich persönlich auch ab und zu Sonderaufgaben und er versäumte es nie, bei uns in Beendorf vorbei zu kommen, wenn er in der Nähe war.
Mir ist noch in Erinnerung, dass er einmal kam und im Vieraugengespräch auf die Materialengpässe im SAG- Betrieb Waggonbau Ammendorf verwies, dort konnten die Personenzugwagen für die Bahn als Reparationsleistungen nicht fertiggestellt werden, weil kein Rosshaar

für die Polsterung da war. Ich kannte zwar die genauen Details nicht, aber der geheime Befehl war eindeutig. Ich hatte mit einem bewaffneten Begleiter in Zivil zu bestimmter Zeit eine Kolonne von 3 LKW aus Ammendorf am Rasthof Börde zu übernehmen und die Kolonne über die Grenze bis zu einem Holzplatz im Wald kurz vor Helmstedt, schon auf westlichem Gebiet, zu bringen. Der Rasthof Börde war eine Autobahnraststätte an der Autobahn Helmstedt – Berlin, allerdings zu der Zeit nicht in Betrieb. In den dortigen Gebäuden waren Dienststellen untergebracht, deren Namen ich nicht kannte, mit denen ich aber wiederholt zu tun hatte.

An dem genau beschriebenen Platz im Wald sollten wir warten, bis 3 andere LKW aus westlicher Richtung kamen und 3 Ladungen Rosshaar zum Umladen brachten. Das Umladen der Ballen vollzog sich sehr schnell. Genauso schnell waren die West-LKW wieder verschwunden und wir wieder auf unserer Seite. Alles hatte reibungslos geklappt, es hatte keine Landkarte oder Ortsskizze gegeben, kein Stück Papier, keine Unterschrift, keine Namen. Es war aber auch kein Zöllner oder Polizist auf westlicher Seite aufgetaucht, die 3 West-Lkw hätten eigentlich Aufsehen erregen müssen. Danach hatte ich die Kolonne bis nach Ammendorf bei Halle zu begleiten. Den Begleitposten setzte ich in Beendorf im Vorbeifahren wieder ab. In Ammendorf angekommen, fuhren die LKW ins Werk, ich durfte das Werk nicht betreten, ich musste einfach am Tor stehen bleiben. Niemand kümmerte sich um mich, ich hatte Hunger und Durst, kein Fahrzeug, nichts. Alles in allem hat die Aktion über 48 Stunden gedauert, bis ich halb verhungert und verdurstet nach abenteuerlicher Bahnreise von Ammendorf wieder in meiner Dienststelle in Beendorf eingetroffen war. Die Fahrtkosten musste ich aus eigener Tasche bezahlen, ich konnte die Aktion ja nicht als Dienstreise abrechnen. Ohne Lebensmittelmarken bekam ich unterwegs auch nichts Ordentliches zu essen.

Bei anderer Gelegenheit erhielt ich von einer Dienststelle im Rasthof Börde, die es eigentlich gar nicht gab, den Auftrag, erneut nach dem Westen zu gehen. Vorsichtshalber rief ich die Kommandantur in Marienborn an, aber dort wurde ich abgewimmelt, das Eisen war wohl zu heiß. Großzügig wurde ich mit der Grenzbereitschaft Osterwieck verbunden. Nach einigem Hin und Her bekam ich vom Kommandeur der Bereitschaft den Rüffel: Wenn die Genossen von der Börde kommen, brauche ich nicht jedes Mal nachfragen, ich sei wohl ein Rückversicherer. Ich begab mich also in Zivil nach Bad Helmstedt, jedenfalls ein Vorort von Helmstedt. Dort war ein Treff ausgemacht, und es kamen auch zwei junge Leute, die ich nach Beendorf brachte. Sie hatten das FDJ-Seidenbanner von Nordrhein-Westfalen bei sich und brachten es zum Deutschlandtreffen nach Berlin.

Ab und zu musste ich auch einen Grenzabschnitt ohne Posten lassen und dort verdiente KPD-Funktionäre übernehmen, die zur Erholung in die DDR kamen. Solche Anweisungen zu nicht zu besetzenden Grenzabschnitten habe ich mehrmals bekommen. Ich kann hier nur wiedergeben, was mir damals bekannt gegeben wurde. Was sich wirklich abspielte, kann ich nur vermuten, aber es wird vielleicht immer verborgen bleiben. Aus meiner Stasiakte weiß ich, dass der Leiter dieser ominösen Dienststelle Börde namens Hammermann viel später aussagte, dass er davon eigentlich nichts wisse und sich auf mich nicht besinnen könne. Mein Handicap war, dass sich alle nur mit Du und irgendwelchen Vornamen ansprachen, auch die KPD-Genossen. Nur Kapitän Iwanow hieß so, wird aber in Wirklichkeit auch nicht so geheißen haben.

Kapitän Iwanow war der Betreuer von der sowjetischen Dienststelle in Haldensleben, immer sehr freundlich und vertraut, wenn es möglich war. Er besaß ein Motorrad, eine ARDIE, noch mit Hebelgas und brauchte dringend eine neue Vorderraddecke. Ich bekam Geld von ihm in die Hand gedrückt und ging wieder einmal nach Helmstedt um an einer bestimmten Stelle die Decke abzuholen und zu bezahlen. Oft erfuhr ich die Aktionen aber nicht. Ich bekam nur den Befehl, diesen oder jeden Posten für eine bestimmte Zeit nicht zu besetzen und auch keine Kontrollen dort zuzulassen. Es war immer mit einer unverhohlenen Drohung verknüpft. Meist sagte er, wenn das, Genosse Siegfried, nicht klappt, machst Du eine weite Reise.

Eines Tages bekamen wir Verstärkung durch Chargen, Hauptwachmeister, es waren Kriegsgefangene aus der Sowjetunion, die eine Antifaschule besucht hatten und gleich mit diesen Dienstgraden in die Grenzpolizei übernommen wurden. Sie wurden auch nun von Iwanow und den Leuten der Magdeburger Börde bevorzugt zu den Sonderaufgaben eingesetzt, bis einer von Ihnen, ein gewisser Riem. nach dem Westen abhaute und das ganze Schleusungssystem im Westen offenbarte. In Folge dessen wurden einige Schleuser, die im Westen arbeiteten, dort festgenommen und eine Reihe von hohen KPD- Funktionären beim Grenzübertritt ebenfalls durch den westlichen Zoll gestellt. Danach besann man sich wieder auf mich, wenn es ein Problem zu lösen galt.

Dann eines Tages, ich hatte am Vorabend wieder den Posten an der Helmstedter Straße unbesetzt lassen müssen, kam Kapitän Iwanow und sagte, dass es wichtiges zu besprechen gäbe, ich solle am Folgetag nach Haldensleben in seine Dienststelle kommen. Ich fuhr am nächsten Tag mit dem Dienstfahrrad nach Haldensleben, nicht ahnend, dass meine weite Reise dicht bevor stand. Ich wurde in der Dienststelle sofort entwaffnet und in einen Kellerraum gebracht mit einer grellen Birne an der Decke und einer Pritsche. Ich war sehr lange dort, bekam ab und zu etwas zu essen. Ich verlor jedes Zeitgefühl. Dann werde ich zur Vernehmung gebracht. Kapitän Iwanow ist nicht zu sehen. Ich werde immer wieder befragt, was ich an jenem Abend gemacht habe, als ich den Abschnitt frei halten musste. Ich hatte sozusagen kein Alibi. Später erfuhr ich, dass es in meiner Dienststelle Befragungen gab, während ich in Haldensleben saß. Dann werde ich zum Essen in den Speisesaal geholt, Iwanow taucht wieder auf und redet etwas von einer Verwechslung, ich könne wieder nach Hause fahren. In der Dienststelle werde ich gefragt, wo ich solange war, immerhin war ich dreieinhalb Tage weg gewesen. Und jetzt sei der anderer mit ähnlichem Namen, ein VP-Meister meiner Dienststelle, weg. Dann kam Iwanow nach einigen Tagen und in unserem einzigen wirklich sehr persönlichen Gespräch erzählte er mir, was geschehen war. Ein desertierter sowjetischer Offizier war durch den sowjetischen Geheimdienst ausfindig gemacht worden, ich glaube in Hannover. Er lebte von Schiebereien. Er wurde mit kleineren Schieberwaren geködert und dann wurde ihm ein ganzer riesiger Koffer mit Damenstrümpfen avisiert. Der Lieferer könne aber nicht so weit schleppen und käme nur bis Brunntal, irgendwo im Wald. Der Deserteur kam und wurde überwältigt und nach Beendorf gebracht, schließlich abtransportiert. Das alles hatte, zumindest die Verfrachtung des Deserteurs in ein Auto, das vor dem Postamt in Beendorf stand, jemand aus einem Keller heraus beobachtet und nach dem Westen gemeldet. Dieser Jemand musste gewusst haben, dass der Abschnitt nicht besetzt war. Am anderen früh oder noch in der Nacht wurde es im Westrundfunk gebracht. Man hatte sich eine Geschichte zusammengereimt, die der Wahrheit sehr nahe gekommen war. Und der Name Schröder war gefallen, deswegen mein Haldenslebenaufenthalt. Aber es ging in Wahrheit um einen ähnlichen Namen, der mir bekannt ist. Der VP-Meister kam jedenfalls nicht wieder in unsere Dienststelle zurück. Auf meine Frage, was denn mit dem desertierten Offizier geschieht, meinte Iwanow: Nichts, er lebt nicht mehr. Nach diesem ausführlichen Gespräch mit Iwanow habe ich ihn nie wieder gesehen.

Wenn ich bei seinen Nachfolgern nach ihm gefragt habe, hieß es immer, dass es ihm gut gehe. Ich denke, er musste für diese Enttarnung auch bezahlen und vielleicht selber die weite Reise machen.

Dann bekam ich die Anweisung, mich im Gut Gimritz bei Oberst Giebel zum Kadergespräch zu melden. Am Vortag, ich will mich gerade auf die Reise machen, tauchte Inspekteur Höfer auf. Ich berichtete ihm, dass ich mich am Folgetag auf Gut Gimritz zum Kadergespräch melden soll. Ich wüsste aber noch gar nicht genau, wie ich dahin komme. Er sprang sofort ein und sagte, er nimmt mich mit, wenn er abends nach Hause fährt. So war es auch, ich fuhr mit ihm nach Gut Gimritz, er wohnte unmittelbar daneben, ich esse und schlafe bei ihm. Morgens fuhren wir gemeinsam in die Dienststelle.

Als ich in die Kaderabteilung zum Inspekteur Giebel gerufen werde, teilt der mir lakonisch mit, dass ich entsprechend dem Befehl 2/49 des Chefs der Deutschen Volkspolizei mit sofortiger Wirkung entlassen sei. Ich solle draußen warten, bis meine Entlassungspapiere gebracht werden. Eine Welt brach für mich zusammen. Ich hatte mein ganzes Leben auf den Dienst in der Polizei ausgerichtet, jetzt wusste ich nicht mehr weiter. Dann kam Höfer aus seinem Zimmer und fragte im Vorbeigehen, ob ich immer noch warte. Ich erzählte ihm, ich glaube unter Tränen, dass ich entlassen bin. Er stürzte in das Zimmer von Giebel, laute Worte, die ich zwar nicht verstand, auf jeden Fall kein friedliches Gespräch. Höfer kommt mit rotem Kopf heraus und schnarrt mich an: Geh rein. Ich gehe in das Zimmer, Giebel sagt, dass es sich um eine Verwechslung handelte, es täte ihm leid, ich könnte wieder in meine Dienststelle fahren. Ich musste aber noch einmal warten, man hatte meinen Dienstausweis schon zerschnitten, ich bekomme einen ohne Bild, Lichtbild soll später eingereicht werden.

Dieser Befehl 2/49 hatte zum Inhalt, dass alle Polizeiangehörigen, die in westlicher Kriegsgefangenschaft waren oder Verwandtschaft ersten Grades in der Bundesrepublik hatten, oder als unzuverlässig eingeschätzte Umsiedler waren bis auf wenige Ausnahmen zu entlassen waren. Ich hatte bereits viele treue und zuverlässige Kameraden durch diesen Befehl verloren und war der Meinung, dass diese Aktion beendet war. Aber es gab offensichtlich im Folgejahr, also 1950 noch eine zweite Welle, deren Opfer ich beinahe geworden wäre. Aus späteren Veröffentlichungen weiß ich, dass bis zu einem Drittel der gesamten Polizeistärke der DDR in dieser Zeit entlassen wurde.

In einer RIAS-Sendung, die ich nicht selbst gehört habe (wie auch), kam eine lokale Durchsage, die etwa so lautete: Wir warnen vor VP-Meister Merkel und Schröder, sie sind Agenten der GPU. Merkel war der Leiter der Grenzkriminalpolizei in Marienborn. Wenn in den Dienststellen um Marienborn herum, also Sommersdorf, Harbke, Morsleben und Beendorf Grenzverletzer festgenommen worden waren, wurden sie unabhängig von der jeweiligen Richtung einmal am Tag in einem begleiteten Fußmarsch nach Marienborn gebracht. Dort bei der Grenzkriminalpolizei wurden sie vernommen und dann in der Regel zum Bahnhof in Richtung Hinterland gebracht. Der Zoll kontrollierte sie ebenfalls. Natürlich gab es auch Fahndungserfolge dort in Marienborn. Solche Personen wurden dann der regulären Kriminalpolizei des jeweiligen Kreises übergeben. Wieso nun der VP-Meister Merkel als Leiter der Grenzkripo und ich, als GPU-Agenten bezeichnet wurden, ist mir völlig unklar geblieben. Was dahintersteckte, habe ich nie aufklären können, aber es war auch nicht wichtig für mich, hatte ich doch mit Merkel eigentlich nichts zu tun gehabt. Mit GPU war der sowjetische Geheimdienst gemeint, der aber damals schon lange einen anderen Namen trug, was die Radioleute im Westen offensichtlich nicht wussten.

Bei einer späteren Ermittlung des MfS zu meiner Person wegen Spionageverdacht wurden auch der VP-Meister Merkel, der Leiter der Börde-Dienststelle Hammermann und die Dienststelle des Kapitäns Iwanow in Haldensleben befragt. Es wurde bestätigt, dass meine Aussagen dazu korrekt waren und dass ich nie eine Verpflichtung unterschrieben hatte. Damals hatte ich keine Ahnung von diesen Untersuchungen gegen mich, aus heutiger Sicht kann ich sagen, dass ich leider fast immer keine Ahnung hatte, was so hinter meinem Rücken lief.

Mit freundlicher Genehmigung von 39.
Internet Forum Grenztruppen der DDR, Seite: Der erste Tag

Der B-Turm

Die alte Grenzkompanie Beendorf

Die Grenzkompanie Beendorf

Altes Tor
Alle vier Bilder mit freundlicher Genehmigung von Zappel-EK-79-2 (Gast); Internet Forum DDR Grenze, Seite: Bilder Galerie

Grenzkompanie Karoline

Der kleine Ort Karoline, zu der auch die Grube Karoline gehörte, lag nur zirka 1,2 km von der Grenze entfernt. Genau gegenüber auf westlichem Gebiet lag der Ort Offleben. Zu den umliegenden Orten Barneberg (1,3 km) und Völpke (3 km) gab es eine Straßenanbindung. Die GK war in einer Holzbaracke untergebracht.
War einst ein Ortsteil von Barneberg. Die Caroline war kurz vor dem GSZ an der Verbindungsstraße. Dort befand sich später das Pionier- und Nachrichtenlager des GR-25.

(Mit Luftlinie zum vorgesetzten Stab Grenzabteilung oder Grenzbataillon)

1954 – 57	Kommando Karoline/ Kommandantur Hötensleben
1958 – 61	10. GK/ Grenzabteilung Barneberg
1962 – 71	8. GK/ III. Grenzbataillon Barneberg
1971	Das Objekt wurde aufgelöst und ist zerfallen.
	1964 soll die GK Karoline nach Barneberg verlegt haben!
1947/48	*Kommandantur Hötensleben mit Kommando Hötensleben, Kommando Pabstorf und Kommando Karoline*

Bericht von Rudi90:
Mein Großvater trat am 20.01.1958 seinen Dienst bei der (damals noch DGP) an. Als Einheit ist „Karoline" genannt. Bei der Uniform handelt es sich um die Ausgangsuniform (Kakifarbener Rock aus Streichgarn); die Abzeichen sind, soweit ich das bis jetzt sehen konnte oben links das „Abzeichen für Gutes Wissen" in der 1. Form (mit Buch), das Abzeichen daneben ist ein russisches Sportabzeichen, doch das Abzeichen unter dem Knopf konnte ich noch nicht „entschlüsseln".
1959 wird der Dienstgrad Gefreiter" genannt. Ein Beförderungsdatum ist nicht ersichtlich.
Er hieß Rudolf Kühn, war Jahrgang 1940, starb leider schon 1965 durch einen Unfall.
Ich habe nur ein einziges Foto von ihm in Uniform und wie mir gesagt wurde, handelt es sich dabei um eine Uniform der DGP. Aus Erzählungen weiß ich, dass immer davon die Rede war, dass mein Großvater in Oschersleben seinen Dienst tat.
Mit freundlicher Genehmigung von Rudi90, Internetforum NVA, Seite: Einheiten der GT, GR-25

Mit freundlicher Genehmigung von Rudi90, Internetforum NVA, Seite: Einheiten der GT, GR-25

Am Ortsrand von Etgersleben, am Völpker Mühlenbach gab es die „Mühle Heims"!

Grenzsoldat Rudolf Kühn vor dem ehemaligen Wasserturm von Karoline.

Auf dem Sportplatz von Karoline.
Alle drei Bilder mit freundlicher Genehmigung von Rudi90, Internetforum NVA, Seite: Einheiten der GT, GR-25

Bericht von Greso:
Ich habe meinen Grundwehrdienst 1966-67 in Barneberg gemacht. Dazu gehörte die Karoline (die alte GK), sie wurde 1964 nach Barneberg verlegt. Die Wasserkugel gehört zur Karoline, war aber zu meiner Zeit schon marode.
Die Straße ist die Barneberger Str., die nach Offleben führt. Die gehen in Richtung Barneberg. Die Mühle und der Ort ist mir nicht in Erinnerung. Die Sportgeräte standen hinter den Baracken und waren eine kleine Sturmbahn. Aber zu meiner Zeit waren diese Teile fast schon demontiert, ebenso die Baracken, die von den Bewohnern der Karoline als Brennholz und Bauholz genutzt wurden. Ich habe 1966 noch alte Kartentischen da raus geholt. Zum Postenbereich gehörte die Karoline nicht (der erste Postenplatz war der Tunnel) aber wenn wir Grenzstreife gingen, war immer die Karoline dabei. Da war eine Frau, die hatte immer was zum Trinken für uns arme Soldaten.
Mit freundlicher Genehmigung von Greso, Internetforum NVA, Seite: Einheiten der GT,GR-25

Grenzkompanie Barneberg

Die Grenzkompanie Barneberg war in einer Holzbaracke untergebracht.
(Mit Luftlinie zum vorgesetzten Stab Grenzabteilung oder Grenzbataillon)

1954 – 57	Keine Anhaltspunkte für die Stationierung der Grenzpolizei
1958 – 61	11. GK/ Grenzabteilung Barneberg/ 25. Grenzbreitschaft Oschersleben
1962 – 71	Reserve Grenzkompanie
1964	Stationierung der ehemaligen GK Karoline in Barneberg
1971	Auflösung GR-22 Halberstadt
1971 – 81	PIK-25/ Grenzregiment-25 Oschersleben
1983	Auflösung GR-25 Oschersleben
1983 – 89	Reserveobjekt/ GR-23
1989	Die letzte große Umformierung der Grenztruppen und Bildung der GW, GKK und GBK.
1989	Reserveobjekt/ GKK-204 Halberstadt/Oschersleben *Die Bezeichnung Grenzwachen wurde erst ab März 1990 verwendet.*
1990	Am 02.10.1990 wurden die Grenztruppen aufgelöst.
1990	zivile Nutzung. Der Grenzübergang zum Ort Offleben wurde am 31.12.1989 16.10 Uhr geöffnet.

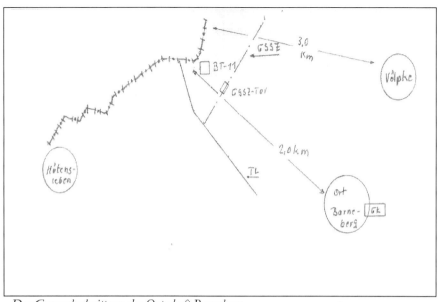

Der Grenzabschnitt vor der Ortschaft Barneberg.

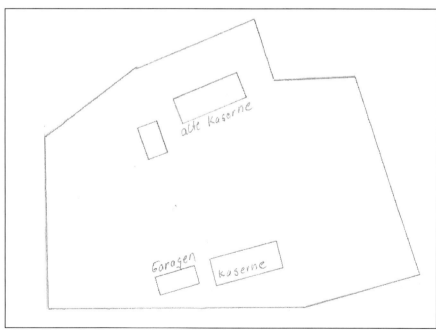

Eine Skizze der Kasernenanlage GK Barneberg.

Die Grenzkompanie Barneberg
Fast in der Ortsmitte von Barneberg gelegen befindet sich das für den Zeitraum 1986/87 als Reserveobjekt dislozierte GT-Objekt. Wenn man die Gebäude betrachtet, ist eigentlich alles noch vorhanden, was eine GK benötigt. Ein älteres und ein neues Unterkunftsgebäude, Garagen, Hundezwinger und weitere typische GK-Anlagen. Als ich im Juli 2007 einen Weg auf das umzäunte Gelände gefunden hatte, fand ich total verwüstete Gebäude und ein von Buschwerk und Bäumen überwachsenes Gelände vor, hier bleibt nur noch der Abriss.

Dieses Gebäude, vermutlich eine GK aus früher GT-Zeit ist abrissreif. Die dahinter im Busch verdeckten Gebäude sind aber auch nicht besser beschaffen.

Beide Bilder mit freundlicher Genehmigung von Kundschaft2, Internetforum Grenztruppen der DDR, Seite: Die Grenzkompanien GR-23 RO. GK Barneberg, (vorher GR-25)

Bericht von Greso:
So war es 1966, wir hatten 8 Std. Grenzdienst, danach war Ruhe. In der ganzen Zeit hatte ich 3 oder 4 mal Polit, ab und an zum Schießen gefahren und einmal einen Härtetest 8 Runden um unsere Behausung, danach Untersuchung mit Pille schlucken und das wars. 1 mal Gefechtsalarm und auch mit Vorwarnung, aber alles mitgenommen.
Nach 15 Minuten war alles erledigt und es war wieder Ruhe. Grenzalarm war bei uns etwa 6 mal,1 mal echt hart und einmal Kinder im Grenzgebiet, die aber rüber wollten. Waren voll ausgerüstet und es war an einem Sonntag. Na hatte nicht lange gedauert und wir konnten wieder ruhen.
Mit freundlicher Genehmigung von Greso, Internetforum DDR Grenze, Seite: Grenztruppen der DDR

Bericht von Greso:
1966 an der Grenze. Frühschicht, Spätschicht und zwei Nachtschichten. In der ersten Nachtschicht kamen immer die Urlauber. Jede Schicht dauerte 8 Stunden. Die zwei Nachtschichten waren nur Zeitversetzt um 2-3 Stunden und in der ersten Schicht waren oft nur 3 Postenpaare, die gingen Grenzstreife und Kontrolle.
Also in der Grenzkompanie war das laute Rufen und das Trillerpfeifen verboten. So war das bei uns in Barneberg 1965-67. Die Leute, die aus der Nachtschicht kamen, waren ja gerade eingeschlafen. Grenzalarm war das einzige Signal und da wurden sie wach aber mussten nicht raus. Es gab im Monat einen Tag, wo wir mal Sport und so etwas machten.
Die FHG waren zu uns immer freundlich und bei Sauwetter, gab es immer Tee in der Ziegelei aber am Tag danach, gab es einen Anschiss vom KC.
Mit freundlicher Genehmigung von Greso, Internetforum DDR Grenze, Seite Dienst und Schichtzeiten

Das war eine Wachablösung 1966 in Barneberg!!!
Die rechts gingen, die Mitte blieb und links waren die neuen Grenzsoldaten. So sah mein erster Tag an der Grenze aus. Und ich dachte, wenn du erst da stehst, wo die stehen, die nach hause fahren.

Hier noch die Straßenseite.

Alle Bilder mit freundlicher Genehmigung von Greso, Internetforum DDR Grenze, Seite: mein Grenzertagebuch

Mit freundlicher Genehmigung von Greso, Internet Forum DDR Grenze, Seite kennt ihr so was…?

Bericht von Greso:
Bewacher? Na waren wir doch alle, irgendwie, oder? Bei solchen Pionierarbeiten gab es immer einen Sicherungszug. Der wurde aus Angehörigen der GK's, meist des ganzen GR zusammengestellt. Meist wurde der Bereich bezogen und das Gerödel in einer Ecke abgestellt oft beim FF. Meist hat sich keiner für die Sicherungszüge so richtig verantwortlich gefühlt, die hingen immer zwischen den Stühlen, deswegen auch die Haartracht und Anzugsordnung. Und Gummistöpsel (Pipex) auf der AK gehörte einfach dazu. Das Bild ist absolut identisch.
Ich gebe zu, das ich in einer anderen Zeit als Grenzer diente. Aber als 1967 die ersten Baupioniere bei uns auftauchten, wurde uns gesagt, die haben ihre eigenen Bewacher. Aber Ihr, müsst auf Bewacher und Pioniere aufpassen. So gingen wir 1966 zum Dienst.
Bei uns war es das ganz normale graugrün und im Winter die Wattekombi, auch einfarbig etwas mehr bräunlich. 1966, Gefreiter Postenf.145,00 M. Die anderen Vorteile lagen in der Verpflegung und im Urlaub. Wir bekamen noch jeden 7. Tag Dienstfrei und wer alles richtig gemacht hatte, der konnte sein Dienstfrei an den Kurzurlaub anhängen.
Der Kontrollstreifen wurde in meiner Zeit 1966-67.mit Pferd und Egge bearbeitet.
Später sicherlich mit Traktor und Egge.
Mit freundlicher Genehmigung von Greso, Internet Forum DDR Grenze, Seite 8. GK Barneberg

Bericht von Greso:
Unsere Ausrüstung zum Grenzdienst: Kampfanzug, Koppel, Tragegestell, AK47. Magazintasche mit 3 Magazinen, Regenumhang, Postenbrote,
(Postenführer: Leuchtpistole Fernglas und Telefonhörer (war aus Blech und zum aufklappen).
Zum Kampfanzug (Flecktarn) Leder oder Gummistiefel Winter: Watteanzug, Filzstiefel und Tasche mit warmes Essen und Tee mit Rum.
Unter den Kampfanzug Dienstuniform oder Sommeruniform.
Wir hatten Fahrräder, Schneehemden, Nachtsichtgeräte,
zum Seitengewehr gab es keine Pflicht. Ich habe einmal einen Grenzer damit gesehen.
Privat: Sitzkissen, ganz klein, wurde genehmigt,
Radio nicht. Zum Rum im Tee, den gab es nicht immer, leider nur wenn die Temperatur richtig im Keller war. Aber Alkohol war bei uns

kein Problem, denn wir konnte ja nach Dienstschluss raus und wir hatten auch in der Karoline eine Frau, die auch nachts auf Klopftöne was rausgegeben hat. Das war 1966-67, also nicht mehr hingehen.
Mit freundlicher Genehmigung von Greso,
Internetforum DDR Grenze, Seite: mein Leben als DDR Grenzsoldat

Bericht von exgakl:
Ach was kommen da für schöne Erinnerungen hoch. Unsere Grenzkompanie war zeitweise wegen Renovierung des Stammobjektes in Barneberg untergebracht. Das lag direkt, aber außerhalb des Grenzgebietes und was das entscheidende war, bessere und vor allem mehr Mädels. In einer warmen Sommernacht haben wir mal von unserem Bataillons-Polit den ganzen Weinkeller leergesoffen. Es war herrlicher selbst gemachter Apfelwein und bevor ich es vergesse, er hatte zwei hübsche Töchter.
Der Politische war mit Frau im Urlaub und die beiden Mädels zu Hause, ach ja. Gleich neben der Einheit war ein Sportplatz mit Jugendklub. Wir sind abends sehr oft rüber um noch Hundeausbildung auf dem Platz zu machen.
Was hat man nicht alles für Strapazen auf sich genommen. Ich war hier in Barneberg, es muss so 1985-86 gewesen sein, während der Zeit war Barneberg eine Reserveobjekt, das während der Renovierung der Sommersdorfer Kompanie genutzt wurde.
Mit freundlicher Genehmigung von VG exgakl, Internetforum Grenzer sucht Grenzer, Seite: Ausgang in der Grenzkompanie

Grenzkompanie Rohrsheim

Der Ort Rohrsheim liegt südlich vom Großen Bruch, in einer Entfernung von zirka 3 km von der ehemaligen Grenze. Die Straßenanbindung zu den Orten Dedeleben (7 km) und Hessen (3 km) ist gut.
Die ehemalige GK war in einer zweistöckigen Holzbaracke untergebracht und am Dorfausgang nach Hessen auf der linken Seite.
Schon sehr früh waren Angehörige der Grenzpolizei im Ort stationiert, sie gehörten zur Grenzbereitschaft Osterwieck. Mit der Gründung des GR-22 gehörte die GK Rohrsheim zu deren Bereich. Ab 1971 übernahm das GR-25 die GK Rohrsheim. Die Holzbaracke (Sitz der GK Rohrsheim befand sich am Ortsausgang links in Richtung Hessen. Sie wurde nach ein paar

Jahren aufgegeben und abgebaut. Hier entsanden nach 1990 Einfamilienhäuser.
(Mit Luftlinie zum vorgesetzten Stab Grenzabteilung oder Grenzbataillon)

1954 – 57	Kommando Rohrsheim/Kommandantur Halberstadt
1958 – 61	2. Grenzkompanie/Grenzabteilung Hessen/22. Grenzbereitschaft Halberstadt
1961	Auflösung GR-22 Halberstadt
1961	Das Grenzregiment-25 Oschersleben übernimmt den Grenzabschnitt.
1961	3. GK/ GR-25 Danach Abriss

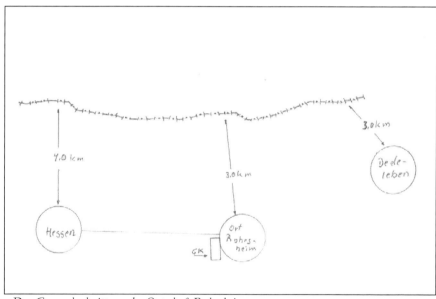

Der Grenzabschnitt vor der Ortschaft Rohrsheim.

Dort wo heute die Einfamilienhäuser stehen, stand das Objekt der Grenzkompanie Rohrsheim. Es war eine zweistöckige Holzbaracke. Aufnahme 2012, Sammlung Neumann

Diese Gaststätte „Schwarzer Adler" wurde durch die Angehörigen der GK im Ausgang aufgesucht. Aufnahme 2012, Sammlung Neumann

Grenzsoldaten berichten aus ihrer Dienstzeit.

Bericht von Küche69:
In der Ausbildung zum Motschützen/Grenzer in Potsdam kann ich mich gut erinnern, dass jedes Päckchen geöffnet wurde und gründlich durchsucht (ich war zu der Zeit schwer am Bein verletzt und dem Spieß unterstellt), jedenfalls wurden gefundene Schnapsflaschen beim Spieß im Tresor verstaut. Ich habe aber nie erlebt, dass ein Soldat sein Eigentum erhielt, die hat der Spieß bestimmt selber vernichtet.

In der Grenzkompanie war ich ja auch für einige Zeit Schreiber und habe mit dem Spieß die Päckchen kontrolliert, es wurden auch Flaschen gefunden, was damit passiert daran kann ich mich nicht erinnern. Aber wir hatten fixe Kameraden, die haben den Schnaps in Dosen abfüllen lassen und beim Fleischer oder jemanden der eine Büchsenmaschine hatte, zudrehen lassen.

Die Dosen waren so voll, da war nichts zu hören beim Schütteln der Dosen. Einem Kameraden, der war auch aus den Nähe von Leipzig, ist es zum Verhängnis geworden, Stock besoffen kam er die Treppe runter und wollte bei mir in der Küche Kaffeewasser holen. Leider fiel er von der Treppe dem Spieß vor die Füße, der hatte Dienst, jedenfalls musste der Notarzt kommen, es kam eine „geile" Ärztin mit (weißes T-Shirt und nichts drunter) so was vergisst man nicht, da ja Notstand war zu der Zeit. Es gab von den umstehenden Kameraden anzügliche Sprüche und der Spieß musste laut werden. Auch so zurück zum „Gefallenen", der kam ins Krankenhaus und wurde anschließend versetzt, wir haben ihn nicht wieder gesehen!

Mit freundlicher Genehmigung von Küche 69, Internetforum DDR Grenze Seite Grenztruppen der DDR

Bericht von Rasenspecht:
Mein erster Eindruck, Gänsehaut wegen dem Zustand der Anlage. Nach den ersten Bildern vor dem verschlossenen Tor von dem Gebäude, kam nach ca. 15min mir ein älterer Mann (74Jahre) entgegen. Es ist der Pächter die Anlage gewesen. Wenn sich heute alte und gestandene Männer treffen, sich kennenlernen und dann über die Soldatenzeit sprechen können, dann gibt es kein Ende der Unterhaltung. Über zwei Stunden hat diese Unterhaltung, trotz teilweise starken Regen, gedauert, aber mit Sicherheit nicht über Stars und Sternchen. Es

versteht sich von selbst über NVA / Grenze und Dienstzeit und da gibt es genügend Stoff ohne Ende.

Wer nun einmal in Ohrsleben stationiert war, der sollte in jedem Fall nochmals nach Ohrsleben fahren und sich diese Geschichte oder Geschichten anhören. Es lohnt sich in jedem Fall.

Ein Sohn kam dann noch später hinzu. Leider hatten sie nicht die Schlüssel von den Garagenhallen mit, sonst hätten sie mir liebend gern die Oldtimer gezeigt. Selbst eine Filmgesellschaft aus Hollywood hat mit diesen Geräten einen Film in Hötensleben an der Grenze gedreht. In einem größeren Raum im Gebäude, da haben die drei Männer einen DDR-Nostalgieraum aufgebaut.

Mit freundlicher Genehmigung von Rasenspecht, Internetforum Grenzer suchen Grenzer, Seite GK Ohrsleben

Bericht aus dem Internet:

Zu Weihnachten und Silvester gab es regelmäßig fest stehende Urlaubsraten, also zwei Vor-Raten, eine Weihnachts-Rate, eine Silvester-Rate und eine Nach-Rate, in denen alle Angehörigen der Kompanie mindesten einmal die Familie sehen sollten.

Die Raten lagen im betreffenden Jahreswechsel 1987/1988 wie folgt (*in den Jahre davor, waren die Raten genauso*):

Vor-Rate-1	Fr 11.12.1987 bis Di 15.12.1987
Urlaubssperre	Mi 16.12.1987
Vor-Rate-2	Do 17.12.1987 bis Mo 21.12.1987
Urlaubssperre	Di 22.12.1987
Weihnachts-Rate	Mi 23.12.1987 bis So 27.12.1987
Urlaubssperre	Mo 28.12.1987
Urlaubssperre	Di 29.12.1987
Silvester-Rate	Mi 30.12.1987 bis So 03.01.1988
Urlaubssperre	Mo 04.01.1988
Urlaubssperre	Di 05.01.1988
Urlaubssperre	Mi 06.01.1988
Nach-Rate	Do 07.01.1988 bis Mo 11.01.1988

Damit sollte erreicht werden, dass sich maximal ein Fünftel des Zuges im Urlaub bzw. Dienstfrei (ZF bzw. StZF) befindet.

Das wiederum bedeutet, dass in der Regel je Rate 4 bis 5 Mann pro Zug fehlten, während normalerweise 2 maximal 3 Leute pro Zug gleichzeitig im Urlaub sein durften.

12-Stunden Schichten wurden übrigens nicht gefahren, es gab normale Früh-, Spät- und Nachtaufzüge, allerdings lag der Anteil der kurzen

Wechsel und der Springer auf Grund des Personalmangels natürlich deutlich höher als sonst, was übrigens auch die ZF betraf.
Mit freundlicher Genehmigung für die Informationen aus dem Internetforum über GT.

Bericht von Küche69:
Also zur Ausbildung in Potsdam kann ich mich nicht mehr erinnern, ob es sonntags Kuchen gab. Aber in der GK (war ja selbst Küchenbulle) gab es sonntags immer Kuchen, mal war es Bienenstich, Rührkuchen oder etwas anderes, aber es gab immer Kuchen. Das war Pflicht, genauso wie montags immer Eintöpfe gekocht wurden und mittwochs Makkaroni mit Jägerschnitzel und Tomatensoße. Ich hoffe Euch läuft das Wasser im Munde zusammen.
Wenn ich mal lange nachdenke, bekomme ich bestimmt noch einen Speiseplan für eine ganze Woche zusammen.
Na dann will ich mal! Montags gab es immer Eintöpfe (meist gab es weiße Bohnen oder Möhreneintopf zwischendurch auch mal Linsen), Dienstags war Gemüsetag (bei uns), also Möhren oder Erbsengemüse, dazu gab es entweder Schnitzel (150gr pro Mann) oder mal nen Gehakteklops und Salzkartoffeln, Mittwochs gab es meistens Eierteigwaren mit Jägerschnitzel und Tomatensoße, Donnerstag war Fischtag, Brathering oder grüne Heringe mit Salzkartoffeln (wurde aber kaum gegessen), Freitags war süßer Tag, also alles was mit Eierkuchen Kartoffelpuffer ect. zu tun hatte, Samstags gab es öfters Quark mit Pellkartoffeln und Sonntag gab es entweder Rinderbraten, Schweinebraten oder Rouladen mit Rotkohl und Salzkartoffeln.
Wie schon hier gesagt, gab es Sonntags das Frühstücksei wie bei Mutti gekocht, dazu immer Marmelade aus den Pappeimern und natürlich Aufschnitt (selbst aufgeschnitten), Schnittkäse oder der leckere Streichkäse, es war immer etwas schwierig die Bestellungen zu machen, da man für 4 Wochen den Plan erstellen musste und es kam auch vor, dass man nicht das erhielt was man bestellt hatte. Hier möchte ich einfügen Sonntags, die Eier im großen Korb, welcher in den großen Topf gestellt wurde und die Eier wurden gekocht, einmal habe ich mich beim UvD verquatscht und die Eier waren so hart gekocht, naja nicht mal die Hunde wollten die fressen, passiert.
Es gab natürlich auch Sonderlieferungen, wie zu Weihnachten Nüsse oder Südfrüchte oder spezielle Konserven.

Aber es gab jeden Morgen zum Frühstück auch eine Suppe und es gab Tee und den gestreckten Muckefuck zu trinken und Milch, Puddingsuppen liefen auch sehr gut am morgen.
Naja der Speiseplan wechselte, es gab auch Gulasch auch mit Sauerkraut, dazu gab es immer Rohkostsalate aus Weis- oder Rotkohl, gab es mal Tomaten oder Gurken gab es dann abends auch solche Salate.
Es wurde natürlich auch Spinat mit Spiegelei gereicht und die „Tote Oma", was soll ich Euch sagen gab es in der GK gar nicht so häufig.
Na ja abends gab es manchmal Grenzerimbis (bekomme aber nicht zusammen was das war, ich glaube mit einer Bratwurst, kann mich auch irren), oder Schlemmerschnitte (Schwarzbrot, Salami drauf und ein Spiegelei).
Es gab natürlich auch falschen Hasen (Hackbraten) zu essen, die Komplecktetage waren ja auf Befehl und der dann Speiseraum leer, es wurde dann nur für die Uffz. richtig gekocht.
Gekocht wurde immer und Beschwerden gab es kaum, es konnte jeder so er wollte einen Nachschlag bekommen und eigentlich hatte es geschmeckt, den die Grenztruppen hatten mit den höchsten Verpflegungssatz.
Jetzt muss ich mich erst einmal sammeln, denn es ist doch schon über 20-zig Jahre her und es dauert etwas ehe es in der Erinnerung wieder auftaucht. Im Juni bekamen wir immer 150 Doppelzentner Kartoffeln geliefert, die mussten dann in Windeseile in den Keller geschüttet werden, da der LKW auf dem Rückweg, von den anderen GK die leeren Säcke wieder mitnahm, meist mussten „Spitze" mir dabei helfen den Keller zu füllen.
Gerade fiel mir wieder ein, dass es vor jedem Hauptgang eine Vorsuppe gab (außer es gab Eintopf), auch gab es immer eine Nachspeise (Kompott oder Quarkspeise oder halt Pudding). Auch haben wir selber Sülze hergestellt und dann mit Remouladensoße und Bratkartoffel gereicht.
Im Winter `88 haben wir ein Schwein geschlachtet und es gab für jeden Angehörigen eine kleine Blut,- Leber und Knackwurst (Bratwurst), wir haben Freitags das Schwein hingemacht und am Samstag gab es dann Nudel mit Wurstsuppe, man die haben vielleicht reingehauen, die eine Schlachtung von daheim kannten!
Auch hatten einmal welche eine ganze Postentasche voll Pilze mit reingebracht, die habe ich zubereitet, war ja verboten (Vergiftungsgefahr), aber es war einer aus Thüringen und dessen Vater war daheim Pilzberater, also kannte er auch die Pilze, aber der „Alte" hatte Dienst und

man hat die Pilzzubereitung natürlich gerochen, die Pilze sollten vernichtet werden, aber mit vielem Hin und Her, haben wir die Pilze dann doch uns schmecken lassen. Der „Alte" hat auch tüchtig zu gelangt und wir leben heute noch.

Zum Tag der Grenztruppen, gab es für jeden einen halben Broiler (wir haben vielleicht geschwitzt in der Küche) und zu Weihnachten gab es für jeden einen kleinen bunten Teller (Apfelsine nicht aus Cuba, Apfel, Mandarine, ein Weihnachtsmann aus Schokolade sowie einige Nüsse), auch haben wir wenn wir wussten, wenn jemand Geburtstag hatte einen kleinen Lukulus gemacht, da war die Freude groß.

Ja, da kommen Erinnerungen hoch, wunderschön was die Kameraden sich da einfallen ließen, zusätzlich zu den Abgangsbriefen, also der letzte der in die lang vermisste Heimat ging wurden auch noch Urkunden hergestellt, es konnte ja viele Kameraden ganz ordentlich schreiben.

Ich hatte auch so eine Urkunde, mit wunderschöner alter Schrift, wie in den Kinderbüchern, wenn die Geschichten los gingen, an der Seite war das Papier abgebrannt, es sah toll aus und der Spruch war auch sehr gut, aber leider habe ich meine in der Gepäckablage des Zuges, welcher mich Richtung Heimat brachte, liegen lassen. Daran war der Alk schuld und die Freude auf daheim, da habe ich halt nur an meine „Schwarze" Tasche gedacht, leider.

Mit freundlicher Genehmigung von Küche69, Internetforum DDR Grenze, Seite: mein Leben als Grenzsoldat

Der jüngste Angehörige der GT in Oschersleben

Bericht von Stephan:
Ich hoffe, dass ich hier richtig bin und mir jemand weiterhelfen kann. Auf den nachfolgenden Bildern ist der wohl jüngste Angehörige der damaligen Deutschen Grenzpolizei zu sehen. Die Bilder entstanden in den 50er Jahren in Oschersleben. Der Träger wie auch die abgebildete Uniform befinden sich in Familienbesitz.

Eventuell kann mir jemand weiterhelfen oder hat ganz und gar noch weitere Bilder. Den Offizier auf dem einen Bild links kannte ich noch, leider ist er zwischenzeitlich schon verstorben.

Mit freundlicher Genehmigung von Stephan,
Internet Forum GT der DDR, Seite: Der jüngste Angehörige der GT

Der jüngste Angehörige der GT und der Offizier links war Rudi F.

Der jüngste Angehörige der GT in Oschersleben.

Ein Bild von der Uniform.
Eventuell ist ja jemand hier dabei der in Oschersleben gedient hat und eventuell auch noch etwas dazu weiß, vielleicht sogar noch weitere Bilder hat.

Bericht von Dassi:
Ich kann nur sagen, dass ich zu ehemaligen Zimmer- bzw. Gruppenkameraden aus dieser Zeit noch Kontakt habe und mich auf ein nächstes Treffen sehr freue. Da schweben wir dann, jetzt alte Herren geworden (... fast 60 Jahre alt) in einer längst vergangenen Zeit.
Es wird da kaum etwas verherrlicht, aber auch mit dem Wissensstand von heute realistisch betrachtet. Jeder hat doch unterschied-lichste Erlebnisse gehabt, welche auch heute noch ausgetauscht werden können.
Ich denke öfter an die langen Gespräche unter uns Postenpaare bei den langen, oft sehr tristen Grenzschichten. Es war eine nicht leichte, aber auch schöne Zeit. Damals war ich noch keine 20 Jahre alt. Mit 20 Jahre hatte ich den Grundwehrdienst schon hinter mir gebracht.
Die Zeit ist vergangen, aber unsere Erfahrungen und Erinnerungen doch nicht.
Mit freundlicher Genehmigung von Dassi, Internet Forum DDR Grenze, Seite GR-25

Bericht von Ernst 1934:
Nach dem Besuch der Uffz-Schule in Dittrichshütte vom 2.7.55-1.12.55 war ich nach einem Kurzeinsatz in der Bereitschaft Oschersleben als Ausbilder eines Einweisungslehrganges bis Febr. 56 eingesetzt. Dann zum Kdo. Schwanefeld als Gruppenführer. Während dieser Zeit kam es nach der 3. Parteikonferenz der SED in Auswertung des Personenkultes um Stalin u.a. zu einen Beschluss der Parteiführung. Dieser hatte unter anderem zum Inhalt, dass leitende Offiziere höherer Stäbe und Funktionäre an der Basis für 2-4 Wochen tätig sein mussten. Ich hatte die Ehre einmal einen Oberst des Grenzkommandos und einmal einen Angehörigen des Kabaretts der Grenzpolizei als Soldat in meiner Gruppe zu haben und mit ihnen Dienst zu tun. Sie mussten als Posten Dienst machen. Es gab keinerlei Probleme mit ihnen. Aber es hat sich einiges in der Zusammenarbeit wieder verbessert.
Ich war nach der Uffz-Schule in Dittrichshütte in der Grenzbereitschaft Oschersleben im Stab als Gruppenführer. und teilweise als Zugführer eines 3monatigen Einweisungs- lehrganges eingesetzt. Verantwortlicher für die Ausbildung war Oberleutnant Ho., Kommandeur der Bereitschaft war Papa Ga.
Damals gehörten zur Grenzbereitschaft Oschersleben meines Wissens folgende Kompanien: Hötensleben, Morsleben, Beendorf, Schwanefeld, Walbeck, Weferlingen und Döhren.
Nochmals zum Beschluss der 3. Parteikonferenz Offiziere der Stäbe und leitende Mitarbeiter der Parteiführung und Staatsführung mussten für einige Wochen an die Basis.
Wie gesagt ich hatte zweimal die Ehre jeweils einen Offz. in meiner Gruppe mit einsetzen zu dürfen.
Anscheinend waren beide Genossen auch mit ihren praktischen Grenzdienst als Grenzposten zufrieden. Der eine Genosse war Leiter des Kabaretts der Grenzpolizei Fritz Ze.
Als Dank kam das Kabarett der Grenzpolizei zu einer Kabarettveranstaltung nach Schwanefeld, zu der auch die Bevölkerung eingeladen war. Es war ein sehr schönes satirisches Programm, also ein voller Erfolg.
Für mich gab es auch kurz danach zwei Auszeichnungen:
1. am 1.07.56 die Medaille für „Vorbildlichen Grenzdienst".
2. am 1.08.56 das Leistungsabzeichen der Deutschen Grenzpolizei mit Nr.527, diese Auszeichnung verlieh mir der Kommandeur der Grenzbereitschaft persönlich.

Aber ich muss sagen, dass diese Maßnahmen nicht allzu lange anhielten. Ich musste aber auch erkennen, dass viele Ausbilder an der Offz. Schule in Sondershausen, die ich schon im Einweisungslehrgang Okt.51 noch 1957 als Ausbilder an der Schule waren. Teilweise nur reine Theoretiker waren.
Den besagten Gen. Oberst mit den roten Haaren traf ich selbst im Okt.1957. Ich musste mit unserem Parteisekretär der Kompanie bei der „Zentralen Parteikontrollkommission der Grenzpolizei" in Berlin antanzen.
Und dort saß der Gen. Oberst als amtierender Vorsitzender der PKK vor uns. Dieses stellte sich im nach hinein raus, dass er der war, der diesen Spruch los gelassen hat!
„Also wachsam sein, man sieht sich meistens mindestens zweimal im Leben!"
Hier auch noch eine kurze Begebenheit aus früheren Jahren bei der Grenztruppe:
Es soll so gewesen sein.
Es fand Mitte des Jahres 1953 eine Konferenz höherer Politoffizierskader der Grenzpolizei statt. Das war gerade zu der Zeit als die Amerikaner sich besonders um Korea bemühten. Ähnlich wie zu dieser Zeit.
Ein berühmter rothaariger Oberst der GP zum Schluss seiner Rede:
„Korea den Koreanern, Deutschland den Deutschen und Indien den Indianern"!
Ich selbst habe es nicht persönlich gehört, kann mich also auch nicht dafür verbürgen.
Mit freundlicher Genehmigung von Ernst 1934,
Internet Forum Grenztruppen der DDR, Seite Grenzgeschichten

Bericht von Westsachse:
Fußball und Tischtennis, im Klubraum Kaffeetrinken, Kartenspiele,Briefe schreiben, Musik hören aus Radio und von der Platt im Fernsehraum Fernsehen, Filmvorführung und in Weferlingen Buchvorstellung durch eine Schriftstellerin. Walbeck und Weferlingen hatten Schwimmbäder. An deren Nutzung kann ich mich nur für Walbeck erinnern. Dorfdisco in Weferlingen. Gebastelt wurde mit Laubsägearbeiten und es wurden Teile aus Holzwäscheklammern gefertigt. Urlauber wurden dementsprechend beauftragt Sägeblätter und Holzwäscheklammern zu besorgen. Mit der Schnur vom Waffenreinigungsgerät wurden alle möglichen Glasflaschenhälse abgetrennt und dann zu Krügen und anderen Behältnissen verarbeitet. Bockwurst essen in der

Kompanieverkaufsstelle bei Frau Mol....in Walbeck war auch sehr beliebt. Sie hat es fertig gebracht immer für Ketchup zu sorgen. Damit wurde eine Mischung aus Senf und Ketchup hergestellt. Hm, lecker. Mach ich heute noch.
Gruppe City Rock Band Berlin habe ich mit einigen belobigten Sold./Gefr. in Haldensleben erleben dürfen.
Mit freundlicher Genehmigung von Westsachse 89, Internet Forum Grenzerforum, Seite: kulturelles und sportliches Leben in der GK

Bericht von Feldwebel88:
Es ist eine wahre Begebenheit. Es war im September 1987, hatte mal wieder UvD von 6-18 Uhr.
Gegen 7.00 Uhr schickte ich meinen Gehilfen zum Frühstück und sagte ihm aus spaß um 7.10 Uhr bist du wieder da.
7.09 Uhr klingelte der KGSi mich auf dem Kasten mit den vielen Lichtern an (weiß nicht mehr die Bezeichnung).
muss dazuschreiben der KGSi war ein Ufw der auf meinem Zimmer mit lag.
Er sagte: „H. ich habe vermutlich eine Festnahme am Tuskulum, Kompanie Grenzalarm!" Ich sagte:" ok Th!", und legte auf. Bin hochgesprungen und hab den Alarmknopf betätigt, danach rannte ich in den Offiziersspeiseraum und meldete es dem KC. Der hoch, der olle Hauptmann, und ans Telefon gerannt, so schnell hab ich den noch nie gesehen. Ich habe in der Zwischenzeit die Waffenkammer aufgeschlossen und hab gewartet bis die ersten kamen. Was war passiert?
In der Nähe des Tuskulum ca.1 km von Offleben Richtung Harbke, war eine männliche Person von West nach Ost durchgebrochen, hatte denn GSZ durchgeschnitten und Flugblätter verteilt auf dem Kolonnenweg und rannte da herum. Zur selben Zeit waren 2 Kameraden mit dem Krad unterwegs zur Kontrolle des K6. Sie kamen über einen Hügel gefahren und sahen den GV auf dem Kolonnenweg herumrennen und hielten a,. ca.25m standen die beiden Parteien auseinander. Der GV sah sie und zückte eine Pistole und richtete sie gegen unsere Leute. Dann muss es ein lautes Wortgefecht gegeben haben, bis sich der GV die Pistole auf die Brust hielt und abdrückte. Unsere Kameraden haben gleich erste Hilfe geleistet aber es kam jede Hilfe zu spät. Der Mann war Tod, im nach hinein haben wir erfahren, das es ein ehemaliger DDR Bürger war, der in Bautzen im Knast gesessen hat und nun in die DDR zurückwollte, um sich zu rechen.

Als die 2 vom GD reinkamen, waren sie fix und fertig, könnt ihr euch ja vorstellen. Ich musste ja als Waffenkammerberechtigter ihre Waffen entgegen nehmen. Ich kann euch bestätigen, aus denn 2 Waffen ist kein Schuss abgeschossen worden.
Gegen 09:00 Uhr ging dann der Sackstand los, Männer mit dunklen Sonnenbrillen kamen, denk mal Kripo oder Stasi von Berlin oder Magdeburg. Die 2 mussten dann zum Report, wo sie da wieder rauskamen und an der UvD Bude vorbei sind, standen ihnen die Tränen in denn Augen. Ich glaube jeder von denn beiden hat ein Grenzerei bekommen aber trotzdem, so was möchte ich nicht erleben.
So das war meine Grenzergeschichte, was eine wahre Begebenheit war. Ich weiß noch, es stand damals in der Jungen Welt, ein kleiner Artikel. Es muss ein Freitag gewesen sein, denn einige wollten in denn Urlaub und konnten nicht. Bei mir als UvD haben nun die Angehörigen angerufen, warum ihr Sohn oder Mann nicht komme. Ich habe ihnen blos am Telefon gesagt, schauen sie heute Abend Fernsehen. Ich werde diese Geschichte nie vergessen.
Vielleicht wurde es auch nicht so an die große Glocke gehängt, weil es einen Toten gab und der auch noch von West nach Ost wollte.
Wir haben an dem Abend die Aktuelle Kamera geschaut um es zu sehen ist, ob Sommersdorf mal drin ist aber nix da.
Hier noch mal eine Aufzeichnung von unserem Stabschef, der damals die Führung auf der FüSt übernahm.
Der Vorfall hat sich am 29.9.1987 gegen 07.00 Uhr im Grenzabschnitt Sommersdorf abgespielt. Der GV Schxxx, Faxx, geb. in Radebeul, wohnhaft in Dülmen passierte zwischen den Grenzsäulen 780 und 781 die Staatsgrenze der DDR. Er schnitt eine Öffnung in den Streckmetallzaun und lief ca. 200 m in Richtung Grenzsignalzaun, dabei verteilte er 224 Flugblätter. Durch eine Kradstreife wurde er 07:14 Uhr aufgefordert eine gezogene Pistole abzulegen. Der GV ging rückwärts in Richtung DDR und richtete die Pistole auf die Kradstreife, die in Stellung ging und den GV nicht mehr sah, da dieser hinter einer Geländeerhebung ging. Dort erschoss sich der GV mit einem Schuss in die Brust.
Mit freundlicher Genehmigung von feldwebel88; Internet Forum Grenzerforum, Seite: Grenzdurchbruch

Bericht von Gerjaeg:
Nun, wie habe ich denn das Ganze überhaupt erlebt.
Schon zu meiner Musterung war klar, dass ich -auf Grund von gesundheitlichen Problemen- nicht als Mot.Schütze oder ähnlichem verpulvert werde. Als es hieß: GRENZTRUPPEN war ich dennoch baff, hatte ich doch Westverwandtschaft.
Im Mai 1976 ging es dann nach Halberstadt und der ganze „Spaß" ging los. die ersten 6 Wochen kein Ausgang, kein Radio auf dem Zimmer, nur das ND und die „Aktuelle Kamera". Danach ab und an mal Ausgang und nach 12 Wochen der erste Urlaub.
Ende Oktober dann die Versetzung zu den einzelnen Grenzkompanien. Das Ganze in der Nacht. Rauf auf den LO und dann ging es los. Nach etwa 2 Stunden Fahrt war man da. Nun wurden wir auf die Stuben verteilt. Das Positive: nun waren nur noch 5-6 Mann auf der Bude, das Negative: ein ständig schreiender Spieß. Unser Interesse galt aber erst mal zu wissen, wo sind wir eigentlich. Das erfuhren wir dann von den Soldaten bzw. nun Gefreiten des 3. Diensthalbjahres. Wir waren in Ohrsleben in der Magdeburger Börde. Keiner von uns wusste zunächst wo das ist.
Am nächsten Tag gab es dann den ersten Appell, wo sich die Kompanieleitung vorstellte und wir den ersten Einblick bekamen. 3-Schichtsystem mit einem Ruhetag. Im ersten Eindruck machten die Kompanieführung, die Zugführer und die Gruppenführer einen ganz menschlichen Eindruck, im Gegensatz zum Auftreten der genannten Dienstgrade bei der Ausbildung in Halberstadt.
Dann ging es zum ersten mal an die Grenze zur Einweisung und ich durfte das ersten mal einen Blick in den Westen richten, was fiel mir auf? Dort sieht es genau so aus wie bei uns im Osten.
Erwähnenswert auch die Tatsache, dass die sogenannten EK's gar nicht so schlimm waren, wie gedacht. Mit mir waren 3 Gefreite und somit Postenführer und 3 Soldaten auf der Bude.
Noch Erwähnenswert: die Qualität und Quantität der Verpflegung war sehr gut, kein Wunder, waren doch die Köchinnen Frauen aus dem Ort.
Am nächsten Tag ging es dann zum ersten Mal raus an den Kanten.
Mit freundlicher Genehmigung von Gerjaeg, Internet private Mail

Bericht von exgakl:
An der Grenze zur BRD war ich von der Dienststellung her Grenzaufklärer (Berufsunteroffizier). Begonnen habe ich allerdings als Unteroffizier auf Zeit (3 Jahre) mit der Dienststellung Gruppenführer Grenzsicherung.
Der normale Soldat kam nach einer Ausbildungszeit von 6 Monaten (das beinhaltete die militärische Grundausbildung sowie die Grenzdienstausbildung) in die Grenzkompanie. Die Dienstplanung war so geregelt (in Zeiten der Kompaniesicherung), das die Grenzkompanie einen festgelegten Grenzabschnitt zu sichern hatte. Weiterhin, das die Grenztruppen zum Diensthabenden System der Warschauer Vertragsstaaten zählten und so immer eine gewisse Sollstärke an Gefechtsbereitschaft vorhanden sein musste (genaue Zahlen dazu habe ich leider nicht).
Die Einsatzplanung der Soldaten und Unteroffiziere hing auch sehr stark von den spezifischen Gegebenheiten im jeweiligen Grenzabschnitt ab. Das betraf vor allem die Anzahl der Posten bei Tag bzw. Nacht, ständig zu sichernde Bereiche usw. In meinem Bereich gab es z.B. eine Kohlebahn vom Tagebau Harbke zur Brikettfabrik Völpke. Diese Bahn fuhr im Schutzstreifen und so waren diese beiden offenen Stellen im GSZ natürlich Tag und Nacht ständig zu sichern.
Die Soldaten waren in der Kompanie Gruppenweise untergebracht. In der Regel ca. 8-10 Leute pro Zimmer (Ausstattung pro Soldat ein Spind, Bett + Hocker sowie einen Tisch).
Durch die ständig unterschiedlichen Schichten, hatten welche ständig gerade Nachtruhe, andere Dienstvorbereitung, andere wiederum Dienstnachbereitung. Es war also ein ständiges Kommen und Gehen.
Der normale Soldat bekam während seines Wehrdienstes 18 Tage Erholungsurlaub (18 Monate Wehrpflicht), sicherlich gab es auch mal die Gelegenheit einen Sonderurlaub zu ergattern bzw. in den Ausgang zu gehen. Wenn ich mich Recht erinnere, kam der Soldat je nach Lage vielleicht alle 2 oder 3 Wochen mal in den Ausgang. Es hieß nicht, das wer gerade keinen Dienst hatte automatisch in den Ausgang gehen konnte. Die Gefechtsbereitschaft musste immer gewährleistet sein. Fehlender Personalbestand wurde einfach durch die vorhandenen Kräfte ersetzt.
Während des Ausganges gab es einen festgelegten Standortbereich, der durch die Soldaten auch nicht verlassen werden durfte. Die Freizeitmöglichkeiten waren in den Grenzorten natürlich relativ begrenzt. Meistens gab es 1 oder 2 Kneipen und das war es dann auch schon.

Viele verbrachten ihre Freizeit damit Briefe zu schreiben (Vorläufer der E-mail) oder aus Sperrholz irgendwelche Lampen o.ä. zu basteln. In der Kompanie selbst gab es einen Kultur- und einen Fernsehraum, in denen die Programme DDR1 und DDR2 empfangen werden konnten.

Ansonsten war auf jeder Einheit eine Truppenküche mit einem Berufsunteroffizier als Küchenleiter und dazugehörigen Zivilangestellten Köchen und Köchinnen. Es gab einen Mannschaftsspeiseraum, einen Speiseraum für die UAZ sowie einen für die Berufssoldaten.

Von der Dienstgestaltung war es so, dass der Schwerpunkt bei den Grenztruppen die Nachtzeit war. Es konnte also durchaus passieren, dass man mal 2 oder 3 Wochen nur Nachts draußen war. Einen direkten Dienstschluss wie beim BGS gab es nicht. Wir waren also stets wachsam und kampfentschlossen.

Bei den Berufssoldaten sah es ein wenig anders aus. Die Dienstzeiten kann man zwar auch nicht mit dem Dienstsystem der bundesdeutschen Grenzüberwachungsorgane vergleichen, aber das Leben war dort den Umständen entsprechend meist etwas geregelter. Ein Berufssoldat, der am Standort seine Wohnung hatte, ging nach Dienstschluss in der Regel nach Hause (Regelzeit 7.30-17.00 Uhr). Die Regelzeit traf jedoch meistens nur auf den Spieß zu. Am Wohnort waren die Berufssoldaten, wie jeder andere auch, in das normale Leben integriert. Ich persönlich habe das Verhältnis zur „normalen" Grenzbevölkerung immer als gut bis sehr gut eingeschätzt.

Die Berufssoldaten ohne Wohnung am Standort waren immer ein wenig in den A..... gekniffen. Zwar gab es extra Zimmer für Offiziere, Fähnriche und Berufsunteroffiziere, die auch geringfügig mehr Komfort hatten, aber bei jeder noch so kleinen Lage hat man natürlich gern auf diese stets einsatzbereiten Kräfte zurück gegriffen.

Brauchte man mal schnell einen Grenzaufklärer, wusste man ja, wo man den fand.

Mit der Verpflegung war es folgendermaßen geregelt. Die Grundwehrdienstleistenden und die Unteroffiziere auf Zeit nahmen an der normalen Truppenverpflegung teil. Berufssoldaten, auch soweit sie ein der Kompanie wohnten. Zum Einkaufen gab es in der Kompanie eine kleine MHO (militärische Handelsorganisation) die in der Regel sehr gut bestückt war. Alles was man so brauchte (außer Alkohol) gab es dort. Berufssoldaten konnten nach Dienstschluss natürlich das Objekt verlassen und so auch die Angebote im Ort nutzen.

Die Sicherung der Kompanie erfolgte durch den UvD, der gleichzeitig der Wachabende des Objektes war. Es befand sich des Weiteren ein Posten ständig am Eingangstor und während der Nachtzeit bzw. Dunkelheit ein Posten noch zusätzlich auf dem Gelände der Kompanie. Alle paar Stunden wurde diese natürlich abgelöst.
Die Lücken durch Urlauber wurden wie schon gesagt durch die Nicht Urlauber aufgefüllt.
Mit freundlicher Genehmigung von exgakl, Internet Forum Deutsche Einheit, Seite: Ablauf in einer GK

Bericht von Ernest:
Wir hatten im August 1972 einen versuchten Grenzdurchbruch, wo mich zwei Flüchtige bald die ganze Schicht beobachteten. Alles ohne das ich etwas davon mitbekam. Einer von ihnen, sie waren aus Magdeburg, kannte die Gegebenheiten, da er in diesem Bereich gedient hatte. Nur zu seiner Zeit war an unserem Postenplatz die damalige Trennungslinie und wurde, wie er später sagte, nie gesichert. (wogegen zu meiner Zeit, gerade Trennungslinien gesichert wurden).
Jedenfalls lagen sie über Stunden, uns gegenüber in einem Waldstück und beobachteten uns. Als wir zur Ablösung (kurz vor dem Dunkelwerden) am Kolonnenweg, in einem Waldstück verschwanden, pirschten sie sich nach vorn. Sie erreichten den Windschutzstreifen (eine Hecke), als meine Ablösung am Postenplatz ankam. Der neue Posten bemerkte zwar zwei Personen, nur da es schon ziemlich dunkel war, sie auch nicht deuten konnte, war sein Gedanke: „Pohhhh, da ist ja schon die Kontrollstreife, schleicht sich am Windbruch nach oben und will uns bestimmt überraschen!" Den Spaß wollten sie der Kontrolle verderben und schlichen auf der anderen Seite der Hecke nach unten (Gelände war leicht abschüssig).
Etwa auf gleicher Höhe sprangen sie durch die Hecke mit einem lauten „Buhhhhhhh!" und erstarrten schlagartig zur Salzsäule, als sie zwei Zivilisten auf der Erde nach oben kriechen sahen.
Wir waren gerade in der Kompanie angekommen, da flogen wir dann auch wieder raus. Mein Zugführer durchsuchte die beiden. Einer der Magdeburger fragte dann: „Wieso seid ihr eigentlich hier, hier war doch nie ein Posten???"
Diese Annahme war halt ihr Fehler. Er dachte, dass meine Anwesenheit dort nur eine Ausnahme war und nach uns kein neuer Posten kommen würde. Wären sie nur etwas weiter rechts, im Schutz des Waldes gegangen, hätten sie in dieser Deckung die Grenze bis auf ein

paar Meter erreichen können. Total unbeobachtet hätten sie an der Stelle den 3-Meterzaun überwinden können oder am Übergang vom 3-Meterzaun zur Minensperre, wo es noch einfacher gewesen wäre.

Da sie mich jedoch sahen, wollten sie uns nicht aus den Augen verlieren, um zu sehen, was wir machen, wann und wohin wir verschwinden. Wie gesagt, sie kannten sich zwar aus, aber eigene Denkfehler haben dann doch alles vereitelt.

Nur etwa 500 Meter weiter rechts hätten sie während meiner Tag-Schicht in aller Ruhe und total unbeobachtet rüber gekonnt. Nur das wussten sie halt nicht. Trotzdem stellten wir uns damals die Frage, warum sie gerade offenes Gelände zur Flucht wählten.

Jeder Unwissende hätte wahrscheinlich diesen geschützten Weg genommen. Sein „Insiderwissen" jedoch wurde ihnen zum Verhängnis.

Auch wenn wir mit unserem Wissen sagten, hier kann jeder abhauen, der es vorhat, so gab es immer Unsicherheitsfaktoren, Risiken und Zufälle, die es verhindern konnten. Etwa 15 Kilometer Abschnitt, teils nur mit drei Posten gesichert, die Wahrscheinlichkeit es zu schaffen war groß, es blieb aber trotzdem ein Lottospiel.

Nur mal neben bei. Wir sind bei der Festnahme aus allen Wolken gefallen. Es soll fast drei Jahre keinen Durchbruch gegeben haben, auch von Festnahmen war nie die Rede. Wir dachten eigentlich, hier kommt nie einer und rechneten somit auch nie mit so einem Fall. Aus der Ruhe gebracht hat mich das alles nicht. Hab trotzdem in der Nachtschicht mein Schläfchen gemacht.

Übrigens ist nur etwa 14 Tage später mein Zugführer rüber gegangen. Ganz still und leise, ohne einen anderen mit hineinzuziehen oder in Gefahr zu bringen. Er hat das ganz alleine mit sich abgemacht. Diese Möglichkeit hätte jeder gehabt. Darum kann ich auch nicht verstehen, warum man da eigene Leute in Gefahr bringen musste.

Wie ich schon schrieb, war bei uns so gesehen die totale Ruhe. Meist hörten wir beim Appell, wo solche Dinge immer angesprochen wurden, von Festnahmen Bahnhof Haldensleben. Klang damals irgendwie komisch, da Haldensleben ja ne Ecke entfernt liegt. Die S-Bahn fuhr von uns nicht nur bis Magdeburg oder Zielitz, eine Bahn fuhr durch bis Haldensleben.

Wenn ich aus dem Urlaub kam, fuhr ich meist mit der S-Bahn bis Haldensleben, stieg dort in den Triebwagen um, der bis Weferlingen fuhr. Ist mir zwar nie groß aufgefallen, nur da wird man schon sondiert haben, wer diesen Triebwagen benutzen will.

Wer diesen Triebwagen unkontrolliert erreichte, hatte es geschafft (im Triebwagen habe ich nie Kontrollen erlebt), denn dieser Triebwagen fuhr von hinten in den Bahnhof Weferlingen ein, alles im direkten Sichtbereich der Grenze. Gerade in diesem Bereich kam es des öfteren zu Fluchtversuchen. Nur davon hörte man nur, da es unser Nachbarabschnitt war. Der abschüssige, gekennzeichnete Bereich Richtung Grasleben (West) lag oft im Nebel und war gespickt mit unzähligen Signalgeräten. Kreuz und quer verliefen etwa in Kniehöhe Drähte, die mit SP1 (ich glaube, so hießen sie), eine Art Karabinerschlösser mit Platzmunition, verbunden waren. Selbst Kleinwild sorgte da schon für ein reges Platzpatronenschießen. Extrem gesichert war dieser Bereich wahrscheinlich auch, weil man ihn gut vom Triebwagen einsehen konnte, 3-Meterzaun und Tribüne auf westlicher Seite, auch Grasleben.
Bei meinem letzten Urlaub bin ich dann in Zivil nach Döhren zurück gefahren. Es bestand sogar eine Busverbindung von Magdeburg nach Weferlingen, wovon ich vorher gar nichts wusste. Der Bus fuhr auf der A2 Richtung Marienborn, bog dann vorher in Richtung Weferlingen ab und fuhr parallel zur Grenze. Wie ich mich erinnern kann, waren teils sogar Zaunanlagen im Sichtbereich. Wir passierten auch eine Kontrollstelle, die aber nicht besetzt war. Ob das nun Zufall war oder des öfteren vorkam, weiß ich nicht.
Da ich in Zivil war, hätte ich auch ein ganz beliebiger DDR-Bürger sein können. Also man sieht, mit etwas Glück, wäre man auch auf diese Weise ins Grenzgebiet gekommen. Und das sogar sehr dicht. Bei den Zugfahrten war ich ja immer in Uniform, wurde also auch dementsprechend erkannt. Ob man mich in Zivil in Haldensleben kontrolliert hätte? Hmmmmm, wahrscheinlich.
Nur in den Fällen auf sein Glück hoffen, ist auch eine sehr vage Sache. Aber man sieht, möglich war es teils.
Hätte ich an der Grenze das Weite gesucht, dann wärt ihr wahrscheinlich auch mein erster, begehrter Anlaufpunkt gewesen, denn man braucht ja anfangs einen „Ansprechpartner", um zu sagen: „Hier bin ich und hier möchte ich bleiben."
Von einem normalen Flüchtigen und das waren ja (man kann bald sagen) alle, ging keine Gefahr aus.
Alle „Anderen" waren von der Prozentzahl genau so verschwindend klein, wie der angeblich „böse Grenzverletzer", der dem Grenzer nur Schlimmes antun will. Obwohl dieser Vergleich vielleicht hinken mag.
Was das Schießen an sich betrifft, so hätte ich damals nie gezielt auf einen Menschen schießen können.

Das ist natürlich eine Aussage, die leicht dahergesagt ist. Dazu müsste ich sehr weit ausholen, um zu erklären, warum es so war und ist.
Der Tod war für mich schon immer was sehr Schlimmes. Als Kind (12/13) habe ich ein Mädchen, es ging eine Klasse unter mir, bei einem Verkehrsunfall sterben sehen. Vom Zusammenprall an einer Bushaltestelle, über das ewige Liegen in ihrer Blutlache, bis hin zu den letzten Zuckungen vor ihrem Tod. Monate danach hatte ich noch Albträume und ich sagte mir, warum hast du dir das bis zu letzt angeschaut.
Selbst heute habe ich den Anblick noch vor mir.
Der Tod machte mir Angst und ich hätte es rein moralisch nie geschafft, den Finger zu krümmen. Es gibt innere Hemmungen, die selbst mit der größten angedrohten Strafe nicht überwunden werden können. Und die oft angeführte Drohung mit Schwedt empfand ich als nichtig. Selbst mit höheren Strafen hätte ich diese Barriere nicht überwinden können.
Einen Menschen im Sichtbereich anzuschießen, ihn zu verletzen, an töten will ich gar nicht denken, unvorstellbar.
Ist er im Fernbereich, es ist nur ein kleiner, schwarzer, laufender Punkt, gezielte Schüsse, der Punkt bleibt liegen. Je näher man kommt (und man kommt näher), dann wird es immer mehr ein Mensch, verletzt, blutend, tot, eventuell getötet durch mich.
Auch das war für mich unvorstellbar. So ein Gedanke war der Horror, von mir nie durchführbar. Da zählten weder Befehle, noch Androhungen oder Horrorgeschichten über Grenzverletzer. Es gibt bestimmte Dinge, die kann man einfach nicht.
Man wollte uns an der Grenze immer gern weiß machen, da drüben ist der „böse Westen" und alle Grenzverletzer sind Verbrecher.
Das Erste fand ich von je her schon lachhaft. Dazu hatte ich genügend Verwandtschaft drüben, die ein anderes Bild vermittelten. Was man im Fernsehen sah, war im Grunde nur Beiwerk und Bestätigung. Wenn ich von klein auf ein anderes Bild vermittelt bekomme, ist es logisch, dass man mich mit diesen Dingen nicht beeinflussen konnte. Rein logisch müsste (und könnte) ich jetzt mit einigen Beispielen diese Äußerung verhärten. Aber ich hoffe, momentan ist es auch so glaubhaft.
Grenzverletzer waren für mich nicht das, was man uns immer erklärt hatte. Verbrecher schon lange gar nicht. Nur weil man auf der anderen Seite Deutschlands leben möchte, ist man noch lange kein Verbrecher. Und wie ich ganz oben schon schrieb, diesen prozentual verschwindend kleinen Anteil an wirklich Gewaltbereiten, kann das Gesamtbild meines Erachtens nicht Schlechtreden.

Mein „Kusscousin", der Sohn von meinem Vaters Cousine, ist schon zu frühen Zeiten abgehauen, hat eine Weile in Düsseldorf gelebt und ist in den 60er Jahren wieder zurückgekehrt. Hat das Auffanglager Barby durchlaufen. Da sie neben uns wohnten, ich sehr oft mit ihm zusammen war, hatte er mir viel von seiner Flucht, seiner Zeit im Westen und allem erzählt. Für mich damals natürlich hochinteressant. Obwohl ich seine Vespa, die er mit rübergebracht hatte, noch interessanter fand.

In der Lehre hatte ein Mitschüler von mir einen Fluchtversuch unternommen, nur etwa ein Jahr bevor ich selbst an der Grenze war. Er war ein Kumpel durch und durch. Haben damals gestaunt, dass er soviel Mut hatte, zumal er eigentlich sehr ruhig war.

In den letzten Monaten der Lehre, in meinem Stammbetrieb, wollte ebenfalls ein Arbeitskollege abhauen. Er hatte, so wie wir, ein paar Jahre vor uns in Tambach gelernt. Ebenfalls ein super Kumpel.

Dass man diese Leute später einmal als Grenzverletzer, als Verbrecher einstuft, wusste ich zu dem Zeitpunkt noch nicht. Wusste ja nicht einmal, dass ich zur Grenze kommen werde.

Selbst an der Grenze, mein Zugführer ist abgehauen. Hat da keinen anderen mit reingezogen. Er, der uns als „Mensch" gesehen hat, nicht nur als Befehlsempfänger. Er selbst, jemand mit Ecken und Kanten, so wie wir alle.

Nur wie kann ich diese Leute, teils Freunde, Verwandte, Bekannte als Verbrecher ansehen? Nur weil man es uns später gesagt hat ? Neeeeee, beim besten Willen nicht, so weit reichte die ideologische Beeinflussung bei mir nicht.

Und auf diese Menschen im Notfall schießen?

Nie im Leben hätte ich das gekonnt. Erstens die innere Hemmschwelle, die es eh unmöglich gemacht hätte und zweitens waren es Menschen, wie du und ich.

Hätte ich den Vorsatz gehabt abzuhauen, dann hätte ich auch nicht gewollt, dass man auf mich schießt. Nur halt mit dem Unterschied, ich hatte das Wissen, wie groß die Gefahr ist, erschossen zu werden.

Mein Schulfreund aus Tambach dagegen hatte nicht die geringste Ahnung, in welche Gefahr er sich begibt, er wollte nur rüber.

Und so ging es den meisten. Das es gefährlich ist, wussten viele, nur das an der Stelle ihr Leben schlagartig zu Ende sein könnte, das war den Wenigsten so richtig bewusst.

Man hört so oft, man muss die Situation der Grenzer (die geschossen haben) bedenken. Sie hatten Angst vor Bestrafung, mussten sich in Sekunden entscheiden, sie waren aufgeregt und nervös und, und, und, und.

Hätte ich das alles nicht selbst mitgemacht, würde ich vielleicht darüber grübeln, ob man so etwas berücksichtigen kann und muss. Nur ich für mein Teil kann diese Argumente nicht akzeptieren.

Angst vor Bestrafung … ob man wirklich bestraft wurde, wusste keiner im Vorfeld. Hatte ja oben schon geschrieben, wie ich damals dazu stand. Nur auf den Verdacht hin, bestraft zu werden, eventuell jemanden zu töten, empfinde ich als Mord. Ich könnte mein Gewissen nicht damit beruhigen, dass ich ja nur nach Befehl gehandelt habe.

mussten sich in Sekunden entscheiden … als ich an die Grenze kam, kreisten meine Gedanken automatisch darum, „was wäre wenn". Gedanklich spielte ich alle Szenarien durch, die passieren könnten, wie man reagieren würde. Ich jedenfalls bin da nicht „doof" rausgerannt, ohne darüber nachzudenken. Und bei diesen Gedankenspielen kommt man auch automatisch zu den Fragen „schieße ich im Ernstfall???" „…" „nehme ich Strafen in Kauf???" „…" „Wie weit gehe ich mit, was mache ich unter keinen Umständen?". So war es damals jedenfalls bei mir und im Endresultat wusste ich genau, was ich mache und was nicht. Für mich hätte es diese finale Situation nicht gegeben, wo ich mich in Sekunden hätte entscheiden müssen. Diese Entscheidungen lagen bei mir schon lange fest und nicht erst in der Sekunde.

Wenn jetzt einer den Einwand bringt, er musste sich in Sekunden entscheiden, dann hatte er entweder vorher nicht darüber nachgedacht oder er war sich vorher schon nicht sicher, „„„„„schieße ich oder schieße ich nicht"„„„, Oder halt bezüglich Bestrafung, das eigene Wohl zählte bei ihm mehr als ein Menschenleben.

sie waren aufgeregt und nervös … .aufgeregt und nervös wäre ich in solchen Situationen natürlich auch gewesen. Nur diese Aufregung, auch wenn mich (als Beispiel) jemand angeschrien hätte endlich zu schießen, hätte mich trotzdem nicht dazu gebracht, Dinge zu tun, die ich einfach nicht kann … also gezielt auf einen Menschen zu schießen.

Das alles ist natürlich nur meine eigene Auffassung, wie ich es damals erlebt habe, warum ich so und nicht anders gedacht und gehandelt hätte.

Jeder hat diesbezüglich andere Erfahrungen gemacht und vielleicht auch anders gedacht.

Wie schon anfangs gesagt, bei diesem Thema muss man weit ausholen, um den eigenen Standpunkt halbwegs verständlich darzulegen.

Mit einem einfachen „ja oder nein" ist die obige Thread-Frage schlecht zu beantworten, da zwangsläufig als nächste Frage kommen würde „und warum????"
Falls nun einer sagen sollte: „Tja und wenn dich nun wirklich mal einer angegriffen hätte?"
Dazu hatte ich meine Waffe. Zum Eigenschutz und zur Verteidigung bei Notwehrsituationen war es natürlich okay. Im Gegenteil, sie gab mir diesbezüglich sogar die Sicherheit, dass ich über solche Eventualitäten gar nicht nachdachte.
Bei mir waren es damals die ersten Gedanken, die aufkamen, die mich auch beschäftigt hatten. Es ist ja immerhin kein Normalzustand, von „Null auf Hundert" an einer Grenze zu stehen, wo man dann bei jeder Vergatterung zu hören bekam: „Grenzverletzer vorläufig festzunehmen oder zu vernichten...den Schutz der Staatsgrenze unter allen Lagebedingungen zu gewährleisten!"
Im Februar 72 hatte ich ausgelernt, im März war die Einberufungsüberprüfung, im Mai eingezogen und im August, wegen der Olympischen Spiele (München) schon in Döhren, ein nahtloser Übergang.
Ich kann jetzt nur für die paar Leute aus meinem Zug reden, da ich nur sie genau kenne und nur mit ihnen täglich zusammen und auch im Grenzdienst war. Denen ging es ähnlich, denn diese knallharte Forderung bringt automatisch das Oberstübchen in Gange und das arbeitet dann von ganz alleine.
Für mich ist es schlecht vorstellbar, dass jemand die erste Zeit rausging, ohne sich über bestimmte Dinge Gedanken zu machen, (eventuelle Situationen), das eigene zukünftige Handeln abzuwägen, einzuschätzen, sich zu sagen, was kannst du, was machst du, was geht und was geht nicht. Die Forderung, die stand, war ja nicht aus der Luft gegriffen, sie hätte täglich, stündlich, sogar minütlich zur Realität werden können.
Bei mir hatte es jedenfalls die ersten Tage da oben diesbezüglich nur gerattert, bis für mich eine Linie klar war.
Das war jetzt keine Angst, die mich dazu getrieben hatte, auch nicht der Grundsatz, man muss Klarheit im Kopf schaffen. Das war halt so ne Automatik, wo sich der Schalter von alleine auf „on" gestellt hat.
Und ich muss sagen, danach konnte ich wirklich alles gelassen angehen. Wobei ich sagen muss, das war ein schleichender Übergang. Nicht wie bei einer Matheaufgabe, wo der Schlussstrich gezogen wird, unten das Ergebnis steht und die Sache von einer Sekunde auf die andere als abgeschlossen gilt.

Im Grunde habe ich, mit Ausnahme einiger Wintertage, den Grenzdienst genossen...halt die „Freiheit" in der Natur. Auch die Eigenverantwortung im Postenbereich gefiel mir, da man es in der Hand hatte, wie man den Tag so günstig wie möglich für sich gestalten konnte.
Nur wie gesagt, das alles kann ich nur für mich, bzw. im Rahmen mit den paar Leuten aus meinem Zug schreiben.
Verallgemeinern kann man das nicht ... blickt man zurück, sieht man es ja.
der Mensch ist ein Individuum, jeder denkt, handelt und sieht es aus einer anderen Sicht heraus. Die Ausgangspunkte sind so verschieden, wie der Mensch selbst.
Ich bin nicht der große Politisierer. Hab auch nicht das Wissen, um alles mit Fakten, Daten und historischen Hintergründen zu erklären oder zu untermauern. Ich kann nur das wiedergeben, was ich erlebt, empfunden und gedacht habe ... halt mein Leben, wie ich es gelebt hab.
In meinem allerersten Forum hatte ich damit schlechte Erfahrungen gemacht und mir eigentlich geschworen, von meinem Innersten, also von dem, wie ich dachte, es empfand, aber auch vielen privaten Hintergründen nichts mehr preiszugeben.
Nur beim Schreiben dachte ich mir, die Thread-Frage ist zwar „knallhart" und auch sehr direkt gestellt, aber warum sollte ich sie nicht beantworten. Mir war klar, ein einfaches „ja" oder „nein" genügt da nicht. Auch meinen obigen Vorsatz müsste ich über den Haufen werfen, da man diese Frage nicht mit Befehle, Anordnungen und Gesetzen rechtfertigen oder begründen kann.
Nur in dem Thread „wer war wichtig" hatte ich ja schon meine Gefühlswelt nach „außen" gekrempelt, also warum auch nicht bei dieser Frage. Na und um alles verständlich rüber zubringen, muss man halt etwas tiefer gehen. Nur Behauptungen in den Raum stellen, geht in dem Fall nicht.
Kritiker ... ja Kritiker wird es immer geben. Das hatte ich damals schon zu spüren bekommen. Ihre Schreibweise war nur immer ... „wir haben so gehandelt, wir haben so gedacht, wir hatten alle unsere Befehle, wir haben nur nach unserem Eid gehandelt".
Immer nur dieses „WIR".
Mit dem „ICH" in meinen Beiträgen, wo ich nur für mich und über mich schrieb, hatte man Probleme, man war ein Nörgler und Quertreiber. Letztendlich schrieb ich nichts mehr und wollte auch nie mehr zu sehr in mein Privatleben gehen. Wer hier Kritik üben will, der sollte diese Frage erst einmal klipp und klar für sich beantworten ... ohne

Ausflüchte und Drumherum-Reden. Denn Antworten …" „wie ich in dem Fall gehandelt hätte, weiß ich nicht, ich musste nie schießen" oder Ähnliches sind auch nur Halbheiten und geben auch keine Auskunft, denn dieses Problem, des eventuellen „Müssen" stand ja einmal und da musste man es wissen.
auch die Beweggründe verschieden sein mögen, nur ich war einer von sehr, sehr vielen. Im Endresultat haben viele so gedacht. Schon auf meinen EK-Tuch könnte ich 12 Mann zeigen, von denen ich es damals einhundertprozentig wusste.
Bei den anderen fehlt mir zwar die Sicherheit, nur bei denen würde ich auch davon ausgehen.
Es ist viel passiert … zu viel … .nur jeder wollte heil aus der Sache herauskommen, ohne irgendeinen Vorsatz.
Aber wie gesagt … es ist viel passiert … leider.
Mit freundlicher Genehmigung von Ernest, Internet Forum Deutsche Einheit, Seite Grenztruppen der DDR und Seite hättet Ihr geschossen?

Ein Erinnerungsteller zum 30. Jahrestag der GT von Grenzregiment-25 Oschersleben Mit freundlicher Genehmigung von Schlutup, Internet Forum DDR Grenze, Bildergalerie

Das Grenzgesetz
§ 27

Anwendung von Schusswaffen

(1) Die Anwendung der Schusswaffe ist die äußerste Maßnahme der Gewaltanwendung gegenüber Personen. Die Schusswaffe darf nur in solchen Fällen angewendet werden, wenn die körperliche Einwirkung ohne oder mit Hilfsmitteln erfolglos blieb oder offensichtlich keinen Erfolg verspricht. Die Anwendung von Schusswaffen gegen Personen ist erst dann zulässig, wenn durch Waffenwirkung gegen Sachen oder Tiere der Zweck nicht erreicht wird.

(2) Die Anwendung der Schusswaffe ist gerechtfertigt, um die unmittelbar bevorstehende Ausführung oder die Fortsetzung einer Straftat zu verhindern, die sich den Umständen nach als ein Verbrechen darstellt. Sie ist auch gerechtfertigt zur Ergreifung von Personen, die eines Verbrechens dringend verdächtig sind.

(3) Die Anwendung der Schusswaffe ist grundsätzlich durch Zuruf oder Abgabe eines Warnschusses anzukündigen, sofern nicht eine unmittelbar bevorstehende Gefahr nur durch die gezielte Anwendung der Schusswaffe verhindert oder beseitigt werden kann.

(4) Die Schusswaffe ist nicht anzuwenden, wenn

a) das Leben oder die Gesundheit Unbeteiligter gefährdet werden können,

b) die Personen dem äußeren Eindruck nach im Kindesalter sind oder

c) das Hoheitsgebiet eines benachbarten Staates beschossen würde.

Gegen Jugendliche und weibliche Personen sind nach Möglichkeit Schusswaffen nicht anzuwenden.

(5) Bei der Anwendung der Schusswaffe ist das Leben von Personen nach Möglichkeit zu schonen. Verletzten ist unter Beachtung, der notwendigen Sicherheitsmaßnahmen Erste Hilfe zu erweisen.

Die Verpflegungsnorm NVA und GT

Bezeichnung	ME	Grundnorm 110	Grundnorm 130	Bemerkungen
Fleisch, Wurst, Fleisch- und Wurstwaren	g	220	250	Die Verbrauchsrichtnormen können bei Einhaltung der ernährungs- physiologischen Optimalwerte
Butter	g	50	50	unter- bzw. überschritten werden,
Vollmilch/ Milcherzeugnisse	g	300	350	wenn die finanzielle Norm eingehalten wird.
Fette	g	30	40	
Eier	g	35	50	
Fisch	g	45	45	
Käse	g	35	40	
Marmelade	g	30	30	
Zucker/Süssw.	g	30	40	
Nährmittel	g	60	60	
Kartoffeln, frisch	g	800	800	
oder geschält	g	400	400	
Gemüse	g	300	350	
Obst	g	200	200	
Brot	g	300	300	
Weißbr./Gebäck	g	200	200	
Tee	g	2	2	
Gewürze	g	25	25	

Band II

Das Ausbildungsbataillon-25

Gedient in Mönchhai,
Huy

Das Reservegrenzabteilung/Ausbildungsbataillon Flechtingen und das Ausbildungsbataillon Mönchhai/Dingelstedt

Der Ort Flechtingen liegt eingebettet im Flechtinger Forst und damals ziemlich am Rand des zu sichernden Grenzabschnittes der Grenzbereitschaft Oschersleben. Das Wasserschloss Flechtingen war die Kaserne der Reservegrenzabteilung. Bis zur Grenze waren es über 10 km. Die hier stationierten Einheiten wurden das erste Mal zentral ausgebildet und somit für den Grenzdienst vorbereitet.

Die Idee war damals ein komplettes Grenzbataillon auszubilden, um es dann geschlossen an die Grenze zu versetzen, mit allen Vorgesetzten. Das dafür herausgelöste ehemalige Grenzbataillon sollte wieder nach Flechtingen versetzt werden, um es hier auszubilden. So wollten man nacheinander alle Grenzbataillon geschlossen ausbilden.

Die Veränderungen der Ausbildungseinheiten

1954 –57	keine zentrale Ausbildung
1958 –61	Reserve Grenzabteilung Flechtingen/ 25. Grenzbereitschaft Oschersleben.
	Bis zum Stab Oschersleben 34 km Luftlinie
	Der Reservegrenzabteilung Flechtingen unterstanden:
	1. – 3. Reservegrenzkompanie Flechtingen
	Reservegrenzkompanie Belsdorf
	Luftlinie zum Stab in Flechtingen 6 km
1962	Umzug der Reservegrenzabteilung Flechtingen zum Stab Gr-25 nach Oschersleben und Umbenennung zum Ausbildungsbataillon-25
	Die Unterbringung erfolgte in Baracken in dem Objekt Stab GR-25 Oschersleben.
1963	Umzug Ausbildungsbataillon-25 nach Mönchhai/Dingelstedt
	Luftlinie zum Stab GR-25 in Oschersleben 20 km
	Dem Ausbildungsbataillon-25 unterstanden:
	1. – 3. Ausbildungskompanie Mönchhai
	4. Unteroffiziersausbildungskompanie Mönchhai
1971	Auflösung des Ausbildungsbataillon-25 Mönchhai

	Bildung von Grenzausbildungsregimentern und der Unteroffiziersschule in Glöwen.
1971 – 73	Stationierung eines Ausbildungsbataillons des GAR-7 in Mönchhai.
1973	Zeitweilige Unterbringung einer Ausbildungskompanie im Objekt Mönchhai
1980	Gründung der SIK-25 und Stationierung im Objekt Mönchhai.
1989	Auflösung der SIK-25
1990	Zivile Nutzung des Objektes durch ein landwirtschaftlichen Betrieb.

Der Ortsteil Mönchhai

Der kleine Ort Mönchhai, ein Ortsteil von Dingelstedt, entstand um 1910, nachdem durch Probebohrungen Kali gefunden und im Schacht Mönchhai dasselbe gefördert wurde. Es liegt auf einem Plateau im Huy, und ist von einem Wald umgeben. Zur Ortschaft Dingelstedt führte anfangs nur ein Waldweg, eine Bahnstrecke zur Ortschaft Wilhelmshall und zum Röderhofer Teich eine Betonstraße. Um 1908 wurde die Grubenbahn von Wilhelmshall nach Mönchhai verlängert, von dem man heute noch den alten Bahndamm sehen kann. Ab 1910 wurde im Schacht Mönchhai gefördert. Wegen mangelnder Rentabilität wurde 1926 die Förderung wieder aufgegeben. Danach werden bis 1931 alle Schachtanlagen gesichert und die Schächte verschlossen.
Ab 1935 übernimmt die Heeres-Munitionsanstalt Dingelstedt (Muna) das gesamte Gelände.
Nun wurden fünf große Fabrikhalle zur Produktion von Munition und Granaten hergestellt und täglichen verließen mindestens zwei Munitionszüge Mönchhai.
Nach dem 2. Weltkrieg entsteht in Mönchhai ein Betonwerk und die Anlagen der ehemaligen Muna wurden vom Konsum als Schulungsobjekt genutzt. Später (ab 1972) wurde dieser Teil vom damals gegründeten 25. AbB (GR-25 Oschersleben) als Kaserne militärisch genutzt. Das 25. AbB wurde 1971 gegründet und war zuerst im Schloss Weferlingen untergebracht Hier war auch die Unteroffiziersausbildung (3. Zug), verantwortlich dafür Hptm. Pio…

In zwei Wohnhäusern, an der Straße nach Dingelstedt, wohnte ein paar Einwohner. Ein Teil der alten Förderanlagen waren noch vorhanden. Ein altes Maschinenhaus wurde von den militärischen Kräften als Turnhalle genutzt. Es war möglich mit dem PKW oder LKW den Waldweg nach Wilhelmshall zu befahren, wobei an einer Ecke in Wilhelmhall die Straße stark gesenkt war.

Die Bahnstrecke nach Wilhelmhalls wurde 1974 wieder abgebaut. Von der alten Bahnstrecke existiert heute nur noch die Blechbude in Wilhelmhalls (jetzt alljährliches Blechbudenfest).

Der alte Steinbruch in Richtung Dingelstedt wucherte langsam zu aber immer wieder auftauchende Fossilien zeugten noch lange davon. Die Betonstraße zum Röderhofer Teich wurde durch die täglich verkehrenden Lastkraftwagen mit Betonteilen stark zerstört, sodass große Löcher entstanden und sie immer wieder nur notdürftig geschlossen wurden. Mönchhai hatte für die Einwohner keine Einkaufsstelle, diese gab es nur im Ort Dingelstedt. Ein Einwohner von Mönchhai hatte aber vorgesorgt und verkaufte Bier, Schnaps und andere Kleinigkeiten. Es war kein offizieller Hausverkauf. Hier gingen auch die Militärangehörigen nach Feierabend hin. Man brauchte nur klingeln oder klopfen und schon erhielt man durch eine kleine Luke das Gewünschte. Im Soldatenmund nannte man diese Einrichtung „die Nase".

Wer mit der Bahn fahren wollten, musste bis zum Bahnhof Dingelstedt laufen und konnte dann entweder bis nach Dedeleben (hier war Endstation) oder bis nach Nienhagen (hier konnte man umsteigen in den Zug nach Richtung Magdeburg fahren). Man konnte aber auch über Nienhagen bis nach Halberstadt fahren. Die Bahnstrecke Dedeleben bis Nienhagen wurde am 1. August 2001 stillgelegt.

Als Sehenswürdigkeit in gleich in der Nähe der kleinen Ortschaft Mönchhai die Daneilshöhle. Der Räuber Daniel gab ihr seinen Namen. Die Höhle ist eine Erosionshöhle und wird von vielen Besuchern im Huy immer gerne angesehen.

Wer zur damaligen Zeit also von der Ortschaft wegwollte, ging zu Fuß nach Dingelstedt zur Bahn oder Bus oder er ging die Betonstraße zum Röderhofer Teich hinunter. Am Röderhofer Teich war ebenfalls eine Bushaltestelle. Hier konnte man in Richtung Halberstadt oder in Richtung Eilsdorf oder Eilenstedt zusteigen. Der Bus fuhr täglich in regelmäßigen Abständen.

```
                    • Dedeleben
                    • Vogelsdorf
                    • Badersleben
                    • Anderbeck
  Strecke Huy ⎫    • Dingelstedt
                    • Eilenstedt
                    • Schwanebeck
  Strecke Magdeb. ⎱ Nienhagen

                    • Halberstadt
```

Wie aus dieser Skizze ersichtlich, konnte man von Dingelstedt aus mit der Bahn in zwei Richtungen fahren, entweder in Richtung Dedeleben oder in Richtung Nienhagen. Wer in Richtung Dedeleben fuhr musste mit einer Kontrolle der Transportpolizei rechnen, denn es ging ins Grenzgebiet. Ab Nienhagen konnte man in Richtung Magdeburg oder in Richtung Halberstadt fahren. Ab Halberstadt ging es in alle Richtungen, sodass die Soldaten von Mönchhai mit dem LKW bis nach Halberstadt gefahren wurden. Wer aber außerhalb der Urlaubszeiten fuhr, musste selber sehen, wie er zum Zug kam.

Die Gliederung des Ausbildungsbataillon-25

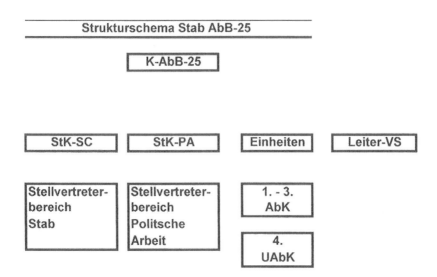

Kommandeur Dienstgrad Major
(Ihm waren direkt unterstellt)

- Stellvertreter des Bataillonskommandeurs und Stabschef Dienstgrad Hauptmann
- Stellvertreter des Bataillonskommandeurs für Politische Arbeit Dienstgrad Hauptmann
- – 3. Ausbildungs-Kompanie
- 4. Unteroffiziers-Ausbildungskompanie
- Leiter der VS-Stelle Dienstgrad Stabsfeldwebel

Strukturschema Stellvertreterbereich SC AbB-25

**Strukturschema
Stellvertreterbereich Stabschef**

- Offizier Planung Dienstgrad Oberleutnant
- Offizier Versorgung Dienstgrad Oberleutnant
- Leiter der Küche Dienstgrad Stabsfeldwebel
- Köche Zivil
- Zugführer Transport-Zug Dienstgrad Oberleutnant
- Gruppenführer Dienstgrad Unterfeldwebel
- Soldaten Dienstgrad Gefreiter
- Zugführer Versorgungs-
- Zug Dienstgrad Oberleutnant
- Gruppenführer Dienstgrad Unterfeldwebel
- Feldscher Dienstgrad Hauptmann
- Schwester Zivil
- Sachbearbeiter
- Bewaffnung Dienstgrad Stabsfeldwebel
- Sachbearbeiter
- Bekleidung/Ausrüstung Dienstgrad Stabsfeldwebel
- Sachbearbeiter
- Nachrichten Dienstgrad Stabsfeldwebel
- Heizer Zivil
- Schuster Zivil
- Sachbearbeiter
- Sicherstellung Zivil

Strukturschema Stellvertreterbereich PA AbB-25

```
         PA-AbB-25
```

| Instrukteur | Instrukteur | Instrukteur | Leiter |
| Parteiarbeit | Jugendarbeit | polit. Sch. | Bibliothek |

**Strukturschema
Stellvertreterbereich politische Arbeit**

- Instrukteur Parteiarbeit Dienstgrad Hauptmann
- Instrukteur Jugendarbeit Dienstgrad Oberleutnant
- Instrukteur Politische Schulung Dienstgrad Hauptmann
- Leiter Truppen-Bibliothek Zivil

Strukturschema 1. bis 3. AbK AbB-25

```
                    | Kompaniechef |                        | Hauptfeldwebel |

                                                            | Schreiber |

| 1.           |    | 2.           |    | 3.           |
| Zugführer    |    | Zugführer    |    | Zugführer    |

| 1. Gruppen-  |    | 1. Gruppen-  |    | 1. Gruppen-  |
| führer       |    | führer       |    | führer       |

| 12 Soldaten  |    | 12 Soldaten  |    | 12 Soldaten  |

| 2. Gruppen-  |    | 2. Gruppen-  |    | 2. Gruppen-  |
| führer       |    | führer       |    | führer       |

| 12 Soldaten  |    | 12 Soldaten  |    | 12 Soldaten  |

| 3. Gruppen-  |    | 3. Gruppen-  |    | 3. Gruppen-  |
| führer       |    | führer       |    | führer       |

| 12 Soldaten  |    | 12 Soldaten  |    | 12 Soldaten  |
```

Strukturschema 1. – 3. Ausbildungskompanie

- Kompaniechef Dienstgrad Hauptmann
- Zugführer (1. – 2. Zug) Dienstgrad Oberleutnant
- Zugführer (3. Zug) Dienstgrad Stabsfeldwebel

- Gruppenführer
Je Zug 3 Gruppenführer
1. Gruppenführer Dienstgrad Unterfeldwebel
2. + 3. Gruppenführer Dienstgrad Unteroffizier

- Soldaten
Je Gruppe 12 Soldaten

Je Gruppe
- 1 LMG-Schütze
- 1 Panzerbüchsen-Schütze (trug bei der Ausbildung eine Mpi)
- 10 Mpi-Schützen

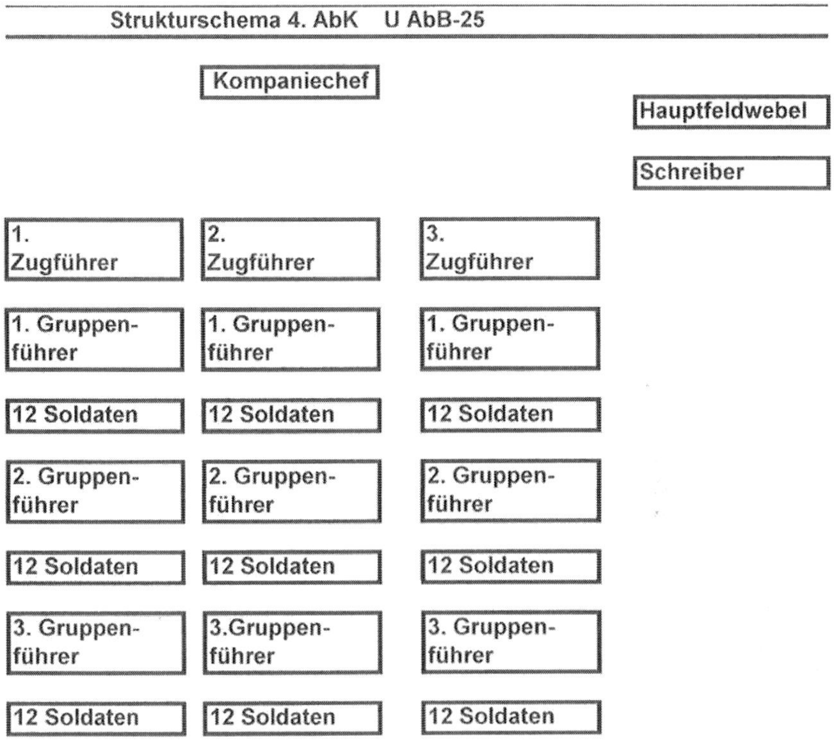

Strukturschema 4. AbK   U AbB-25

```
                    | Kompaniechef |                      | Hauptfeldwebel |

                                                          | Schreiber |

| 1. Zugführer |      | 2. Zugführer |     | 3. Zugführer |

| 1. Gruppenführer | | 1. Gruppenführer | | 1. Gruppenführer |
| 12 Soldaten |      | 12 Soldaten |      | 12 Soldaten |

| 2. Gruppenführer | | 2. Gruppenführer | | 2. Gruppenführer |
| 12 Soldaten |      | 12 Soldaten |      | 12 Soldaten |

| 3. Gruppenführer | | 3. Gruppenführer | | 3. Gruppenführer |
| 12 Soldaten |      | 12 Soldaten |      | 12 Soldaten |
```

Strukturschema 4. Unteroffiziers-Ausbildungskompanie

- Kompaniechef Dienstgrad Hauptmann
- Zugführer (1. – 2. Zug) Dienstgrad Oberleutnant
- Zugführer (3. Zug) Dienstgrad Stabsfeldwebel
- Gruppenführer

Je Zug 3 Gruppenführer
1. Gruppenführer Dienstgrad Unterfeldwebel
2. + 3. Gruppenführer Dienstgrad Unteroffizier
- Soldaten

Je Gruppe 12 Soldaten
Je Gruppe
- 1 LMG-Schütze
- 1 Panzerbüchsen-Schütze (trug bei der Ausbildung eine Mpi)
- 10 Mpi-Schützen

Allgemeines

Wohnobjekte der Berufssoldaten:
- Dingelstedt
- Anderbeck
- Eilenstedt

Der Ausgangsbereich:
Für Soldaten gab es folgenden Ausgangsbereich:
- Ortschaft Dingelstedt
- Gaststätte Huywarte

Folgende Gaststätten konnten von den Soldaten aufgesucht werden:
- Huywarte
- Ratskeller (Dingelstedt)
- Üppelquelle (Blonde Locke)
- Huywald
- Bahnhofsgaststätte
- Schwarze Locke (Volksmund)

Für Berufssoldaten zusätzlich:
Röderhof: Gaststätte Dietrich und Gambrinus

Postanschrift: 3603 Dingelstedt PF 88806

Die Objektbelegung

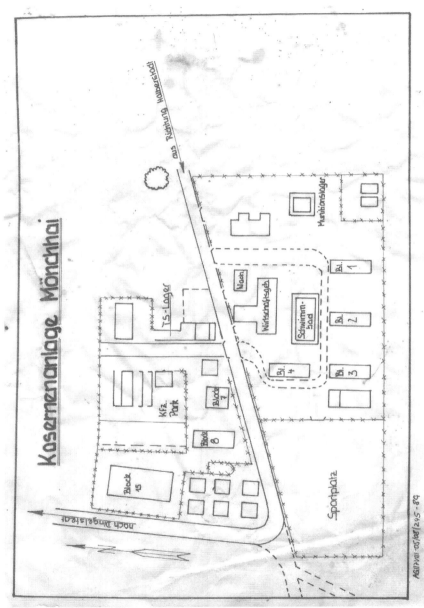

Sammlung Nadolny

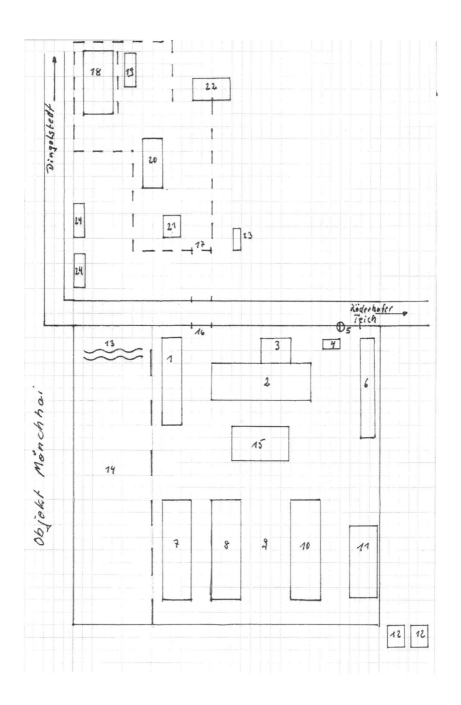

Erläuterungen:
1. Stabsgebäude, hier waren alle Dienstzimmer des Stabes untergebracht.
2. Das Küchengebäude.
3. Der Anbau, in dem sich die Küche befand mit Kellerräumen.
4. Das Wachgebäude, direkt am Haupteingang zum Objekt.
5. Der Postenstand für den Kontrolldurchlassposten.
6. Das Wirtschaftsgebäude, es stand längst zur Objektstraße.
7. Die Unterkunftsbaracke für die 1. Ausbildungskompanie.
8. Die Unterkunftsbaracke für die 2. Ausbildungskompanie.
9. Der Exerzierplatz und gleichzeitig Antreteplatz für die 2. Ausbildungskompanie.
10. Die Unterkunftsbaracke für die 3. Ausbildungskompanie
11. Das Munitionsgelände, dort wurde der Munitionsbestand für Schützenwaffen des AbB gelagert, sowie die Imitationsmittel und Platzpatronen für die Ausbildung.
12. Zwei kleine Einfamilienhäuser, in denen Offiziere wohnten.
13. Die Sturmbahn, welche 1963 errichtet wurde.
14. Der Sportplatz, welcher auch als Ausbildungsplatz für die Schieß- und Schutzausbildung genutzt wurde.
15. Der Feuerlöschteich, welcher auch als Schwimmbecken genutzt wurden. An der einen Seite waren Startblöcke errichtet worden.
16. Eingangstor, welche durch die Einheiten vom Nebenobjekt benutzt wurde. Diese wurde in der Nachtzeit verschlossen, dann durfte nur der Haupteingang am Postenpunkt 1 benutzt werden. Dieser Eingang diente auch bei Alarm für die Kfz. Zum Befahren der Objektstraße.
17. Eingangstor zum Nebenobjekt.
18. Unterkunftsgebäude Block 9 für die 4. Unteroffiziersausbildungskompanie.
19. Kfz-Park, mit Garagen, Schleppdächer und Freifläche.
20. Unterkunftsgebäude Block 8 für die Stabseinheiten.
21. Ein kleine Einfamilienhaus, es war das Ledigenwohnheim und später (ab 1971) die Unterkunft für den Stellvertreter des Kompaniechefs für Politische Arbeit der 6. AbK.
22. Das alte Maschinenhaus war die Turnhalle des AbB.
23. Die ehemalige Verkaufsstelle für die Waren des täglichen Bedarfs.
24. Vier kleine Wohnhäuser für die Einwohner von Mönchhai.

Die öffentliche Straße vom Röderhofer Teich kommend, verlief zwischen den beiden Objekten bis zum Betonwerk. Nach Dingelstedt weiter verlief nur noch ein unbefestigter Waldweg.

Vor dem Betonwerk gabelte sich die Straße und führte als unbefestigter Waldweg nach Wilhelmshall, wobei dieser Waldweg sich ebenfalls noch einmal gabelte, nach rechts ging der obere Waldweg ab um dann nach einigen hundert Metern sich wieder mit dem anderen Weg zu vereinigen. Links von dem Waldweg verlief immer noch sichtbar der alte Bahndamm. Vor Wilhelmshall gabelte sich der Waldweg abermals. Nach links bog ein nun schon breiterer Waldweg ab. Er führte in Richtung Jürgenbrunn. Hier war immer eine kleine Wasserstelle, ein kleiner Teich, woher das Wasser kam ist mir nicht bekannt. Geradeaus auf dem Waldweg entlang öffnete sich bald der Wald und Wilhelmshall lag vor einem. Am ersten Haus, wobei alle Häuser von Wilhelmshall in einer Senke liegen und mit einer Mauer von der Straße getrennt sind, hatte sich die Straße, welche ab hier begann, auf der linken Seite stark gesenkt. Wer mit dem Auto hier lag fuhr musste schon aufpassen. Von Wilhelmshall gelangte man auf der befestigten Straße nach Huy-Neinstedt und konnte dort im Ort in drei Richtungen fahren.
Da es zu dieser Zeit eigentlich keine Besuchertage gab und somit auch keinen Besucherraum und trotzdem an den Wochenende Besucher für die Soldaten kamen, spazierte sie auf der Durchgangsstraße.

Erläuterungen
Das Stabsgebäude war ein langgestreckter Bau mit nur einem Geschoss. Der Haupteingang war an der Längstseite zum Schwimmbecken hin und auf der rechten Seite.
An der Giebelseite zum Block 1 hin gab es noch einen Notausgang, der aber meistens nicht benutzt wurde und somit immer abgeschlossen war.
In der Anfangszeit des AbB war im Stabsgebäude gleich rechts das OvD-Dienstzimmer mit einem Fenster zum Hof hin. So konnte der OvD alles überblicken, hatte aber keinen direkten Einfluss auf die Wache. Einige Jahre später wurde das OvD-Zimmer in das Wachgebäude am Eingang zum Objekt verlegt.
Gleich hinter dem alten OvD-Zimmer war die VS-Stelle. Man konnte sie nicht betreten, denn sie war immer verschlossen und nur eine kleine Klappe wurde geöffnet.
Daneben schloss sich das Planungszimmer an.
Danach hatten in der Reihenfolge der Stabschef und der Kommandeur ihre Dienstzimmer. Auf der gegenüberliegenden Seite waren die Dienstzimmer des Stellvertreters des Kommandeurs für politische Arbeit und seine Instrukteure für Parteiarbeit und Jugendarbeit, sowie für Politschulung.

Im hinteren Teil waren die Toilette und ein kleiner Waschraum, sowie ein Ruheraum.
Der Diensthabende Stellvertreter des Kommandeurs, welcher auswärts wohnte und Dienst hatte, konnte hier die Nachtruhe einnehmen.
Des Weiteren gab es hier eine Tür, welche aber die meisten Zeit besonders in der Nachtzeit verschlossen war.

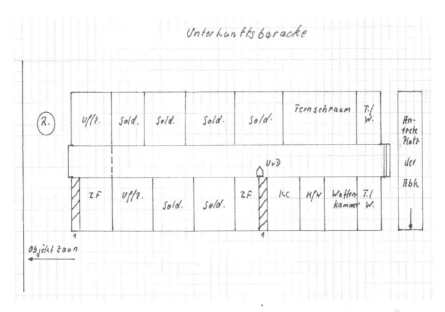

Erläuterungen:
Die Unterkunftsbaracken waren im gleichen Stil gebaut und eingerichtet.
Alle Haupteingänge waren zur Objektstraße.
Gleich hinter dem Eingang waren die Waschräume (ungefähr für 10 Soldaten immer ein Trog) und Toiletten. In den Waschräumen befanden sich große Tröge, wie man sie auch oft für die Viehtränken hatte. Daran konnten sich die Soldaten waschen.
Weiter auf der linken Seite befand sich die Waffenkammer mit einer Gittertür und Gitter vor dem Fenster.
Der Schlüssel zur Waffenkammer befand sich in einem Schlüsselkasten, welcher versiegelt war, beim UvD. Die jeweiligen Öffnungszeiten wurden in einem Buch festgehalten und wurden meistens vom Hfw oder Kompaniechef befohlen.
Gegenüber der Waffenkammer war der Fernsehraum der Kompanie, er war gleichzeitig der Schulungsraum für einen Zug.

Dieser Raum war spartanisch eingerichtet. An der Stirnseite war eine Schultafel angebracht und Schulzeichenmaterial, sowie Kreide waren vorhanden. An der linken Stirnseite war ein Fernsehgerät etwas erhöht angebracht. Einfache Tische und Bänke waren die Sitzgelegenheiten für zirka 40 Personen. Vorne standen noch ein Tisch und ein Stuhl. Die Fenster konnten mit schweren schwarzen gummiähnlichen Bezügen verdunkelt werden, wie sie aber auch an allen Dienstzimmern und Unterkünften angebracht waren.

Diese Fernsehräume wurden aller Unterkunftsbaracken wurden für die politische Schulung und für den theoretischen Unterricht genutzt, sowie für Versammlungen. Gleich neben der Waffenkammer schloss sich das Dienstzimmer des Hauptfeldwebel an. Es war durch eine Durchgangstür mit dem Dienstzimmer des Kompaniechefs verbunden.

Neben dem Dienstzimmer des Kompaniechefs war der Stand für den UvD. An der Wand war ein Brett angebracht, auf dem lag das Telefon und darunter lag das Dienstbuch und der Schlüsselkasten mit dem Waffenkammerschlüssel. Die GUvD's (Soldat) bewachten abwechselnd diesen Stand. Während ihrer Dienstzeit trugen sie ständig einen Stahlhelm und hatten eine rote Armbinde mit der Aufschrift „GUvD" am Arm umgebunden. Eine vorbildliche Anzugsordnung, blank geputzte Stiefel, eine saubere Kragenbinde, das Tragegestell und der Stahlhelm waren das Markenzeichen für den GUvD. Am UvD-Stand führte eine schmale Treppe nach oben, hier war das Reich des Hfw und des Schreibers der Einheit, nämlich die B/A-Kammer. Nur der Hfw und sein Schreiber hatten einen Schlüssel dazu. Jede zusätzliche Ausrüstung für die Soldaten, das Schanzzeug der Kompanie und was sich sonst noch ansammelte, wurde hier oben gelagert. Und auch manche nicht strukturmäßige Ausrüstung, die der Hfw sorgsam beiseite gelegt hat, um bei Zählappellen nicht aufzufallen, wurden hier versteckt. So natürlich auch immer etwas Schwarzmunition. Stand nämlich eine Überprüfung der Waffenkammer an, so kontrollierte der KC und der Hfw vorher auf Vollzähligkeit der Munition in den Magazinen. Nicht nur einmal kam es vor, dass anstelle der scharfen Munition in den Magazinen ein paar Platzmunition oder auch nur Holzstückchen vorhanden waren. Wenn auch nur eine Patronen in den Magazinen gefehlt hätte, die Folge wären nachfolgende Kontrollen, die man vermeiden wollte und das Schreiben von unangenehmen Berichten, sowie vielleicht auch Bestrafungen. Diese Schwarzmunition konnte man beim Schießen mit dem scharfen Schuss in Tanne, gut abzweigen.

Gleich neben dem Treppenaufgang war ein kleines sehr schmales Zimmer, es diente als Dienstzimmer für ein Zugführer. Gleich neben dem Fernseh-

raum und neben dem Dienstzimmer eines Zugführers schlossen sich die Dienstzimmer der Soldaten an. Diese waren spartanisch für 10 Soldaten eingerichtet.
In den Zimmern, welche alle gleich eingerichtet waren, standen fünf Doppelstockbetten, fünf Schränke (zwei Soldaten teilten sich einen Schrank), zehn Holzhocker, ein Tisch und ein Besenspind. Im Besenspind befanden sich alle Materialien, welche zur Reinigung der Reviere und der Unterkunft dienten. In jeder Unterkunft waren Holzfußböden. Am Ende des Flures waren auf beiden Seiten zwei Unterkünfte für die Gruppenführer, jeweils drei Gruppenführer in einer Unterkunft. Jetzt war der Flur durch eine Tür vom letzten Teil getrennt. Hier war auf der einen Seite eine Offiziersunterkunft und noch eine Unterkunft für Gruppenführer. Alle Zugführer, welche nicht im Standort Dingelstedt, Eilenstedt oder Anderbeck wohnten, übernachteten hier. Am Ende dieses kleinen Flures ging noch einmal eine Treppe zum Boden. Hier oben befand sich ein kleines Zimmer für den Schreiber. Eine Tür nach draußen schloss den Flur ab. An der Stirnseite der Unterkunftsbaracke war eine kleine Raucherecke und gleich dahinter der Objektzaun. Der Antreteplatz der Einheiten war unterschiedlich. Die 1. AbK hatte ihn vor der Unterkunftsbaracke auf der Marschstraße, die 2. AbK hatte ihn auf dem Exerzierplatz, die 3. AbK auch auf dem Exerzierplatz und die 4. UAbK vor dem Block 9.
Ab 22.00 Uhr wurden die Unterkunftsbaracken von den UvD`s abgeschlossen. Die Ausgänger mussten schon laut gegen die Außentür klopfen, wenn sie herein wollten.

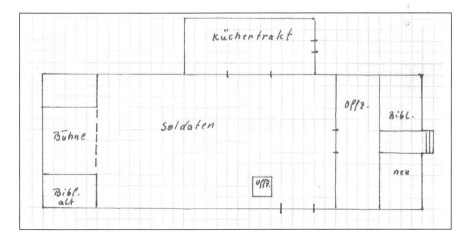

Erläuterungen:
Der Küchentrakt beherbergte die Speiseräume und die Bibliothek. Der Haupteingang zu dem Speiseraum war auf der Seite zum Schwimmbecken. Alle Einheiten, welche entweder im Exerzierschritt, Marschgesang oder als Ausnahme im Gleichschritt kamen, hielten vor dem Haupteingang an. Auf Befehl des UvD wurde jetzt in Reihe einmarschiert, wobei einmal die rechte Reihe begann und bei der nächsten Esseneinnahme die linke oder mittlere Reihe einmarschierten. Zuvor waren die Küchendienst, von jeder Gruppe ein Soldat, unter der Leitung eines GUvD hingeführt worden. Sie hatten die Aufgabe alles zur Esseneinnahme vorbereiteten und die Tische zu decken.
An der gegenüberliegenden Seite zum Haupteingang war die Esseneinnahme. Zur Mittagszeit marschierten dann die Soldaten hier einzeln vorbei und empfingen ihr Mittagsessen. Zum Frühstück und zum Abendbrot waren die Tische schon durch die Tischdienste gedeckt worden. Vom Haupteingang links, war, ebenfalls mit dem Eingang zum Schwimmbecken, der Eingang zur Bibliothek (1963). Im Speisesaal standen gleich am Eingang links die Tische für die Gruppenführer. Rechts im Speisesaal, gleich neben dem Eingang ging es hinauf zu einem kleinen Raum. Hier standen die Kinoapparate. Der Speisesaal wurde auch für Kinoveranstaltungen genutzt. Zwei Kompanie hatten gleichzeitig Platz zur Esseneinnahme. An der linken Stirnseite des Speisesaales war die Tribüne und rechts davon ein kleiner Nebenraum, mit Aufgang zur Tribünen. Gegenüber der Tribüne an der anderen Stirnseite war der Eingang zum Offiziersspeiseraum, in dem auch die Berufssoldaten ihre Mahlzeiten einnahmen. Ein besonderer Tisch war für den Kommandeur und seine Stellvertreter reserviert. Vom Offiziersspeiseraum konnte man zur späteren Bibliothek gehen. Die Bibliothek wurde nämlich in den nachfolgenden Jahren hierher verlegt. Nachdem das AbB-25 aufgelöst wurde, wurde die Bibliothek auch geschlossen (1971) und daraus entstand eine Wohnung für den Stellvertreter des Bataillonskommandeurs für die politische Arbeit, bis 1973.

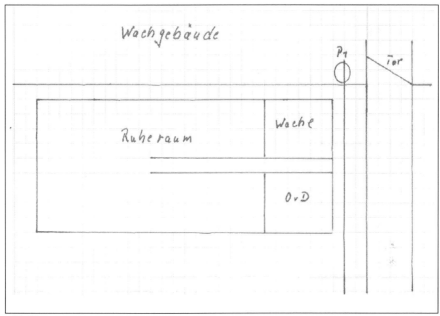

Erläuterungen:
Das Wachgebäude war ein separat stehendes einstöckiges Gebäude, das mit der Stirnseite zur Objektstraße und unmittelbar am Eingangstor stand.
Vorne links war das Dienstzimmer des OvD, welches sich in der Anfangszeit vorher im Stabsgebäude befand. Das Dienstzimmer war gleichzeitig Ruheraum des OvD. Im Dienstzimmer war ein Fenster zur Objektstraße und das andere Fenster zum Block 3 (Unterkunftsbaracke der 3. AbK), sodass der OvD alles einsehen konnte. Das Zimmer der Wache lag genau gegenüber. Der regelmäßige (zweistündliche Wachaufzug und der Postenwechsel am Kontrolldurchlassposten), konnten ebenfalls durch den OvD vom Dienstzimmer aus kontrolliert werden.
Im Wachdienstzimmer waren der Wachhabende und die Bereitschaftsposten, dessen Fenster zeigte ebenfalls zur Objektstraße.
Auch der Wachhabend konnte somit Einfluss auf seinen Kontrolldurchlassposten und auf die Aufzüge nehmen.
Im hinteren Raum des Wachgebäudes war der Ruheraum der Wache.
Ein Drittel der Wache konnte hier die Nachtruhe einnehmen.
Der Objekteingang war mit einem Gittertor in der Nachtzeit (22.00 Uhr bis 06.00 Uhr) immer geschlossen, für Personen gab es den Eingang am Kontrolldurchlassposten.

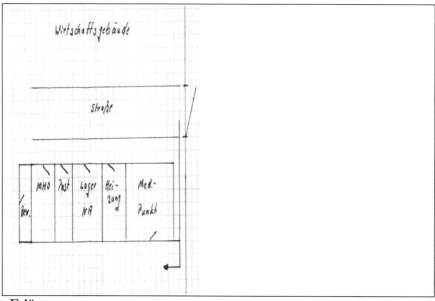

Erläuterungen:
Unmittelbar gegenüber dem Wachgebäude befand sich das Wirtschaftsgebäude.
Die Objektstraße führte direkt am Wirtschaftsgebäude vorbei. Gleich hinter dem Eingangstor führte ein kleiner Weg zum Med.-Punkt, das war der Fahrweg für den Sankra. Im Wirtschaftsgebäude befand sich also gleich links der Med.-Punkt, mit dem Eingang auf der Rückseite. Daneben schloss sich der Heizungsraum für die gesamte Objektheizung an.
Neben dem Heizungsraum war ein Lager für den Nachrichtendienst, dann kam die Post und danach die MHO (Militärhandelsorganisation).
Der kleine Verkaufsladen außerhalb des Objektes wurde geschlossen, als die MHO gegründet wurde. Die MHO als ein Bestandteil des Objektes zog in diese Räumlichkeiten um.
Alle die bisher aufgezählten Räume, außer dem Med. Punkt hatte ihre Türen zur Objektstraße.
Im letzten Raum von diesem Gebäude war der Waffentechnische Dienst untergebracht.
Er hatte die Tür an der Giebelseite, sie war noch zusätzlich mit einer Gittertür gesichert.
Zwischen diesem Wirtschaftsgebäude und dem Block 3 war ein schmaler Weg zu den zwei kleinen Häusern, in denen Offiziere wohnten.
Daneben war das kleine Munitionsgelände.

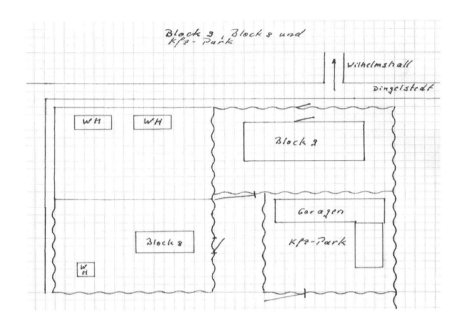

Erläuterungen:

In dem anderen Teil des Objektes, auf der anderen Seite getrennt durch die öffentliche Straße waren die Blöcke 8 und 9, das Ledigenwohnheim, der Kfz.-Park mit den Garagen und die Turnhalle.

Auch dieses Objekt war mit einem Maschendrathzaun als Objektzaun versehen. Es grenzte zur einer Seite an das Betonwerk, einem Teilwerk von Magdeburg, zu einer anderen Seite an die zwei Wohnhäuser von Zivilisten und an die öffentliche Straße.

Diese Nebenobjekt wurde in der Nachtzeit durch einen Posten der Wache gesichert.

Das Ledigenwohnheim war ein kleines viereckiges einstöckiges Haus. Hier wohnten die ledigen Offiziere und Berufssoldaten. Nach der Auflösung des AbB-25 und der Gründung des GAR-7, wohnte hier der Stellvertreter des Kompaniechefs für politische Arbeit der 6. AbK.

Der Block 8 war eine einstöckige Baracke, hier waren die Stabseinheiten untergebracht.

Im Kfz-Park war die gesamte Kfz-Technik untergebracht. Ein sehr geringer Teil der Kfz standen in den Garagen. Der weit aus größere Teil aber unter den Schleppdächern. Diese wurden später in Eigeninitiative durch die Soldaten des Transportzuges verkleidet und einigermaßen dicht gemacht. Die Kfz sollten nicht so der Witterung ausgesetzt werden, damit die Batte-

rien nicht im Winter darunter leiden. Es kam nämlich oft vor, dass bei strengem Frost die Kfz nicht ansprangen und deshalb abgeschleppt werden mussten.
Das zu diesem Teilobjekt gehörende Tor, wurde am Tage immer verschlossen gehalten aber nicht durch einen zusätzlichen Posten gesichert.

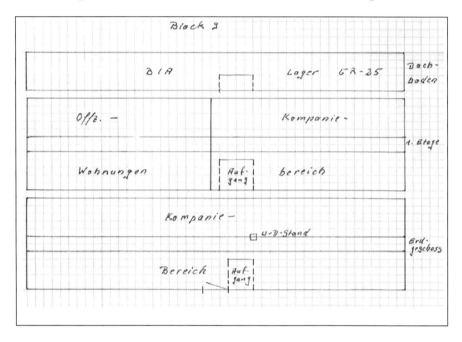

Erläuterungen:
Im Block 9 war die 4. Unteroffiziersausbildungskompanie untergebracht. In den Anfangszeiten (um 1963) waren im oberen Flur Offizierswohnungen und die Poststelle untergebracht.
Die hier untergebrachte Einheit belegte nur den unteren Flur und den Block 8. Später nutzte die 4. UAbK den gesamten
Block 9. Der Haupteingang war zur Straßenseite und wurde ab 22.00 Uhr verschlossen. Wer jetzt noch hinein wollte musste laut klopfen, damit der UvD es auch hörte und öffnen konnte. Im Keller waren nicht nur Räume für die materiellen Sachen der UAbK, sondern auch die Räumlichkeiten für den Schuster und den Sichersteller.
Der Stand für den UvD war unmittelbar am Eingang im Erdgeschoss. Hier war ein Brett an der Wand angebracht und darauf stand das Kompanietele-

fon. Unter dem Brett lag das Dienstbuch und der Kasten mit dem Waffenkammerschlüssel.
Im Dachgeschoss war ein Teil des B/A-Lagers vom GR-25 untergebracht.
Als zum späteren Zeitpunkt das AbB-25 nicht mehr existierte und das GAR-7 gegründet wurde, waren hier die großen Zelte untergebracht, mit allem Zubehör.
In den ersten zwei Jahren des GAR-7, als noch zwei Einheiten im Hauptteil des Objektes untergebracht waren, wurden für die Zugführer und Kompaniechefs jeweils Unterkünfte hergerichtet.
Zur Zeit der SIK-25 war auch zeitweise eine AbK in diesem Block 9 Untergezogen.
Zur Zeit des GAR-7 wurden Teile der Räume im Block 9, wenn bei Alarm das GAR-7 im Huy einen Sammelraum bezog, als Führungspunkt des Regimentsstabes benutzt.

Die Kommandeure

1961 - 1965	Hauptmann Hollubeck
1965 – 1971	Major Linde
1971 – 1973	Oberstleutnant Pfaffe

Kurzer zeitlicher Abriss

1961	Die jetzige Ausbildung von Unteroffizieren erfolgte zentral im Schloss Flechtingen als 3. Zug der gegründeten Ausbildungseinheit. Diese Ausbildungseinheit unterstand dem neu gegründeten GR-25.
1962	Verlegung der Ausbildungseinheiten nach Mönchhai
1962	***AbB-25 Mönchhai*** Die Ausbildung erfolgt halbjährlich. Einberufung jedes Jahr am 3. und 4. Mai und 3. und 4. November. Halbjährlich mindestens eine Verlegung jedes Zuges zum Stab 7. Grenzbrigade zur Wachgestellung nach Magdeburg. Einmal halbjährlich Verlegung zum Truppenübungsplatz nach Hintersee.

	Abversetzung zu den Linieneinheiten: An einem Tag, meistens der letzte Freitag im Monat April und im Monat Oktober des Jahres. Vereidigung jedes Halbjahr, zweite Woche in der Grundausbildung, sehr oft der Ex-Platz im AbB-25, aber auch Osterwieck oder Oschersleben.
1968	Verstärkte Grenzsicherung wegen der Krise in der CSSR, zeitweiliger Einsatz von Kräften an der Grenze zur CSSR.
1971	Eröffnung der Unteroffiziersschule VI in Glöwen und Unteroffiziersschule VII in Potsdam.
1971	Bildung der Grenzkommandos Grenzkommando Nord Stendal - GR-6 Schönberg „Hans Kollwitz" - GR-8 Grabow „Robert Abshagen" - GR-24 Salzwedel „Wilhelm Bahnik" - GR-25 Oschersleben „Neidhardt von Gneisenau" - (1968 Orden „Banner der Arbeit") - GR-20 Halberstadt „Martin Schwantes"
1971	Bildung der Grenzausbildungsregimenter Grenzkommando Nord Stendal: - GAR-5, Glöwen „Gustav Sobottka" - GAR-7, Halberstadt „Martin Hoop" zuerst - AbB Magdeburg - Direkt unterstellte Einheiten Halberstadt - *AbB Mönchhai* 3 Ausbildungskompanien Grenzkommando Süd, „Herbert Jahn" GAR-11, Eisenach „Theodor Neubauer" GAR-12, Rudolstadt „Rudi Arnstadt"(ab 84 verlegt nach Plauen) Grenzkommando Mitte, Berlin-Karlshorst GAR-39, Berlin Rahnsdorf „Ho Chi Minh" GAR-40, Oranienburg „Hans Coppi"
1971	Eröffnung der Unteroffiziersschule in Glöwen (US IV) und in Potsdam (US VII).
1971	Ausbildung der Fähnriche dezentral, wurde aber auch den schon bestehenden Schulen angegliedert.

1971	Bei den GT erfolgte die Fähnrichausbildung bis 1984 teilweise in Mönchhai und in Nordhausen.
1973	Auflösung AbB Mönchhai und Umzug der AbK`n nach Halberstadt
1973	Eröffnung der Unteroffiziersschule VI in Perleberg. „Egon Schulz"
Ab 1979	Formierung der **SIK-25 Mönchhai**
Anfang 1980	Beginn der Ausbildung der **SIK-25 Mönchhai**
1982	Zeitweise Unterbringung von einer AbK (8. AbK) im Objekt Mönchhai
1984	Eröffnung der Offiziershochschule „Rosa Luxemburg" in Suhl.
1984	Zentrale Fähnrichausbildung der GT in Suhl.
1989	Umstrukturierung der Grenztruppen Das Grenzkommando Nord wird aufgelöst und Aufstellung von Grenzbezirkskommandos.
1989	Aus dem Grenzausbildungsregiment-7 wird das Grenzsausbildungszentrum-16, Halberstadt (Es sollte 12 Ausbildungskompanie bekommen) und aus dem GAR 11 und 12 wird das GAZ-36. beide GAZ werden dem Kommando der GT direkt unterstellt.
30.09.1990	Auflösung der GT und somit Auflösung der SIK-25

Die Ausbildungsplätze

Im Objekt

Im Objekt Mönchhai gab es folgende Ausbildungsplätze:
Der Exerzierplatz, welcher zwischen dem Block 2 und dem Block 3 lag und besonders für die Exerzierausbildung aber auch für die Schutzausbildung genutzt wurde.

Die Objektstraße

Sie wurde genutzt für die Exerzierausbildung, für den Frühsport und für das richtige Marschieren mit Marschgesang.

Der Sportplatz
Er wurde genutzt für die MKE-Ausbildung, die Schutzausbildung, die Schießausbildung, die Nachrichtenausbildung und für Teile der Gefechtsausbildung. 1965 wurde die neue Sturmbahn errichtet, ab diesem Zeitpunkt wurde die Sturmbahnausbildung hier durchgeführt.

Waldstück nördlich des Waldweges nach Wilhelmshall
In diesem Waldstück wurden Teile der Grenzausbildung durchgeführt.

Der chemische Platz und Panzernahbekämpfungsplatz
Das war der Platz von der Straße nach Halberstadt links abbiegend in Richtung Sandgrube. Hinter der Sandgrube in Richtung Halberstadt war die beiden dicht aneinander grenzende Ausbildungsplätze. Von Halberstadt aus war der etwas erhöht stehende Panzer gut zu sehen. Auf diesem Platz wurden Teile der chemischen Ausbildung (CU-64 Übung) und die Panzernahbekämpfung durchgeführt.
In der davor liegenden Sandgrube wurden Mutproben (das Springen in eine tiefe Grube, etwa drei Meter) durchgeführt.

Die Marschwege

Zum Ausbildungsgelände Paulskopf

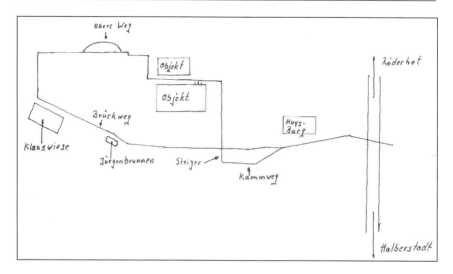

Zum Ausbildungsgelände Paulskopf wurde immer der kürzere Weg genommen. Jede Ausbildung auf dem Paulskopf per Fußmarsch unter der Mitnahme der Ausbildungsmaterialien durchgeführt. Lediglich das Mittagsessen brachte der Hauptfeldwebel der jeweiligen Einheit mit dem Auto dorthin.

Auf dem Antreteplatz der Kompanie wurden die Ausbildungsmaterialien gleichmäßig verteilt und von den Gruppenführern die Marschbereitschaft kontrolliert. Danach traten die Gruppenführer in ihren Gruppen ein aber zwei Gruppenführer marschierten immer hinter der Kompanie, um darauf zu achten, dass keiner zurückfällt. Vor der Kompanie marschierte ein Gruppenführer mit einem Flaggensatz (rotgelb), das gleiche hatte ein Gruppenführer, welcher hinter der Kompanie marschierte. Beide hatten die Aufgabe bei Näherkommen von Fahrzeugen, diese durch das Flaggenzeichen „Rot" zu stoppen.

War die Kompanie marschbereit übernahm meistens ein Zugführer (wenn alle Zugführer zur Ausbildung mitkamen, immer der erste Zugführer) das Kommando und es wurde losmarschiert.

Entlang der Objektstraße zur Wache, hier wurde die Einheit zum Ausbildungsgelände abgemeldet.

Hinter dem Objekttor ging es auf der öffentlichen Straße nach rechts in Richtung Röderhofer Teich. Kurz bevor die Straße in das Waldgebiet eindringt, wurde die Straße verlassen und gerade aus marschiert. An der Gabelung mit dem Brückweg beginnt nach wenigen Metern der Steier, ein auf kurzer Entfernung sehr steile Anstieg. Nach die Soldaten schon mit der Schutzmaske vertraut gemacht wurden, kam hier immer das Kommando „Gas". Die Soldaten mussten entsprechend der Norm die Schutzmaske aufsetzen und dann wurde nach kurzer Kontrolle weiter marschiert. Ab hier war es deshalb so günstig unter der Schutzmaske zu marschieren, da hier keine Autos fuhren und die Soldaten sich so an das längere Tragen der Schutzmaske gewöhnen konnten.

Den Steier hinauf wurde natürlich langsam marschiert, damit auch jeder mitkam. Der Steier mündet in den Kammweg und oben angekommen wurde in Richtung Huysburg weiter marschiert. Kurz vor der Huysburg kam meistens das Kommando „Halt! Schutzmasken absetzen!"

Die Soldaten setzten ihre Schutzmasken wieder ab und dann sah man anhand ihrer Gesichter, wer schon etwas trainiert war und wer sich sehr anstrengen musste. Jeder Soldat drehte seine Schutzmaske auch ohne Befehl um, damit sie austrocknen konnt. Diesen kurzen Halt nutzten ein teil der Vorgesetzten immer aus, um in die Kantine des Altenheimes einzukaufen. Der Marsch wurde jetzt auf der öffentlichen Straße Richtung

Verbindungsstraße Röderhof Halberstadt fortgesetzt. Da hier wieder mit Autos zu rechnen war, mussten die Gruppenführer mit ihren Flaggensätzen Abstand von der Kompanie halten, um rechtzeitig auf die ankommenden Autos zu reagieren. Kurz bevor die Verbindungsstraße Röderhof nach Halberstadt überquert werden konnte, wurde die Kompanie angehalten. Beide Gruppenführer erhielten den Befehl auf beiden Seiten der Verbindungsstraße alle ankommenden Autos anzuhalten (Bei Nachtmärschen wurden die Taschenlampen dafür genutzt).
Wenn sich der kommandierende Zugführer davon überzeugt hatte, dass alles abgesperrt war, durfte die Kompanie im schnellen Gang die Straße überqueren.
Auf dem nun folgenden Parkplatz auf der anderen Straßenseite wurde die Kompanie wieder als Marschkolonne aufgestellt und weiter auf der Betonstraße in Richtung Paulskopf marschiert. Die Betonstraße endete nach etwa einen Kilometer und ein schmaler Fußweg (von den Gruppenführern wurde er als Tangoweg bezeichnet, nur wer in Nacht hier lang marschieren musste, ahnte auch, warum es diese Bezeichnung gab. Man konnte nichts sehen und schaukelte wie beim Tango hin und her). Auf diesem Weg ging es bis zum Ausbildungsgelände Paulskopf. Man kam auf der Höhe nahe der Paulskopfwarte heraus und in Richtung Halberstadt lag die große Wiese mit den vielen Obstbäumen, besonders Birnen. Die Wiese wurde rechts und links durch zwei hohe Hecken begrenzt, unten war ein Feldweg die Begrenzung und oben war die Höhe. Auf dieser Wiese wurde die Grenzausbildung durchgeführt.
Die Schießausbildung und die Gefechtsausbildung wurden auf der anderen Seite, einer länglichen Ebene mit kleinen Sträuchern durchgeführt.

Zur Sandgrube und zum chemischen Platz

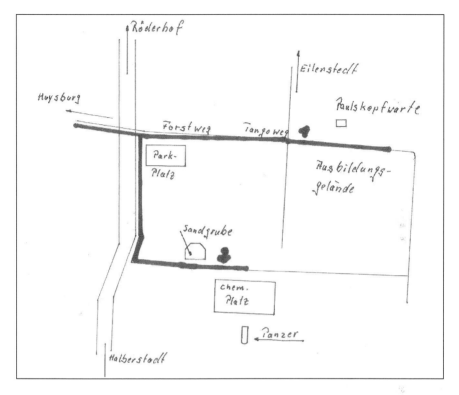

Während man zum Paulskopf den Marschweg 1 benutzte, wurde zur Sandgrube und dem chemischen Platz mit angrenzenden Panzernahbekämpfungsplatz der Marschweg 2 benutzt.
Bis über der Ortsverbindungsstraße Röderhof Halberstadt war es der gleiche Anmarschweg.
Auf der anderen Straßenseite der Ortsverbindungsstraße wurde nicht gerade aus weiter marschiert sondern im Straßengraben oder dicht am Waldrand in Richtung Halberstadt. Nach einigen Biegungen der Straße führte ein normaler Waldweg links ab. Nach einiger Zeit gelangte man zur Sandgrube, hier konnte man entweder rechts vorbei zum chemischen Platz oder es ging durch die Sandgrube. Es war sehr weicher gelber Sand in der Grube, der einen Sprung aus der Höhe gut abfederte. Zwei Gruppenführer sprangen zuerst hinunter und sicherten dann unten ab. Danach folgten alle Soldaten in kurzen Abständen. Es wurde immer darauf geachtet, das keine

Verletzungen auftraten. Danach begann die vorgesehene Ausbildung auf den Plätzen.
Der Rückmarsch für alle Ausbildungsplätze zum Objekt Mönchhai war die gleiche Wegstrecke wie beim Hinmarsch.
Auf die Einlage „Gas" wurde auf dem Rückmarsch meistens verzichtet.

Bei Überprüfungskomplexen

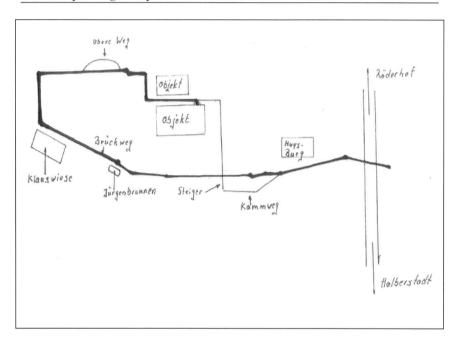

Alle Überprüfungskomplexe begannen mit einem Alarm in den Morgenstunden, meisten gegen fünf Uhr.
Nach dem Herstellen der Marschbereitschaft und dem Festlegen der Sicherungsposten begann der Marsch der geschlossenen Kompanie, das heißt alle Vorgesetzten mit der Ausnahme des Hauptfeldwebel und des Schreiber nahmen an dem Marsch teil

Zum Bahnhof Halberstadt

Zum Urlaubsantritt wurden die Soldaten zum Hauptbahnhof Halberstadt gefahren. Die Fahrstrecke war aus dem Objekt Mönchhai in Richtung

Röderhofer Teich und dann auf der Ortsverbindungsstraße Röderhof nach Halberstadt, dabei wurde die Ortschaft Neu Runstedt (ein Ortsteil von Halberstadt) durchfahren. In Halberstadt wurden folgende Straßen befahren:
- Huystraße
- Bleichstraße
- Schützenstraße
- Magdeburger Straße
- Bahnhofstraße
- Parkplatz Bahnhof (Seitenausgang des Bahnhofs)

Zum Schießplatz Tanne

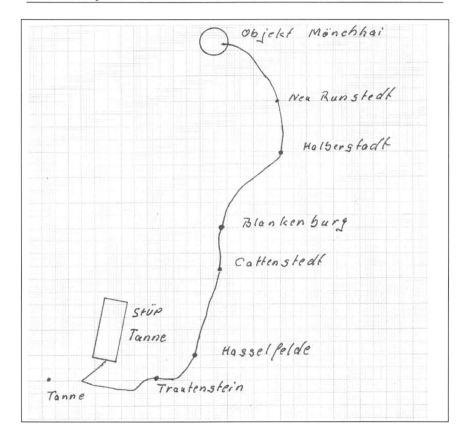

Zum Schießen mit dem scharfen Schuss auf dem Schießplatz in Tanne verlegte die gesamte Kompanie im Lkw-Transport.
Gefahren wurde aus dem Objekt Mönchhai über Neu Runstedt nach Halberstadt. In Halberstadt wurden folgende Straßen benutzt:
- Huychaussee
- Röderhofer Straße
- Am Burchardianger
- Sternstraße
- Wernigeröder Straße
- Harzstraße

Danach in Richtung Blankenburg auf der Fernverkehrsstraße 81, vorbei am Pfeifenkrug, durch Blankenburg, immer auf der Fernverkehrsstraße 81 in Richtung Cattenstedt. Von Cattenstedt nach Hasselfelde über Wendefurt und vorbei an der Köhlerei. Durch Hasselfelde weiter auf der 81 bis zur Straßengabelung Rotacker.

Hinter Hasselfelde wurde die Fernverkehrsstraße 81 verlassen und rechts abgebogen in Richtung Trautenstein (Straße 242). Durch die Ortschaft Trautenstein bis zur Abzweigung Benneckenstein, dann weiter nach rechts in Richtung Tanne (242). Vor dem Ort Tanne ging es einen Waldweg nach rechts in Richtung Schießplatz. In zirka 200 Meter war der Schießplatz Tanne erreicht.

Wachgestellung

7. Grenzbrigade Magdeburg

Das Ausbildungsbataillon Mönchhai musste nach der Grundausbildung jeweils für eine Woche einen Zug unter der Leitung des Zugführers zur Wachgestellung in das Objekt der 7. Grenzbrigade nach Magdeburg stellen. Der Zug übernahm die Objektwache und der Zugführer wurde teilweise für ein oder mehrere Male als OvD eingesetzt.

Die Marschstrecke nach Magdeburg war
- Objekt Mönchhai,
- Halberstadt,
- Gröningen,
- Kroppenstedt,
- Egeln,
- Langenweddingen,
- Magdeburg bis zum Objekt 7. Grenzbrigade.

Als Marschstraße wurde die alte Fernverkehrsstraße 81 genommen.

Die Ausbildung

Die Ausbildung erfolgte in einem halben Jahr und begann mit der Einberufung, der Grundausbildung, der Einzel- und Zugausbildung, den Überprüfungskomplexen, der Verlegung in das Sommer- beziehungsweise Winterlager nach Hintersee (Kreis Ueckermünde, an der polnischen Grenze) und der Abversetzung in die Linieneinheiten (Grenzkompanien).

Die Einberufung

Sie war jeweils am 3. oder 4. Mai und 3. oder 4. November jeden Jahres, zu dieser Zeit gab es noch keine Vierteljährliche Ausbildung.
Die Soldaten kamen in Sonderzüge auf den Bahnhof in Halberstadt an und wurden von hier mit LKW nach Dingelstedt gefahren. Einzelne Einberufene kamen auch auf dem Bahnhof Dingelstedt an und mussten zu Fuß bis zum Objekt Mönchhai gehen.
Auf dem Exerzierplatz begann die Verteilung der Soldaten auf die jeweiligen Kompanien, Züge und Gruppen.
Die Gruppen marschierten dann unter der Leitung ihrer Gruppenführer zu den nach einem besonderen Ablauf festgelegten Stationen.
Station: Einkleidung, war in der Turnhalle.
Station: Untersuchung war im Med. Punkt.
Station: Friseur war in einer Kompanie. Die Friseure kamen aus den umliegenden Dörfern. In den nächsten Monaten kam immer der Friseur aus Dingelstedt zu der jeweiligen Einheit. Vom Hauptfeldwebel bekam er dann die Kompanieliste und rief die einzelnen Soldaten nach der Liste auf.
Station: Esseneinnahme, war im Speiseraum.
Station: Achtertest, war im Objekt.
Das Einräumen der Spinte war unter der Leitung der Gruppenführer auf den jeweiligen Soldatenunterkünften.
Bevor die Bekleidung und Ausrüstung aber in den Spinten eingeräumt wurde, war ein Vollzähligkeitsappell unter der Leitung des Hauptfeldwebels. In der freien verbleibenden Zeit mussten die Soldaten ihren Namen in den verschiedensten Bekleidungsstücken sticken.
Der Sonntag war der letzte Tag der Einberufungswoche und schloss mit dem Schreiben eines Briefes an die Angehörigen ab.

Die Grundausbildung

Am Montag begann die Grundausbildung der Soldaten in den Ausbildungsfächern:

Politische Schulung, Dienstvorschriften, Exerzierausbildung, Schießausbildung, Schutzausbildung, Gefechtsausbildung, militärische Körperertüchtigung und die Grenzausbildung.
Die Grundausbildung begann mit der Übergabe der persönlichen Bewaffnung an die Soldaten durch Arbeiterveteranen und Angehörigen der Kampfgruppen auf dem Exerzierplatz. Der danach folgende erste unbeholfene Vorbeimarsch war der eigentliche Beginn der Grundausbildung.
Folgende Ausbildungsfächer wurden im Objekt durchgeführt.

Die politische Schulung

Das war ein Hauptausbildungsfach und durfte auf keinen Fall gekürzt oder ausfallen. Die politische Schulung wurde in den Fernsehräumen der Einheiten durchgeführt. Dazu kamen extra aus dem Regimentsstab Oschersleben die Instrukteure für die politische Schulung.
Dienstvorschriften in den vorhandenen Fernsehräumen des Objektes nach einem festgelegten Plan.
Der Inhalt waren die Grundelement und Verhaltensweisen eines Grenzsoldaten, die Belehrungen über das Verhalten der Grenzsoldaten.
Exerzierausbildung in erster Linie auf dem Exerzierplatz aber auch auf den Objektstraßen.
Ausbildungsinhalte waren: Grundstellung, Grüßen, Marschieren in der Gruppe und im Zug.
Schutzausbildung auf dem Sportplatz des AbB.
Ausbildungsinhalte waren: Das Aufsetzen der persönlichen Schutzmaske nach Zeit (Normen), das Anlegen des Schutzumhanges.
MKE (militärische Körperertüchtigung) wurde auf dem Sportplatz oder im umliegenden Waldgelände durchgeführt.
Ausbildungsinhalte waren: Ausdauertraining und Krafttraining.
Die Grenzausbildung, die Gefechtsausbildung und die Schießausbildung wurden in Komplexen zusammengefasst und auf dem Paulskopf oder auf dem chemischen Platz in der Nähe der Sandgrube durchgeführt.
Schießausbildung:
Ausbildungsinhalte der Schießausbildung waren: Das Kennenlernen der persönlichen Waffe, das Training in Vorbereitung des Schießens der Grundübung auf unbewegliche Ziele, das Schießen der Grundübung auf dem Schießplatz in Tanne (in der ersten Zeit des Bestehens des Ausbildungsbataillons in Mönchhai wurde noch auf dem Schießplatz Münchehof vor Quedlinburg geschossen).
Grenzausbildung, Ausbildungsinhalte:

In der Grenzausbildung wurden die Grundbegriffe eines Grenzposten als Beobachtungsposten, als Grenzstreife und die Kontrolle von Personen und Fahrzeuge gelehrt.
Gefechtsausbildung, Ausbildungsinhalte:
Es wurden die Elemente Aufstehen, in Stellung gehen, Kriechen, Gleiten und Sprünge gelehrt.
Auf die physische Ausbildung in Ausdauer und Marsch wurde großen Wert gelegt.

Die Vereidigung

Nach ungefähr zwei Wochen Grundausbildung war an einem Wochenende, samstags oder sonntags die Vereidigung, meistens auf dem Exerzierplatz im Objekt Mönchhai. Dazu wurde in Vorbereitung der Vorbeimarsch von allen Kompanien hart trainiert. Da, die wenige Zeit in der Ausbildung, dazu nicht ausreichte, wurde in der Freizeit trainiert. Kein Kompaniechef wollte sich am Tage der Vereidigung blamieren. Nach der Vereidigung gab es den ersten Ausgang nach Dingelstedt, Röderhof oder der Huywarte.

Abschluss der Grundausbildung

Den Abschluss der Grundausbildung bildete ein Überprüfungskomplex auf dem Ausbildungsplatz Paulskopf.
Der Überprüfungskomplex begann mit einem Alarm, gegen fünf Uhr. Nach der Herstellung der Marschbereitschaft erfolgte der Fußmarsch auf der schon dargelegten Marschstrecke für Überprüfungen, mit einer festgelegten Strecke mit aufgesetzter Schutzmaske.
Auf dem Paulskopf angekommen, begannen nach einer ganz kurzen Rast und Sammeln der Einheit die Überprüfungen.
Inhalte:
1. Bau von 8-Mann-Zelten, Anlegen von Feuerstellen, sowie das Herstellen von Halterungen zum Abstellen der persönlichen Waffen.
2. Die Abnahme von Normen in der Grenzausbildung, Gefechtsausbildung und Schutzausbildung.
3. Die Essenneinnahme, durch das persönliche Kochen der Mittagsmahlzeit. Vorherige Ausgabe der Komplekte durch den Hauptfeldwebel.
4. Das Abbauen der Zelte und Herstellen der Marschbereitschaft.
5. Der Rückmarsch zum Objekt.

Die Profilausbildung
Die Profilausbildung umfasste eine Woche und erfolgte im Objekt Mönchhai, mit der Ausnahme der Panzerbüchsenschützen. Diese wurden zentral auf dem Schießplatz in Tanne ausgebildet.
In der Profilwoche wurden folgende Profile ausgebildet:
- Stellvertretende Gruppenführer
- LMG-Schützen
- Panzerbüchsenschützen
- Funker
- NPKCA
- Sanitäter
- Köche
- Brandschutzgruppe
- Filmvorführer

Nach dem Abschluss der Profilausbildung waren die Kompanien gefechtsbereit und das gesamte Bataillon konnte zu gefechtsmäßigen Handlungen und Einsätzen an der Staatsgrenze zur Sicherung des Hinterlandes eingesetzt werden.

Ausgang und Urlaub
Nach der Vereidigung gab es den ersten Gruppenausgang unter der Leitung des Gruppenführers. Ziel des Gruppenausganges war es die Ortschaft Dingelstedt mit seinen Gaststätten oder die Gaststätte Huywarte kennenzulernen.
Den eigentlichen Abschluss der Grundausbildung bildete der erste Urlaub der Soldaten nach etwa vier Wochen Ausbildung. Hier wurde besonders durch die Vorgesetzten auf eine hervorragende Ordnung in den Spinten und Unterkünften geachtet. Beim Urlaubsappell wurde die Anzugsordnung besonders kritisch beurteilt. Die Soldaten wurden anschließend, nach dem jeder seine Militärrückfahrkarte bekommen hatte, zum Bahnhof Halberstadt gefahren.

Die Einzelausbildung
Nach dem verlängerten Kurzurlaub, wobei immer nur eine Kompanie im Urlaub war, begann die Einzelausbildung. Hier wurden das Wissen und die Fertigkeiten der Grundausbildung vertieft und besonders die Element des Grenzposten aber auch schon des Postenführers und auch weitere Elemente der Gefechtsausbildung trainiert.

Die Grenzausbildung

Als Ausbildungsplatz die Grenzausbildung wurde der Paulskopf genutzt, nur in Ausnahmefällen wurde das Waldstück nördlich des Weges Mönchhai nach Wilhelmshall genommen. Durch das Zusammenfassen der einzelnen Ausbildungsstunden zu Komplexen in der Tag- und Nachtausbildung wurde eine straffe Ausbildung organisiert.
Die geforderten Normen, welche damals schon bestanden, wurden während der Ausbildung trainiert und abgenommen.

Die Taktikausbildung

Sie wurde ausschließlich auf dem Paulskopf im Rahmen der Gruppe und des Zuges durchgeführt. Die Pionierausbildung, das Ausheben der Schützenmulde und des Schützenloches, sowie der Stellung der gruppe wurde mit der Taktikausbildung verbunden. Die neu eingeführte Panzernahbekämpfung fand auf dem dafür vorgesehenen Platz hinter der Sandgrube, neben dem chemischen Platz statt, dafür war der feststehende Panzer dorthin gebracht worden.

Die Schießausbildung

Sie wurde teilweise auf dem Paulskopf , auf dem Gelände der Gefechtsausbildung oder auch auf dem Sportplatz im Objekt durchgeführt. Dabei wurde auf unbewegliche und bewegliche Ziele bei Tag und in der Nacht trainiert. Zuerst auf dem Schießplatz Münchehof und dann später auf dem Schießplatz Tanne wurden die erforderlichen Übungen geschossen, ebenfalls das Werfen mit der Splitterhandgranate.

Die Schutzausbildung

In der Schutzausbildung wurde weiterhin das Aufsetzen der persönlichen Schutzmaske nach Normen trainiert, dazu kam das Anziehen des Schutzumhanges nach Zeit. Diese fand meistens im Objekt statt. Den Abschluss bildete die Übung mit radioaktiven Stoffen auf den chemischen Platz.

Die MKE

Sie wurde ausschließlich im Objekt oder die Ausdauerläufe in Objektnähe durchgeführt.
Die durchzuführenden Komplexüberprüfungen mit Alarm und Märschen fanden ausschließlich auf dem Paulskopf statt.

Das Sommer- oder Winterlager in Hintersee

Einmal im Halbjahr fand eine Verlegung des gesamten Ausbildungsbataillons im Eisenbahntransport zum Feldlager Hintersee bei Ueckermünde, nähe der polnischen Grenze, statt. Die Zeit des Feldlager betrug meistens zwei Wochen. Jede Ausbildungskompanie war dezentralisiert in Zelten untergebracht, versorgte und sicherte sich selber und führte normale Ausbildung durch.

Ein Vorkommando, was ungefähr eine Woche vorher hinfuhr, baute schon die einzelnen Zelte auf. Das Einrichten der Zelte mussten die Ausbildungskompanien selber durchführen.

An Ausbildung wurde meisten Gefechts- und Grenzausbildung durchgeführt.

Die Hinfahrt mit der Eisenbahn (der Verladebahnhof war der Güterbahnhof Halberstadt) erfolgte gefechtsmäßig und immer musste man damit rechnen, das der Eisenbahntransport gestoppt wurde und das ein längerer Fußmarsch beginnt.

Die Rückfahrt mit der Eisenbahn begann mit einem Fußmarsch bis zum Verladebahnhof Hoppenwalde.

Die Vorbereitung auf die Verlegung

In der Zeit der Vorbereitung auf die Verlegung, einen bis zwei Tage vorher, wurde in der Ausbildungskompanie durch den Kompaniechef festgelegt, was alles mitgenommen werden sollte. Der Hauptfeld organisierte das Herauslegen der mitzunehmenden Materialien und die Zugführer organisierten das Packen der Teil I und Teil II durch die Soldaten. Die Soldaten hatten außer ihr Teil I und Teil II und ihrer Bewaffnung nichts anderes mitzunehmen. Weitere Ausrüstung, wie Sportzeug, Wasch- und Rasierzeug wurden mit verpackt.

Rechtzeitig fuhr das Marschband der Kfz auf, für jede Ausbildungskompanie ein Kfz, auf, damit der Hauptfeldwebel alle Materialien und die Teil II der Soldaten, sowie die Gefechtsmunition
verpacken konnte. Diese Marschband wurde danach durch eine Wache im Objekt gesichert.

Entsprechend des Ablaufplanes wurde die Kompanie geweckt, versorgt und musste dann aufsitzen.

Marsch zum Verladebahnhof Halberstadt

Entsprechend des Zeitplanes befahl der Transportleiter, der Bataillonskommandeur oder der Stabschef den Marsch. Er erfolgte über

- Objekt Mönchhai
- Neu Runstedt
- Halberstadt
- Güterbahnhof
- Verladerampe

Die Organisation des Marsches mit der Eisenbahn

Nach dem Eintreffen auf dem Güterbahnhof erfolgte zuerst die Einweisung der Kompaniechefs durch den Transportleiter. Jede Kompanie erhielt ihre Mannschaftswaggons. Während dieser Zeit erfolgte, schon unter der Leitung des Stabschefs, das Verladen der Kfz auf die Waggons.

Wenn alle eingewiesen waren, erfolgte auf Befehl des Transportleiters das Verladen der Ausbildungskompanien.

Jeder Kompanie waren drei Waggons zugeteilt worden, wobei jeder Zug einen Waggon bekam. Es waren Transportwaggons (Viehwaggons), in dem ein Zug mit zirka 40 Mann hineinpassen musste. Diese Waggons waren so aufgeteilt, das in der Mitte der eiserne Ofen stand mit einer kleinen Kisten voll Kohlen und rechts und links davon die Liegeflächen und darüber noch ein eingezogener Boden vorhanden waren.

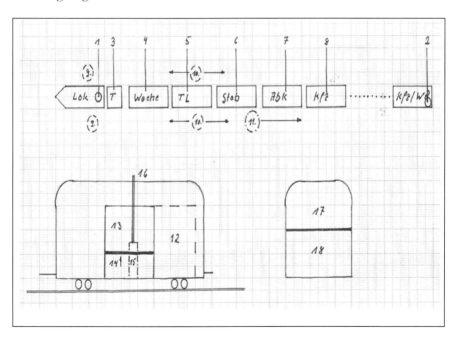

Erläuterungen

1. In der Lok beim Lokführer war während der gesamten Fahrzeit ein Wachposten mit vollständiger Bewaffnung eingeteilt. Er hatte die Sicherung nach vorn zu organisieren. Wobei die einzelnen Wachposten bei jedem größeren Halt abgewechselt wurden.
2. Ein Wachposten mit vollständiger Bewaffnung war auf dem letzten Waggon, es war ein Waggon mit Kfz, stationiert. Er hatte die Sicherung nach hinten zu gewährleisten. Auch dieser wurde bei jedem größeren Halt ausgewechselt.
3. Kohlen-Tender
4. In diesem Waggon war die Wache für den gesamten Transport und der OvD untergebracht. Die Wache hatte, außer der oben genannten Wachposten, die Aufgabe bei jedem Halt den Zugtransport rechts und links der Fahrstrecke zu sichern. Dazu organisierte der Wachhabende und dass bei jedem Halt, auf jeder Seite 2 Wachposten ausstiegen und den Transport zur Seite sicherten. Wichtig war es, dass sie wieder rechtzeitig (beim ersten Pfiff der Lokomotive) einstiegen. Der OvD hatte den schwierigsten Posten der gesamten Fahrt, er musste nicht nur die Wache kontrollieren, sondern bei jedem Halt auch selber aussteigen und dafür sorgen, dass alle wieder rechtzeitig einstiegen. Eigentlich war es nicht gestattet, dass von den einzelnen Kompanien jemand während eines Haltes ausstieg aber zur Versorgung mit Brennstoff für den Ofen, war es oftmals notwendig.
5. Hier saß der Transportleiter mit den Offizieren des Stabes.
6. Hier waren alle anderen des Stabes untergebracht.
7. Pro Zug war immer ein Transportwaggon vorgesehen. Verantwortlicher im Waggon war der Zugführer.
8. Alle Kfz und die Feldküche waren auf flache Transportwaggons aufgefahren und festgezurrt worden. In und auf den Kfz durfte sich niemand aufhalten.
9. Das war der Platz der beiden Sicherungsposten während eines Haltes auf der Höhe der Lokomotive.
10. Auf dieser Höhe befand sich beim Halt der OvD, um eine bessere Übersicht zu haben.
11. Zwei weitere Sicherungsposten marschierten während dessen entlang des Zuges.

Zur Unterbringung eines Zuges im Transportwaggon:

12. Auf jeder Seite eines Transportwaggons war eine schwere Holztür. Diese musste während der Fahrt eigentlich geschlossen sein. Man konnte sie aber ein Stück öffnen und arretieren. Da kam wenigstens ein wenig frische Luft herein. Beim Halten wurde sie immer ganz geöffnet und ein Sicherungsbügel herabgelassen, sodass keiner hinausfallen konnte. Wenn der Zug langsam fuhr, wurde eine Tür auch schon ganz geöffnet mit Sicherungsbügel.
13. Das ist die Öffnen, wenn die Tür beiseite geschoben wurde und der Sicherungsbügel herabgelassen wurde.
14. Das ist der Sicherungsbügel.
15. In jeden Truppentransportwaggon war ein eiserne Ofen (ähnlich einem Kanonenofen) und dazu eine kleine Kiste mit ein paar Stücke Holz und Briketts. Die Briketts reichten leider nie lange vor, sodass man sich schon auf der Fahrt um neue Briketts kümmern musste. Auf jedem Bahnhof fanden die Soldaten einen Kohlehaufen. Was aber nicht immer gerne gesehen wurde, nicht vom Bahnhofsverantwortlichen und nicht vom OvD. Praktisch war so ein eiserne Ofen, weil er erstens gute Wärme abgab und zweiten man darauf kochen konnte. Für die Befeuerung des Ofens war immer ein Wachposten des Zuges eingeteilt worden aber die Soldaten hatten auch ohne Auftrag ein Interesse daran, dass er immer brannte.
16. Der Schornstein, ein einfaches Rohr, ragte durch die Waggondecke hinaus.
17. Jeder Truppentransportwaggon hatte auf beiden gegenüberliegenden Seiten eine Zwischendecke eingezogen. Auf diesen beiden Zwischendecken konnte ein Teil der Soldaten ruhen.
18. Im darunter liegenden Teil auf jeder Seite waren die restlichen Ruheplätze. Es war zwar sehr eng aber es reichte zum Ruhen aus.

Fahrstrecke
Vom Verladebahnhof Halberstadt ging es über Magdeburg, Brandenburg, Berlin (welche Strecke um Berlin, war immer ungewiss), auch nach Berlin gab es zwei Strecken (über Löwenberg oder über Eberswalde), diese richteten sich immer danach, welche Strecken frei waren. Dann ging es weiter über Prenzlau, Pasewalk, Torgelow bis nach Hoppenwalde. Hier war der Entladebahnhof. Wie lange diese Fahrt dauerte konnte niemand sagen, auch nicht die Lokführer.

Erläuterungen
Sobald der Zug am Verladebahnhof in Hoppenwalde stand, begann das Ausladen, wobei zuerst die Truppen und dann die Technik ausgeladen wurde.
Wenn kein Fußmarsch zum Lager vorgesehen war und das war fast immer so, dann bezogen die Kompanien am Waldrand einen Sammelraum und warteten, bis das Marschband aufgestellt wurde.

Hinmarsch mit Kfz
Der Kfz.-Marsch ging dann vom Verladebahnhof aus über die Landstraße nach Eggesin, weiter nach Ahlbeck in Richtung Hintersee. Kurz vor Hintersee wurde in Richtung Staatsgrenze zur VR Polen abgebogen zum Lager der einzelnen Kompanien.

Rückmarsch zu Fuß
Der Rückmarsch nach der Beendigung des Feldlagers war in den meisten Fällen ein Fußmarsch über 20 oder mehr Kilometer.
Es gab zwei Varianten, sie richteten sich wiederum nach der Abfahrtszeit des Transportzuges.

Variante 1
Vom Lager aus auf der Straße Hintersee Richtung Ahlbeck. In der Mitte des Ortes Ahlbeck ging ein Waldweg ab. Auf diesem wurde bis nach Christiansberg (Ortsteil von Luckow), dann am Ortsteil vorbei in Richtung Hoppenwalde durchmarschiert. Zwischendurch gab es natürlich immer einmal eine Rast. Diese Marschstrecke wurde meistens im Winterlager genutzt.

Variante 2
Im Sommerlager war mehr Zeit vorhanden und die Wege besser passierbar. Jetzt wurde vom Lager aus, weiter auf der Straße Hintersee Ahlbeck bis zur Ortsmitte Ahlbeck marschiert. Dann ging es weiter in Richtung Luckow durch das gewaltige Waldmassiv. In Luckow wurde abgebogen in Richtung Christiansberg, um hier in einem leeren langen und großen Kuhstall (der LPG „Clara Zetkin), die restliche Zeit der Nacht zu ruhen. Hier war ungefähr die Hälfte der Marschstrecke erreicht worden. Früh am nächsten Tag wurde weiter marschiert, durch das Dorf Luckow, auf dem Mühlenweg weiter in Richtung Vogelsang. Vorbei an Eckernbucht (ein kleiner Ortsteil von Luckow), durch die vier Brüder (unter Naturschutz stehenden vier Stieleichen) immer weiter auf der breiten mit Kopfsteinen gepflasterten

Straße nach Vogelsang. Hier auf der Dorfstraße weiter in Richtung Schloss, dann bis zum Kanal und von hier aus am Kanal entlang bis zum Beginn des bewaldeten Strandes. Hier rastete die Marschkolonnen und es kam der Befehl „Fertigmachen zum Übersetzen". Alle Angehörige der einzelnen Kompanien mussten sich ausziehen, alle Sachen wurden in die einzelnen Zeltbahnen gelegt und verschnürt. Die persönliche Waffe wurde oberhalb der Zeltbahn in den Knoten gesteckt. Durch die einzelnen Zugführer wurde schon vorher ein Seil über den Kanal gezogen und Sicherungsposten aufgestellt. Nun musste jeder Soldat den Kanal schwimmend mit seinem Gepäck überwinden und auch wieder zurück schwimmen. Nach dieser Aktion wurde die Marschbereitschaft wieder hergestellt und weiter in Richtung Vogelsang marschiert und dann auf der Dorfstraße in Richtung Wald (Eggesin), um dann nach ungefähr 500 Meter im Waldmassiv nach rechts in Richtung Hoppenwalde abzubiegen.

Am Verladebahnhof angekommen stand der Transportzug schon bereit und die einzelnen Waggons konnten bezogen werden. Vorher wurde die Marschverpflegung ausgegeben.

Diese Marschstrecke lag meistens zwischen 25 und 30 Kilometer.

Der Aufbau des Feldlagers
(Beispiel)

Erläuterungen
Das Feldlager, egal ob im Sommer oder im Winter war immer gleich aufgebaut. Das hier ist nur eine Variante.

Das gesamte Feldlager war nicht mit einem Zaun umgeben.
Durch das Feldlager verlief ein Waldweg, der am Anfang durch einen Schlagbaum gesichert wurde.

Die Belegung
Jede Kompanie hatte ihr eigenes Lager. Beiderseits des Waldweges waren die Zelte aufgebaut.
Gleich am Anfang war ein Zelt für die Wache, daneben kam das Zelt des Hauptfeldwebels mit seinem Schreibers der Kompanie.
Es schloss sich das Zelt des Kompaniechefs mit den drei Zugführern an.
Dann kamen die Zelte für die einzelnen Züge, wobei eine Gruppe immer zwei Zelte hatte. Die Gruppenführer schliefen mit in den Zelten der Soldaten.
Auf der anderen Seite waren die Zelte für die beiden anderen Züge.
Die gesamte Ausrüstung und die Bewaffnung der Soldaten waren mit in den Zelten untergebracht.

Die Wache
Täglich gab es den UvD und seine Gruppe hatten in der Nachtzeit das Lager als ein Streifenposten (zwei Soldaten) zu bewachen. In der Tagzeit war nur ein Posten am Schlagbaum zur Kontrolle eingesetzt.
Zusätzlich zur Wache gab es in der Nachtzeit eine Feuerwache (zwei Soldaten), welche sich alle zwei Stunden ablösten. Sie hatten die Aufgabe im Winterhalbjahr die Öfen in den Zelten ständig zu heizen und ansonsten ständig die Aufgaben einer Feuerwache zu erfüllen.
Die Wache wurde täglich durch den Kompaniedienst vergattert.

Toiletten und Abfallpunkt
In einer größeren Entfernung war der Abfallpunkt der Kompanie. Hier wurden die Essenreste in einer Tonne gelagert. In der Nähe war auch eine behelfsmäßige Latrine gebaut worden. Sie war in eine Mannschaftslatrine und für Vorgesetzte unterteilt (Trennung durch eine dünne Trennwand aus einer Zeltbahn) worden.
Da um das Lager kein Zaun war, konnte es passieren, dass die Wildschweine bis an die Latrine heran kamen. Sie rochen und durchstöberten nämlich den Abfallpunkt jede Nacht. Dann half nur ruhig bleiben oder sie sanft vertreiben.

Die Zeltbelegung
Die Zelte waren 5 x 5 m groß, hatten in der Mitte eine dicke Holzstange, damit wurde das Zeltdach angehoben. An den Seiten und Ecken waren kleinere Holzstangen zum Halt des Zeltes. Die Holzstangen an den Seiten und Ecken wurden durch Seile und Heringe gehalten. Im vorderen Zeltdach war eine verschließbare Lucke zum Lüften und im Winter für das Ofenrohr. An den Zeltwänden waren Zeltfenster mit Plastescheiben. Die gesamten Zelte rechts und links der Lagerstraße waren mittels Schnur ausgerichtet.
Jedes Zelt hatte einen vorgefertigten Waffenständer aus Holz, darin wurden die persönlichen Waffen gelagert.
Im Zelt waren Doppelstockbetten (normale Soldatenbetten) aus Eisenmaterial. Es waren immer 8 Soldaten in einem Zelt untergebracht.
Vor der größeren Holzstange stand der Zeltofen.
Der Zelteingang war immer zur Lagerstraße ausgerichtet.
Im Zelt waren noch für jeden Soldaten ein Hocker und für jedes Zelt ein zusammenklappbarer Zelttisch. Um das Zelt herum musste immer geharkt sein.
Zum Trocknen der Kochgeschirre war vor dem Zelt ein Holzständer aufgestellt worden, an dem hingen alle Kochgeschirre nach der täglichen Säuberung.

Die Gefechtsbereitschaft
Die Diensthabende Einheit
Täglich wurde aus den vier Einheiten eine Diensthabende Einheit gestellt. Sie wurde aus den Bestand der Zugführer oder Hauptfeldwebel der Diensthabenden Einheit geführt. Alle Vorgesetzten, welche nicht im Standort Dingelstedt wohnten, mussten ebenfalls in der Diensthabenden Einheit verbleiben. So konnte es vorkommen, dass ein Zugführer pro Woche mindesten dreimal auf der Einheit war. Die Diensthabende Einheit war für alle Dienste im Objekt verantwortlich.

Ausgang
Die Soldaten konnten nur einmal in der Woche in Ausgang gehen, da jeweils nur zwei Soldaten pro Gruppe außerhalb der Kaserne sein durften. Von den Gruppenführern jeweils nur ein Gruppenführer pro Zug.

Urlaub
Es durfte nur eine Einheit im Urlaub sein.

Von den Gruppenführern außerhalb des Kompanieurlaubs immer nur zwei Gruppenführer.
Vom Kompaniechef, Zugführer und Hauptfeldwebel dufte immer nur einer in Urlaub sein.

Die Bewaffnung
Pro Gruppe
(Sollstärke: 1 Gruppenführer, 12 Soldaten)
1 LMG (leichtes Maschinengewehr)
1 Panzerbüchse (1 Pistole „Makarow"
11 Mpi „Kalaschnikow"

Pro Zug
(Sollstärke: 1 Zugführer, 3 Gruppenführer, 36 Soldaten)
3 LMG
3 Panzerbüchsen (3 Pistolen „Makarow")
33 Mpi „Kalaschnikow"
1 Pistole „Makarow"

Pro Kompanie
(Sollstärke: 1 Kompaniechef, 3 Zugführer, 9 Gruppenführer,
1 Hauptfeldwebel, 1 Schreiber)
9 LMG
9 Panzerbüchsen (9 Pistolen „Makarow")
100 Mpi „Kalaschnikow"
5 Pistolen „Makarow"

Die Panzerbüchsenschützen trugen als Zweitbewaffnung eine Pistole, der Hauptfeldwebel trug eine Pistole und der Schreiber (Soldat) 1 Mpi.
Bei 4 Einheiten (Sollstärke: 4 Kompaniechefs, 12 Zugführer, 36 Gruppenführer, 4 Hauptfeldwebel, 4 Schreiber)

Gesamtbewaffnung:
36 LMG
36 Panzerbüchsen (36 Pistolen „Makarow" – Zweitbewaffnung)
400 Mpi „Kalaschnikow
20 Pistolen „Makarow"

Dazu kam die Bewaffnung des Bataillonsstabes:
Offiziere: 11 Pistolenträger
Berufssoldaten: 5 Pistolenträger
Gruppenführer: 4 Mpi-Träger
Soldaten: 24 Mpi-Träger
16 Pistolen „Makarow"
28 Mpi „Kalaschnikow"
Kampfsatz für den Mpi-Schützen:
300 Schuss, davon 4 Magazine aufmunitioniert
Kampfsatz für die Pistolenträger:
2 volle Magazine

Der Tagesablauf
(Montag bis Sonnabend – am Sonnabend war noch Ausbildung)
06.00 Uhr	Wecken
06.05 Uhr	Frühsport (auf der Objektstraße oder auf dem Sportplatz unter der Leitung eines Gruppenführers pro Zug, im Sommerhalbjahr für alle Nichtschwimmer Training im Schwimmbecken)
06.20 Uhr	Morgentoilette
06.45 Uhr	Stuben- und Revierreinigen / Bettenbau
07.15 Uhr	Frühstück
07.30 Uhr	Fertigmachen zur Ausbildung
07.45 Uhr	Morgenappell durch den Hauptfeldwebel
08.00 Uhr	Ausbildungsbeginn
13.00 Uhr	Mittagspause / Mittagsessen
14.00 Uhr	Ausbildungsbeginn (am Sonnabend nach der Mittagspause keine Ausbildung mehr, an dessen Stelle wurde die Nachbereitung vorgezogen und dann war großes Stuben- und Revierreinigen bis 17.00 Uhr)
15.00 Uhr	Nachbereitung der Ausbildung, Waffenwarten, Putz- und Flickstunde
16.00 Uhr	Appelle oder politische Massenarbeit
17.00 Uhr	Dienstausgabe(Postausgabe), Ausgangsbelehrungen
17.30 Uhr	Abendessen
18.00 Uhr	Freizeit
21.30 Uhr	Stuben- und Revierreinigen, Abendtoilette
21.45 Uhr	Stubendurchgang
22.00 Uhr	Nachtruhe

Anhang

Alle nachfolgenden Bilder Sammlung Neumann
Der Wegweiser am Ortsausgang von Wilhelmshall zeigt die Richtung Mönchhai und zum Jürgenbrunnen an. Hier wurde bei den Märschen (Alarm oder Übungen) nach links in Richtung Jürgenbrunnen und dann nach kurzer Strecke wiederum links zum Liekweg abgebogen.

Wegegabelung in Richtung Mönchhai, beide Wege trafen sich dann wieder. Auf dem rechten Weg wurde in nördlicher Richtung zeitweise auch Grenzausbildung durchgeführt.

Der Weg nach Dingelstedt, rechts ehemaliges Betonwerk.

Hier war zur DDR-Zeit das alte Betonwerk.

Blick entlang Block 9 zu den Häusern

Linke Seite Block 9 mit dem alten Objektzaun.

Block 9 Straßenansicht, davor zwei runde Beton-Raucherplätze

Straße nach Dingelstedt vorbei am Block 9

Der schmale Waldweg entlang des Objektzaunes führte zur Sargstedter Warte

Die Rückseite vom ehemaligen Stabsgebäude

Blick auf Block 8

Die Ortsstraße in Richtung Röderhofer Teich.

Die ehemalige Einkaufstätte außerhalb des Objektes.

Die Giebelseite vom alten Küchengebäude

Alter Durchgang zum Stabsgebäude, im Hintergrund das Schwimmbecken.

Ehemaliges Ledigenwohnheim

Die Reste der Sturmbahn

Das alte Maschinenhaus

Die alte Turnhalle

Rechts der Küchentrakt, geradeaus der Offiziersspeisesaal und links daneben die ehemalige Bibliothek und spätere Offizierswohnung.

Blick auf den ehemaligen Med.-Punkt und daneben die Heizung.

Betonstraße in Richtung Mönchhai

Links der Betonstraße stehende Ruine, vermutlich noch von der Muna, wurde auch zur Ausbildung mit genutzt.

Breiter Waldweg, von der Betonstraße in der großen Kurve kommend, führt in Richtung Steier und weiter zum Kammweg.

Der Wegweiser zum Steier

*Der Steier steigt langsam aber stetig an und führt zum Kammweg.
Das war die Marschstrecke der Soldaten unter TSM.*

Der Gambrinus eine beliebte Ausflugsgaststätte.

Die Betonstraße zur Paulskopfwarte, vom Parkplatz aus gesehen.

Hier endet die Betonstraße, nach links beginnt der Tangoweg und nach rechts ging es zum ehemaligen Brandtmittelplatz.

Die Kreuzung Straße Halberstadt/Röderhof und zur Huysburg, wurde bei den Fußmärschen immer besonders abgesichert.

Straße vom Röderhofer Teich nach Mönchhai

Der Weg zur alten Sandgrube am Panzernahbekämpfungsplatz.

Die Hänge der alten Sandgrube

Reste vom ehemaligen Brandtmittelplatz

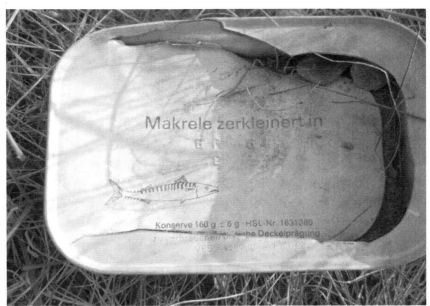

Verpflegungsreste

Alte Blechdose der Komplekteverpflegung.

Ausgebrannte Imitationshandgranate

Auf dieser Anhöhe stand ein Ausbildungspanzer mit der Kanone in Richtung Halberstadt

Vor dem Panzer waren 6 Erdlöcher mit Betonringen in verschiedenen Entfernungen, von denen die Soldaten die Panzerhandgranate auf den Panzer werfen mussten.

Reste vom Stolperdraht an einer ausgebauten Gruppenstellung.

Teile einer ausgebauten Gruppenstellung.

Längst vergessenes leichtes Fernmeldekabel, ist oben im Baum eingewachsen.

Im umliegenden Wald von Mönchhai haben sich die Unteroffiziere und Soldaten verewigt.

*Alle nachfolgenden Bilder Sammlung Pawlik.
Dieser Holz-BT stand auf dem Übungsgelände Paulskopf.*

Teile der alten Sturmbahn hinter dem Stabsgebäude, zusehen ist der Block 2 und davor der Exerzierplatz.

Die alte Sturmbahn und Blick in Richtung Huy.

Die Vereidigung des AbB-25 in Oschersleben

Die Befestigung einer Fahnenschleife an die Truppenfahne GR-25. Es könnte die Namensgebung sein des GR-25 sein.

Die Meldung des Kommandierenden.

Der Vorbeimarsch

Der Vorbeimarsch der 1. AbK, KC Oltn. M., 1. ZF Ultn. P.

Der 1. Zug der 1. AbK, ZF Ultn. P.

Das Winterfeldlager der 1. AbK in Hintersee.

Tief verschneit steht das Zelt.

Die Zeltstraße im Lager wurde immer vom Schnee geräumt.

Eine kurze Rast und dann fertigmachen zum Fußmarsch.

Die Soldaten der 1. AbK legen die Marschausrüstung an. In der Mitte der KC Oltn. M, der 3. ZF Stfw. F. und der Hfw Stfw. E.

Anlegen der vollständigen Schutzausrüstung im Winter.

Der Eisenbahntransport des 25. AbB zum Winterfeldlager nach Hintersee.

Der Kfz-Marsch von Hoppenwalde nach Hintersee

*Der KC der 4.UAbK Oltn B. und der Hfw der 1. AbK
Ofw. E.*

Der KC der 4. UAbK und sein Hfw bei der Lagerbesichtigung am Vormittag.

Die KC der 1.AbK und der 4. UAbK und ihre Hfw

Der KC der 4. UAbK, der Hfw der 1. AbK und der Instrukteur für Jugendarbeit vom Stab AbB-25.

1.   *AbK: 1. ZF (Ultn P.), der 3. ZF (Ofw. F.) und der Hfw (Ofw. E.).*

2.

In einer Ausbildungspause, die drei ZF und der Hfw der 1. AbK.

Der KC und sein 1. ZF auf dem Paulskopf.

Alle drei ZF und der Hfw der 1. AbK.

Auf dem Paulskopf, die drei ZF und der Hfw der 1. AbK.

Auf dem Paulskopf in der alten Obstplantage.

Alte Dokumente

Befehl Nr. 39/49
des Präsidenten der Deutschen Verwaltung des Innern in der sowjetischen Besatzungszone Deutschlands

An alle Angehörigen der Volkspolizei.

Deutsche Verwaltung des Innern in der sowjetischen Besatzungszone Hauptabteilung Schulung Eingang: 9. MAI 1949 Posteingangs-Nr.: 882/49 Abt.: Reiter Ref.: [Unterschrift]

Der gemeinsame Aufmarsch der Volkspolizei mit den Werktätigen am 1. Mai hat gezeigt, daß die Volkspolizei sich die Liebe der Schaffenden in unserer Zone erworben hat. Überall wurden die Kolonnen der Volkspolizei stürmisch begrüßt. Die Werktätigen sahen in der geschlossenen Teilnahme der Volkspolizisten an der Mai-Demonstration den Beweis dafür, daß die gesamte Volkspolizei fest entschlossen ist, ihren friedlichen Aufbau gegen alle Anschläge zu sichern und daß die Volkspolizei eine feste Stütze der neuen demokratischen Ordnung bildet.

Das politisch bewußte und disziplinierte Auftreten der Volkspolizeieinheiten hat das Ansehen und die Autorität der Volkspolizei bei den Werktätigen noch mehr verstärkt.

Zu diesem Erfolge beglückwünsche ich alle Angehörigen der Volkspolizei. Ich spreche allen den Kameraden, die an der Organisierung und Ausgestaltung des Aufmarsches am 1. Mai mitwirkten und allen Teilnehmern an diesem Aufmarsch meinen Dank aus.

An der Verbreitung und Vertiefung der Verbundenheit mit den Werktätigen muß die gesamte Volkspolizei mit aller Energie weiterarbeiten. Das Vertrauen der Werktätigen ist das kostbarste Gut, das jeder Volkspolizist durch seine tägliche vorbildliche Arbeit und Disziplin hüten muß.

Berlin, den 4. Mai 1949.

Mielke,
Vizepräsident.

Dr. K. Fischer,
Präsident.

Der Präsident
der Deutschen Verwaltung des Innern
in der sowjetischen Besatzungszone

Befehl Nr. 61/49

Für gute Arbeitsleistung prämiere ich die nachstehend aufgeführten
Kameraden mit einem kompletten Satz Fahrradbereifung gegen Bezahlung

Volkspol.-Hptwmstr.	G u h l , Erich	Abt. VS
" Hptwmstr.	D o b r o w o l s k i , W.	Hpt.Abt. V
" Kom.	W e n d r i c h , Heinz	Sekr.
" Mstr.	T i e t z e , Max	Abt. E
" Kdr.	S c h i f n e r , Kurt	Ref. WS
" Wmstr.	B r a a k , Paul	Wbtl.
" Hptwmstr.	R ü s t o w , Hannelore	Hpt.Abt. GP/B
" Owmstr.	V i e r k e , Paul	PB
" Hptwmstr.	R a a s c h , Karl	Abt. K 5
" Kom.	G e b h a r d t , Remi	Abt. U

(gez.) Dr. F i s c h e r

F. d. R.
Der Leiter des Sekretariats

(K u n a t h)
Volkspol.-Insp.

Der Preis von DM 23,- bzw. DM 25,--
ist bis 31. Juli 1949 an die Amts-
kasse der DVdI zu entrichten.

an Eides statt

der werktätigen Bevölkerung ergeben zu sein, die ehrenvollen Pflichten eines Angehörigen der Deutschen Grenzpolizei ehrlich zu erfüllen, entsprechend der demokratischen Gesetzlichkeit die öffentliche Ordnung, die Rechte der Bürger, ihr persönliches und das Volkseigentum zu schützen.

Ich gelobe

mich diszipliniert zu betragen, die dienstlichen Befehle und Verfügungen genau zu erfüllen, mich in dem von mir übernommenen Dienst zu vervollkommnen und über alle mir bekanntwerdenden Angelegenheiten, deren Geheimhaltung durch Gesetz oder dienstliche Anordnung vorgeschrieben oder ihrer Natur nach erforderlich ist, strengste Verschwiegenheit gegen jedermann zu wahren.

Ich gelobe

mich in der Tat des großen Vertrauens würdig zu erweisen, in der Deutschen Grenzpolizei dienen und eine Waffe tragen zu dürfen.
Ich bin mir bewußt, daß eine Verletzung dieser eingegangenen Verpflichtung eine strenge Bestrafung zur Folge hat.
Ich verpflichte mich, vom Tage der Unterzeichnung dieser Verpflichtung ab in der Deutschen Grenzpolizei nicht weniger als drei Jahre zu dienen.

(Alle drei Aufnahmen Kommando der GT)

Eine Aufnahme vor dem Eingang zum Speiseraum im AbB-25 Objekt Mönchhai, kurz vor der Auflösung des AbB.
Sammlung Neumann

Grenzsoldaten berichten:

Bericht von Dassi:
Ich habe möglicherweise auch noch Erinnerungen bzw. bleibende Eindrücke über die Örtlichkeiten bzw. über die Ausbildung im Sommer 1972 in Mönchhai und kann dazu berichten. Zu der Zeit (Sommer 1972) war unser Zug recht bescheiden untergebracht. War schon recht gewöhnungsbedürftig. Unser Schlafraum war in einer alten Werkstattbutze am KFZ-Park, Plumpsklo in der näheren Umgebung, Waschzelt mit Wasser aus einem Jauchefass (Wasserfass). Dazu laufend recht schwer zu verstehende Aktionen um einen vernünftigen Soldaten aus den neuen, bei der Einberufung „langhaarigen Beatles" zu machen. Am ersten Tag die obligatorische „Schafsschur" wo gleich einige „beste Freunde" für die kommende Ausbildung ausgesucht wurden. Den zweiten Tag, noch vor dem Frühstück statt dem Frühsport gleich zur TSM-Dichteprüfung ins Gaszelt. Da wusste man wenigstens gleich wo man ist und wie es das nächste halbe Jahr weiter geht. Wir wurden auch nicht enttäuscht. Wegen schlechten hygienischen Voraussetzungen hatte dann unser Zug nach einigen Wochen die Krätze und Quarantäne. Das war dann eine ruhigere Woche ohne Dreck und Ausbildungsstress auf dem Paulskopf. Viel Duschen, saubere Wäsche usw. lagen an. Ich glaube auch nicht, dass dieses in das Bild einer Ausbildungseinheit passte. Für kurze Zeit waren wir wie von Geisterhand „ausgeplant". Ansonsten hatten wir aber dort recht viel Bewegung in der freien Natur, aber recht wenig bzw. kaum Freizeit. Der Tag war lang, die Nacht war kurz. War eben das Sommerausbildungshalbjahr. Die nach uns dann an den Kanten versetzt wurden sagten, dass es im Winter wohl angenehmer bzw. etwas ruhiger dort gewesen sein soll.
Mit freundlicher Genehmigung von Dassi, Internet, private Mail

Bericht von Dassi:
Ja das war in Mönchhai. Damals im KFZ-(Ausbildungs-) Zug. Unserer Zugführer war damals ein Oberleutnant Zim.. War ein recht harter Knochen. Wir hatte dort damals nicht viel zu lachen. Das schlimme war eigentlich nur, dass er nur das verlangte, was er uns vorgemacht hatte. Es war also alles möglich.
Ich hatte dort einen W50 aus dem Gefechtspark zugeteilt bekommen, voll mit Kompleckte. Hinten dran dann bei Alarm eine Gulaschkanone. So war es eigentlich, da der Küche unterstellt, recht zum aushalten.

Eine Zeit lang war ich dann auch mal mit meinem W50 in Halberstadt zu einer Hauptinstandsetzung. Waren auch gediente, ruhige Wochen in der zentralen KFZ-Werkstadt des GAR-7 und man konnte auch noch einiges lernen. Ausgebildet wurde ich dann in Mönchhai auf einem LO zum Militärkraftfahrer.
Mit freundlicher Genehmigung von Dassi, Internet Forum DDR Grenze, private Mail

Bericht von Greso:
Die Erinnerungen an meiner Wehrpflicht, lassen auch nach. An Mönchhai, sind die Erinnerungen nicht so erfreulich, denn es war eine richtige Schinderbude und Knochenmühle. Ausgang hatten wir einzeln nie. Der erste Gruppenausgang war am 03.03.66, zur Waldgaststätte „Sargstädter Warte" im Huy von 19-24,00 Uhr. Eingezogen wurde ich am 03.11.1965.
Mit freundlicher Genehmigung von Gruß Greso
Internetforum DDR Grenze, private Mails

Bericht von buddy:
Erinnerungen habe ich nicht viele. Besonders aber das Schwimmbad. Dort haben wir des öfteren nach dem Ausgang um Mitternacht ein Bad genommen.
Untergebracht war ich in der linken Baracke, letzte Stube links. Das war der 4.Zug, welcher als „Versehrtenzug" umfunktioniert wurde. Dort sammelte man Leute die irgendein Gebrechen hatten.
Mit freundlicher Genehmigung von buddy
Internetforum DDR Grenze, private Mails

Bericht von Gert1952:
Zu Mönchhai, unser Spruch:
„Kennst Du das Land,
wo die Sonne nie lacht,
wo man Menschen zu Idioten macht,
wo man das Fressen im dreiviertel Takt frisst,
wo der Mensch das Mensch sein vergisst,
dort ist nicht Paris und nicht Hawai,
das ist die Knochenmühle von Mönchhai".

An sonst das Wandern ist des Müllers Lust.

Mit vollem Marschgepäck den Hang zur Huysburg hoch (Kloster, in der Nähe war das Schießen verboten),
dann weiter zum Übungsplatz, ca 3 Km.
Zum Essen im Laufschritt oder mit Gesang, hat es nicht geklappt, noch eine Runde, ging von der Essenzeit ab.
Nach einer Beschwerde hat sich das gegeben. Wer da nicht mit Messer und Gabel essen konnte, der hat es schnell gelernt. Aber alles war auch in Mönchhai nicht schlecht, es gab auch schöne Tage. Unserer Gruppenführer Ufw. Wolfgang H. vertrat den Standpunkt, wie man in den Wald hinein ruft, so schallt es wieder heraus. So habe ich es auch die 3 Jahre gehalten und bin gut damit gefahren. Wer aber als Arschloch geboren wurde, ist immer eines geblieben, davon habe ich einige kennen gelernt

Mit freundlicher Genehmigung von Gert1952, Internet Forum DDR Grenze, private Mail

Band III

Das Grenzregiment 22

Gedient von Ohrsleben bis Lüttgenrode

Vorwort

Das Grenzregiment 22 (GR-22) wurde in Halberstadt 1961 gegründet und bestand nur bis 1971.
Durch den Erlass des Ministers des Innern wurden am 1. März 1957 die Grenzbrigaden gegründet. Die bisher bestehenden Grenzbereitschaften wurden aufgelöst.
Die neu gegründeten Grenzregimenter 20, 22 und 25 unterstanden der 2. Grenzbrigade Magdeburg. Diese wechselte im August 1962 zur Stadtkommandantur Berlin und die 7. Grenzbrigade verlegte dafür von Frankfurt / Oder nach Magdeburg.
Mit der Bildung der Grenzbrigaden und der ihnen unterstellten Grenzregimenter wurden jetzt großen Wert auf die systematische Ausbildung (6 Monate) der jungen Grenzsoldaten, der ordnungsgemäßen Unterbringung unmittelbar an der Staatsgrenze und der zentral geleiteten militärischen Sicherung der Staatsgrenze gelegt.
Großen Wert wurde auf die Unterbringung in den Grenzkompanien gelegt, dazu wurden Holzbaracken (alle waren identisch) aufgestellt.
Ausgehend von den Maßnahmen zum 13. August 1961 und dem Gesetz zur Verteidigung der DDR (20.09.1961) war es notwendig, die Sicherung der Staatsgrenze noch straffer zu organisieren.
Das Grenzregiment 22 bestand aus zwei Grenzbataillonen und einem Ausbildungsbataillon.
Das I. Grenzbataillon befand sich in Hessen, mit den Grenzkompanien Ohrsleben, Dedeleben, Rohrsheim und Veltheim.
Das II. Grenzbataillon befand sich in Lüttgenrode, mit den Grenzkompanien Osterode, Göddeckenrode, Wülperode und Lüttgenrode.
Das Ausbildungsbataillon befand sich in Halberstadt in der ehemaligen Fliegerhorstkaserne, mit dem Stab des AbB und drei Ausbildungskompanien. Die 1. Ausbildungskompanie war in Pabstorf untergebracht.
Der Stab des GR-22 war im ehemaligen Stabsgebäude in der alten Kaserne in der Harmoniestraße.
Da das GR-22 nur bis 1971 bestand, ist auch sehr wenig darüber bekannt.
Mit dieser Regimentschronik soll an das, wenn auch nur relativ kurze Bestehen des Truppenteils erinnert werden, es ist leider nur ein grober Überblick.
An die erste Stunde der damaligen Grenzsicherung im Kreis Halberstadt, an die Arbeit der Offiziere, Berufssoldaten und Unteroffiziere, sowie an die Grenzsoldaten. Sie waren damals noch relativ schlecht ausgerüstet und

hatten nur Holzbaracken als Unterkünfte, trotzdem haben sie an der Staatsgrenze standhaften und treu ihren Fahneneid erfüllt.
Sie haben immer im Glauben an eine gute Sache stets ihr Bestes gegeben.

Der Autor erhebt auch hier, bezüglich des Inhalts, nicht den Anspruch auf umfangreiche Vollständigkeit und Richtigkeit aller in dieser Regimentschronik dargelegten Sachverhalte. Alle Skizzen wurden nicht maßstabgerecht gezeichnet.

Die Zeittafel
Ein kurzer, zeitlicher Ablauf

Bis 1945   Sowjetische Einheiten (Grenzbataillone) sichern die Grenze zu den westlichen Besatzungsmächten.
In Halberstadt war ein Standort (ehemalige Fliegerhorstkaserne Klusberge) eines sowjetischen Grenzbataillons

1. 12. 1946   Aufbau der Grenzpolizei (gilt später als Gründungstag der Grenztruppen der DDR). Gemeinsame Sicherung der Grenze mit den sowjetischen Grenzbataillonen. Die Grenzbereitschaft Halberstadt sichert die Grenze ab Pabstorf bis Schierke (Brocken). Es gab unter anderem folgende Grenzposten (Vorläufer der Grenzkompanien) Rohrsheim, Osterode, Veltheim, Göddeckenrode, Abbenrode.
Eine Grenzkommandantur (Vorläufer des Grenzbataillons) war Osterwieck.
Die Grenzposten hatten eine Stärke bis zu 10 Grenzpolizisten. Es gab keine Kfz, keine Fahrräder, keine Nachrichtengeräte und fast keine Uniformen.
Als Bewaffnung gab es den K 98.
Verbindung zur vorgesetzten Dienststelle hielt man über das öffentliche Telefonnetz oder mit Melder.
Die Dienstaufsicht über die Grenzpolizei in Sachsen-Anhalt hatte der Magdeburger Polizeipräsident.
Die operative Aufsicht hatte der zuständige sowjetische Kommandeur.

Struktur (als Beispiel)
- Abteilung Magdeburg
- Grenzbereitschaft Osterwieck
- Kommandantur Osterwieck
- Kommando Osterode

1947 Grenzbereitschaft Osterwieck sichert die Grenze im Kreis Halberstadt

1948 Die Grenzpolizei wird der Verwaltung des Innern unterstellt.
FDJ-Aktion „G":
3 Jahre freiwilligen Dienst in der Grenzpolizei.
Weitere gemeinsame Sicherung der Grenze mit den sowjetischen Grenzbataillonen.
Bis zur Gründung des Kommandos in Osterode, wurde die Grenze vom Kommando Veltheim mitgesichert. Die zuständigen Grenzpolizisten mussten einen 10 km Fußmarsch bis zur Grenze vor dem Grenzdienst und nach dem Grenzdienst durchführen.
Die sowjetischen Grenzposten wurden mit LKW heran gefahren und mussten für einen unbestimmten Zeitpunkt (manchmal über 24 Stunden hinaus) Grenzdienst durchführen, bis sie wieder abgeholt wurden.

1948 Die Grenzbereitschaft Osterwieck wird durch 8 Grenzpolizisten verstärkt, Stand dann 18 Grenzpolizisten. Unterbringung: privates Haus in Osterwieck.

1949 Ab 1. Juli beginn der Ausbildung nach einem 6- monatigen Ausbildungsprogramm.

1949 Die Hauptverwaltung der Grenzpolizei wird in die Hauptverwaltung der Deutschen Volkspolizei eingegliedert.
Grundlage: Befehl: 80/51

1951 Der Abteilungsstab Magdeburg, Vorläufer der 2. Grenzbrigade Magdeburg, wird gegründet.
Ein neues System der intensiven Schulung und Ausbildung in der Grenzpolizei beginnt.

1952	Einführung der sowjetischen Bewaffnung: Mpi 41, K-44, Pistole TT 2. Parteikonferenz der SED. Neue militärische Ränge werden eingeführt und die Offiziersschule und die Unteroffiziersschulen in Groß-Glienick, Dömitz und Dietrichhütte werden eröffnet.
07.10.1952	Die neue kakifarbene Uniform wird eingeführt.
16.05.1952	Grenzpolizei wird dem Ministerium für Staatssicherheit unterstellt und erhält den Namen: **Deutsche Grenzpolizei**
26.05.1952	Beschluss des Ministerrates der DDR über die Verordnung über Maßnahmen an der Demarkationslinie. An der Grenze wird folgendes errichtet: 5 km breite Sperrzone 500 m breiter Schutzstreifen 10 m breiter Kontrollstreifen
01.06.1952	Sowjetische Berater nehmen in der Deutschen Grenzpolizei ihren Dienst auf.
01.12.1952	Die Einführung von militärischen Dienstgraden.
27.06.1953	Die Deutsche Grenzpolizei wird wieder dem Ministerium des Innern unterstellt. Die Einführung von Ehrentitel „Vorbildlicher Soldat", „Vorbildlicher Postenführer", „Vorbildlicher Offizier", „Ausgezeichnete Kommandantur der Grenzbereitschaft".
05.05.1955	Gründung „Warschauer Vertrag"
01.11.1955	Die DDR übernimmt den alleinigen Schutz ihrer Grenzen.
1955	In einem feierlichen Zeremoniell übergeben die sowjetische Einheit in Dardesheim die Staatsgrenze für die weitere Sicherung durch die Deutsche Grenzpolizei.

1955	Das sowjetische Grenzbataillon verlässt die Fliegerhorstkaserne in Halberstadt.
1955	Die Grenzbereitschaft Osterwieck wird in die Grenzbereitschaft Halberstadt und Oschersleben integriert.
1956	Die bisherigen Strukturen werden aufgelöst. Bildung der Grenzbrigaden, sowie Aufstellung der Grenzabteilungen. Die Struktur war jetzt folgendermaßen: Grenzbrigade Je 3 Grenzbereitschaften Je 3 Grenzabteilung Je 3-4 Grenzposten (Grenzkompanie) im Bereich Magdeburg

2. Grenzbrigade
(die spätere 7. Grenzbrigade sichert noch den Bereich Frankfurtt/Oder)

Grenzbereitschaft-25 Oschersleben
Grenzbereitschaft-22 Halberstadt
Grenzbereitschaft-23 Gardelegen

Der Grenzbereitschaft-22 Halberstadt unterstanden
3 Grenzabteilungen (GAT).
GAT Hessen
GAT Lüttgenrode
GAT Grüntal
Reservegrenzabteilung-22 Glowe

Den Grenzabteilungen unterstanden 3-4 Grenzkommandos (Vorläufer der Grenzkompanie).
GAT Hessen
Grenzkommando Ohrsleben
Grenzkommando Dedeleben
Grenzkommando Rohrsheim
Grenzkommando Veltheim

Rechter Nachbar war die 1. Grenzbrigade Perleberg, linker Nachbar die 3. Grenzbrigade Erfurt, mit der Grenzbereitschaft Nordhausen.

Die Reservegrenzabteilung-22 Halberstadt
Sie bestand aus:
3 Reservegrenzkompanien
Je 3 Zügen
Je 3 Gruppen

- 1 schwere Reservegrenzkompanie
- 1 Pak – Zug
- 1 Granatwerferzug
- 1 Fla-MG-Zug

Standort war die alte Fliegerhorstkaserne Halberstadt.
Stab war in dem ehemaligen Stabsgebäude der Infanteriekaserne Halberstadt untergebracht.
(heute Harmoniestraße 1, zur Zeit des GAR-7 war hier das Ledigenwohnheim)
Die Ausbildung betrug drei Monate.

Damalige Struktur
- Grenzbrigade
- Grenzbereitschaft
- Grenzabteilung
- Grenzkompanie

1956	Kommandeur der Grenzbereitschaft Halberstadt

Major Heinz Schieck

1.03.1957	Das Kommando der Deutschen Grenzpolizei im MDI unter dem Kommandeur Generalmajor Paul Ludwig wird gegründet.
22.06.1957	Der Minister für Nationale Verteidigung erlässt den Befehl Nr. 49/57 über die Einführung von Dienstlaufbahnabzeichen und der Schützenschnur.

01.11.1957	Verleihung der ersten Schützenschnur Bei der ersten Erfüllung der Bedingungen wurde nur verliehen, bei der wiederholten Verleihung jeweils eine Eichel (Stufe 2 bis 4). Bis 1960 wurde die Schützenschnur in vier Stufen verliehen.
01.03.1958	Einführung von Dienstlaufbahnbestimmungen, Eid und Truppenfahne bei der DGP.
Mai 1958	Erste Vereidigung der Angehörigen der Grenzbereitschaften, Abnehmender der Vereidigung war der Kommandeur der Grenzpolizei Generalmajor Ludwig.
1960	Mit dem Befehl 34/60 des Ministers für Nationale Verteidigung wurden die Dienstgrade Unterfeldwebel und Stabsfeldwebel eingeführt.
1. 12.1960	Gemäß Befehl 62/60 des Ministers für Nationalen Verteidigung wurde die Schützenschnur in allen Waffengattungen nur noch für das Schießen mit Schützenwaffen in drei Stufen verliehen.
August 1961	Auf einer Beratung der Sekretäre der ZK der Kommunistischen Arbeiterparteien des Warschauer Vertrages billigen diese die wirksame Sicherung der Staatsgrenze zu Westberlin.
13. 08. 1961	Die Errichtung der Mauer zu Westberlin. Verstärkte Grenzsicherung an der Staatsgrenze zur BRD. Die meisten Grenzsoldaten leisteten ununterbrochenen Grenzdienst bei nur vier Stunden Ruhe.
15.09.1961	Deutsche Grenzpolizei wird dem Ministerium für Nationale Verteidigung unterstellt. Der neue Name: **Grenztruppen**

20.09.1961	Die Volkskammer beschließt das Gesetz zur Verteidigung der DDR.
1961	Die Grenzbereitschaften, die Grenzabteilungen sowie die Grenzkommandos werden aufgelöst. Die neue Struktur sind Grenzregiment, Grenzbataillon und Grenzkompanie.
1961	Einführung der allgemeinen Wehrpflicht
Oktober 1961	Beginn der Verlegung von Minen an der Staatsgrenze zur BRD.
15.03.1962	Auf Befehl des Ministers für Nationale Verteidigung, Armeegeneral Heinz Hoffmann, wird das Truppenteil Grenzregiment 20 gegründet.
1962	Gründung GR-22 Halberstadt Kommandeur **Major Kauz**
1962 (August)	Bildung der Stadtkommandantur Berlin. Die 2. Grenzbrigade verlegt von Magdeburg nach Berlin Groß Glienicke. Die 7. Grenzbrigade verlegt von Frankfurt / Oder nach Magdeburg. 7. Grenzbrigade Magdeburg Ihr unterstanden jetzt - GR-25 Oschersleben - GR-22 Halberstadt - GR-20 Blankenburg
1962	Erste 6-monatige-Ausbildung der neuen Grenzsoldaten
1963	Beginn des Ausbaus des SPS Tanne. Die ersten neu gebauten Steinkaserne werden übergeben. Freiwillige Helfer der GT werden in Zügen und Gruppen formiert.
08.02. 1964	Die DV 30/10 Vorschrift über die Organisation und Führung der Grenzsicherung in der Grenzkompanie wird erlassen.

1964	Verlegung von Grenzkompanien (zusammengefasst als Bataillon, je Grenzbataillon eine GK) verlegen zum Truppenübungsplatz Hintersee zur Ausbildung. Der Transport erfolgt per Bahn oder Kfz-Marsch. Auch die Ausbildungsbataillone verlegen einmal im Ausbildungshalbjahr nach Hintersee.
1964	Die Ausbildungseinheiten werden zur Grenzsicherung und zur Ausbildung im und am Schutzstreifen eingesetzt.
1965	Nutzung SPS Tanne
1966	Alkoholbefehl 30/66
1966	Ein neues System der Grenzsicherung die Bataillonssicherung wird schrittweise eingeführt.
1967/68	Stand der sozialistische Wettbewerb unter der Losung „Aktion Roter Kampfwagen". Das Truppenteil GR-22 erreichte gute und sehr gute Ergebnisse in diesem Wettbewerb.
1968	Die Bataillonssicherung wird in den GT eingeführt.
1969	Das Handbuch für den Grenzdienst erscheint.
01.02. bis 28.02.1970	Die letzten Pferde in den TT der GT werden ausgemustert.
1970	Umstrukturierung der Grenztruppen Befehl 138/70 des Ministers für Nationale Verteidigung Auflösung der Grenzbrigaden und Bildung von Grenzkommandos. Grenzkommando Nord (GKN) Stendal Grenzkommando Süd Erfurt Grenzkommando Mitte Berlin Dem GKN unterstehen sechs Grenzregimenter und zwei Grenzausbildungsregimenter.

- Grenzkommando Nord
- GR-6 Schönberg
- GR-8 Grabow
- GR-24 Salzwedel
- GR-23 Kalbe
- GR-25 Oschersleben → 1983 aufgelöst
- GR-20 Blankenburg → später Halberstadt
- GAR-5 Glöwen → 1971 gegründet und 1989 aufgelöst
- GAR-7 Halberstadt → 1971 gegründet

Linker Nachbar das GKS Erfurt mit dem GR-4 Heiligenstadt, dem I. GB Klettenberg und der 1. GK Ellrich.

1970	Die ersten Grenzsäulen und Grenzsteine werden gesetzt.
1970	Losung im sozialistischen Wettbewerb: „Operation 70"
1971	Wettbewerbslosung: „Salut 25 – jederzeit gefechtsbereit!"
1971	Die Unteroffiziersausbildung ab jetzt in der U-Schule Perleberg durchgeführt.
1971	Auflösung Grenzregiment-22 Halberstadt
1971	Das Grenzregiment-20 Blankenburg und das Grenzregiment-25 Oschersleben übernehmen den Grenzabschnitt.

Das GR-22 bestand somit 9 Jahre !

Erläuterungen

1945 bis 1950
Zu dieser Zeit sicherte die Grenzbereitschaft Oschersleben von der Ortschaft Walbeck bis Dedeleben, die damals noch existierende Grenzbereitschaft Osterwieck von Rohrsheim bis Lüttgenrode und die Grenzbereitschaft Halberstadt von Abbenrode bis Schierke (Brocken). Südlich von Schierke sicherte die Grenzbereitschaft Nordhausen.
In der Grenzbereitschaft Osterwieck gab es unter anderen folgende Grenzposten (später Grenzkompanie):
Karoline (8.), Hötensleben (9.), Ohrsleben und Dedeleben
In der Grenzbereitschaft Osterwieck waren es unter anderen folgende Grenzposten:
Veltheim, Osterode, Göddeckenrode und Wülperode
In der Grenzbereitschaft Halberstadt waren es folgende Grenzposten:
Abbenrode, Stapelburg, Schierke

Ab 1952
Die Grenzbereitschaft Osterwieck wurde 04-1952 nach Halberstadt verlegt.
Mit der Gründung der Grenzbrigaden wurden die 25.Grenzbreitschaft Oschersleben und die 22.Grenzbereitschaft Halberstadt sowie die 23.Grenzbereitschaft Gardelegen der 2. Grenzbrigade (später 7.) Magdeburg unterstellt.
Die 22. Grenzbereitschaft Halberstadt sicherte jetzt vom Großen Graben bis Schierke (einschließlich Brocken).
Die 25.Grenzbereitschaft Oschersleben vom Großen Graben bis Walbeck.
Die Standorte der Stäbe war folgendermaßen:
Stab 25. Grenzbereitschaft in Oschersleben
Stab 22. Grenzbereitschaft Halberstadt, Stabsgebäude der ehemaligen Kaserne in der Harmoniestraße.
Den südlichen Teil des Harzes sicherte die Grenzbereitschaft Nordhausen.

Die Reservegrenzabteilungen (Ausbildungsbataillone)
befanden sich in:
Die Reservegrenzabteilung-25 im Wasserschloss Flechtingen.
Deren Ausbildungsplatz waren in der Nähe des Ortes.

Die Reservegrenzabteilung-22 in Halberstadt, Fliegerhorstkaserne und eine AbK in Pabstorf.

Deren Ausbildungsplatz war der spätere SAP vom GAR-7, sowie der Schießplatz Münchehof.

Ab 1961
Ab dem Jahr 1961 wurden die ersten Grenzregimenter gegründet, am 20.10.1961 das Grenzregiment-20 Blankenburg, am 15.03.1962 das Grenzregiment-25 Oschersleben und im April 1962 das Grenzregiment-22 Halberstadt.

Das GR-25 Oschersleben behielt seinen vorherigen Grenzabschnitt. Es sicherte den Grenzabschnitt von Walbeck bis Großen Graben (Ohrsleben) mit drei Grenzbataillonen.
Das AbB-25 hatte zuerst den Standort Flechtingen und verlegte dann 1962 nach Mönchhai.
Der Stab des GR-25 war in Oschersleben.

Das GR-22 Halberstadt gab einen Teil seines Grenzabschnittes und zwar von Schierke bis Appenrode an das neu gegründete GR-20 Blankenburg ab. Das GR-22 Halberstadt hatte nun den Grenzabschnitt von Großen Graben (Dedeleben) bis Lüttgenrode mit drei Grenzbataillonen zu sichern.
Das AbB-22 war in Halberstadt (Fliegerhorstkaserne) untergebracht.
Der Stab des GR-22 war in Halberstadt, im ehemaligen Stabsgebäude der Kasernenanlage in der Harmoniestraße.

Das neu gegründete GR-20 Blankenburg übernahm den Grenzabschnitt Abbenrode bis Rothesütte und sicherte ihn mit drei Grenzbataillonen.
Das AbB-20 hatte den Standort Glowe auf Rügen, zeitweise war eine AbK Lessingplatz Blankenburg untergebracht worden.
Der Stab des GR-20 war in Blankenburg.

Linker Nachbar vom GR-22 war das GR-20 Blankenburg. Rechter Nachbar war das GR-25 Oschersleben.

Ab 1971
Gründung der Grenzkommandos Nord, Süd und Mitte und Grenzausbildungsregiment-7 Halberstadt und GAR-5 Glöwen.
Die Ausbildungsbataillone der Grenzregimenter werden aufgelöst.
Das Grenzregiment-22 Halberstadt wird aufgelöst und das Grenzregiment-25 Oschersleben übernimmt den Grenzabschnitt vom ehemaligen GR-22 Halberstadt.

Das GR-25 Oschersleben sichert jetzt von Walbeck bis Lüttgenrode.
Das Grenzregiment-20 Blankenburg sichert den bisherigen Abschnitt, verlegt seine linke Trennungslinie um 3 km weiter nach links.
Das GAR-7 Halberstadt bezieht die neue Kaserne in den Klusbergen Halberstadt.

Kommandeur der 22. Grenzbereitschaft war der Major Heinz Schieck.
Der Stab der 22. Grenzbereitschaft war in dem ehemaligen Stabsgebäude der Infantriekaserne Harmoniestraße untergebracht.
Die 22. Grenzbereitschaft Halberstadt war in drei Grenzkommandanturen (später Grenzbataillonen) unterteilt.
Das waren die Grenzkommandanturen Hessen, Lüttgenrode und Ilsenburg, dazu gehörte noch die Reservegrenzabteilung in Halberstadt.
Sie bestand aus drei Reservegrenzkompanien und einer schweren Reservegrenzkompanie.
Jede Reservegrenzkompanie bestand aus drei Zügen und pro Zug jeweils drei Gruppen. Die schwere Reservegrenzkompanie bestand aus einem Pak-Zug, einem Granatwerferzug und einem Fla-MG-Zug.
Die Aufgabe der Reservegrenzabteilung bestand in der dreimonatigen Ausbildung von Grenzsoldaten aber auch in der Unterstützung der Sicherung der Grenze und deren pionier- und nachrichtentechnischer Ausbau.
Die Reservegrenzabteilung war in der ehemaligen Fliegerhorstkaserne, nach dem Abzug des sowjetischen Grenzbataillons, untergebracht.
Die Ausbildungsplätze waren der spätere Schießausbildungsplatz vom GAR-7 (Katzenkopf) und das Schießgelände Münchehof in der Nähe von Quedlinburg.
Die Ausbildung gliederte sich in drei Etappen.
Die Grundausbildung in der Zeit von 4 bis 5 Wochen.
Daran schloss sich die Einzelausbildung und den Abschluss bildete die Einheitsausbildung. Dafür wurde auf dem Katzenkopf (später SAP vom GAR-7) eine Lehrgrenze (12 breite Drahtsperre auf zwei Pfähle) mit Sperrknoten und Zugstützpunkt bis zum Hammelsberg gebaut. Einige Reste sind heute noch sichtbar. Ab 1965 konnte der Schießausbildungsplatz Tanne genutzt werden.
Ab Mai 1966 begann man mit einem neuen System der Gefechtsausbildung, die 6-monatige-Ausbildung. So wurde auch teilweise die Ausbildung am und im Schutzstreifen durchgeführt.

1966 gab es eine Vereidigung der jungen Grenzsoldaten vom AbB-22 Halberstadt im KZ Buchenwald.

Im August/September verlegten zwei Ausbildungskompanien vom AbB-22 Halberstadt auf Befehl des Ministers zur zusätzlich gebildeten Grenzbrigade an die Staatsgrenze zur CSSR. Nach Erfüllung der Aufgabe kehrte die Einheiten wieder in den Standort Halberstadt zurück.

Kurze zeitlich Darstellung der Struktur bis zur Gründung der Grenzregimenter

O1. März 1957
Erlass des Ministers des Innern über Bildung der Grenzbrigaden.

1. Grenzbrigade Schwerin später Perleberg
2. Grenzbrigade Magdeburg bis 1961
3. Grenzbrigade Erfurt
4. Grenzbrigade Rudolstadt später Dittrichshütte
5. Grenzbrigade Groß Glienicke
6. Grenzbrigade Rostock
7. Grenzbrigade Frankfurt Oder
8. Grenzbrigade Karl-Marx-Stadt

Der 2. Grenzbrigade Magdeburg unterstanden:
25. Grenzbereitschaft Oschersleben
22. Grenzbereitschaft Halberstadt
23. Grenzbereitschaft Kalbe/Milde

Rechter Nachbar der 2. Grenzbrigade Magdeburg war die
1. Grenzbrigade Schwerin.

Linker Nachbar der 2. Grenzbrigade Magdeburg war die
3. Grenzbrigade Erfurt.

Rechter Nachbar der 22. Grenzbereitschaft Halberstadt war die
25. Grenzbereitschaft Oschersleben.

Linker Nachbar der 22. Grenzbereitschaft Halberstadt war die
5. Grenzbereitschaft Nordhausen / 3. Grenzbrigade Erfurt.

Struktur Grenzbereitschaft-22 Halberstadt
(Zeitpunkt vor 1961)

Stab Halberstadt, ehemalige Infantriekaserne Harmoniestraße (heute Harmoniestraße 1)

I. Grenzabteilung Hessen
1. GK Ohrsleben
2. GK Dedeleben
3. GK Rohrsheim
4. GK Veltheim

II. Grenzabteilung Lüttgenrode
5. GK Osterode → ab 1959
6. GK Rhoden
7. GK Göddeckenrode
8. GK Lüttgenrode
III. Grenzabteilung Ilsenburg
7. GK Abbenrode
8. GK Ilsenburg
9. GK Schierke
10. GK Schierke (Brocken)

Reservegrenzabteilung-22 Halberstadt, Fliegerhorstkaserne

Stab Halberstadt, Fliegerhorstkaserne
1. AbK Pabstorf
2. – 3. AbK Halberstadt, Fliegerhorstkaserne
4. UAbK Halberstadt, Fliegerhorstkaserne
(UAbK – Unteroffiziersausbildungskompanie)

1961/1962
Umgruppierung der Grenzbrigaden, Bildung der Stadtkommandantur Berlin, sowie Auflösung der Grenzbereitschaften und Grenzabteilungen und Bildung der Grenzregimenter.

August 1962 Gründung Stadtkommandantur Berlin

Ihr unterstanden:
1. Grenzbrigade Ost-Berlin
2. Grenzbrigade Groß Glienicke
4. Grenzbrigade Potsdam

Die Grenzbrigaden an der Grenze zur BRD
3. Grenzbrigade Perleberg
5. Grenzbrigade Kalbe/Milde
7. Grenzbrigade Magdeburg (von 15.09. 1961 bis 28.02.1971)
9. Grenzbrigade Erfurt
11. Grenzbrigade Meiningen
13. Grenzbrigade Rudolstadt
6. Grenzbrigade Küste Rostock

Der 7. Grenzbrigade Magdeburg unterstanden:
Grenzregiment-25 Oschersleben
Grenzregiment-22 Halberstadt
Grenzregiment-20 Blankenburg

Der rechte Nachbar der 7. Grenzbrigade Magdeburg war die
5. Grenzbrigade Kalbe/Milde.
Der linke Nachbar der 7. Grenzbrigade Magdeburg war die
9. Grenzbrigade Erfurt.
Das unmittelbar angrenzende rechte Nachbarregiment der
7. Grenzbrigade Magdeburg war das Grenzregiment-23 Gardelegen.
Das linke Nachbarregiment der 7. Grenzbrigade Magdeburg war das
Grenzregiment-5 Nordhausen.

Ab 1963 neue Strukturveränderungen
Laut Befehl 101/62 und 26/63 des Ministers

3. Grenzbrigade Perleberg

5. Grenzbrigade Kalbe/Milde

7. Grenzbrigade Magdeburg
GR-25 Oschersleben
AbB-25 Mönchhai

GR-22 Halberstadt
AbB-22 Halberstadt

GR-20 Blankenburg
AbB-20 Glowe/Rügen

6. Grenzbrigade Rostock

Ab 1966 neue Struktur

6. Grenzbrigade Kalbe/Milde
GR-7 Wittenburg 1971 aufgelöst
GR-21 Beetzendorf 1971 aufgelöst
GR-22 Halberstadt 1971 aufgelöst
GR-24 Salzwedel

7. Grenzbrigade Magdeburg
GR-20 Blankenburg
GR-25 Oschersleben

9. Grenzbrigade Erfurt
GR-9 Hildburghausen
GR-5 Nordhausen
GR-4 Heiligenstadt

Ab 1971 Bildung der Grenzkommandos

Grenzkommando Nord
Von 1971 bis 1974 Sitz in Kalbe/Milde,
ab 1974 Sitz in Stendal

Zum GKN gehörten:
GR-6 Schönberg
GR-8 Grabow
GR-20 Blankenburg/Halberstadt
GR-23 Gardelegen
GR-24 Salzwedel
GR-25 Oschersleben
GAR-5 Glöwen
GAR-7 Halberstadt

GR-7 Wittenburg 1971 aufgelöst
GR-21 Beetzendorf aufgelöst
GR-22 Halberstadt aufgelöst

Struktur Grenzregiment-22 Halberstadt
(Zeitpunkt ab 1961)

Stab Halberstadt, ehemalige Infantriekaserne Harmoniestraße

I. GB Hessen
1. GK Ohrsleben
2. GK Dedeleben
3. GK Rohrsheim
4. GK Veltheim

II. GB Lüttgenrode
5. GK Osterode
6. GK Rhoden
7. GK Göddeckenrode
8. GK Lüttgenrode

AbB-22 Halberstadt, Fliegerhorstkaserne
Stab Halberstadt, Fliegerhorstkaserne
1. AbK Pabstorf
2. – 3. AbK Halberstadt, Fliegerhorstkaserne
4. UAbK Halberstadt, Fliegerhorstkaserne
(UAbK – Unteroffiziersausbildungskompanie)
Der rechte Nachbar vom Grenzregiment-22 Halberstadt war das Grenzregiment-25 Oschersleben.
Der linke Nachbar vom Grenzregiment-22 Halberstadt war das Grenzregiment-20 Blankenburg.

Stab Grenzregiment-22 Halberstadt

Der Stab des ehemaligen Grenzregiment-22 Halberstadt war im Stabsgebäude der alten Infantriekaserne in der Harmoniestraße Halberstadt, heute Harmoniestraße 1 untergebracht.
1954 – 1957   Grenzbereitschaft Halberstadt
                         Der Grenzbereitschaft unterstanden:
                         Kommandantur Hessen
                         Kommandantur Lüttgenrode
1958 – 1961   22. Grenzbereitschaft Halberstadt
                         Der Grenzbereitschaft unterstanden:
                         Grenzabteilung Hessen

	Grenzabteilung Lüttgenrode
	Reservegrenzabteilung Halberstadt
1961 – 62	Gründung der Grenzregimenter
	Dem Grenzregiment unterstanden:
	I. Grenzbataillon Hessen
	II. Grenzbataillon Lüttgenrode
	Ausbildungsbataillon Halberstadt
1971	Auflösung GR-22 Halberstadt
1971	Übernahme des Grenzabschnitts durch das GR-25 Oschersleben und GR-20 Blankenburg
1971	Am 05. März Gründung GAR-7
1971	Stationierung Stab GAR-7 im ehemaligen Stab GR-22
1973 - 1989	Ledigenwohnheim GAR-7
1990	Auflösung der Grenztruppen
1990	zeitweise Arbeitsamt, danach Hochbauamt

Die Grenzbataillone

I. GB Hessen

Hessen war schon in den Anfangsjahren ein Objekt der grenzsichernden Organe der DDR. Zur Zeit der Grenzbereitschaft Osterwieck waren hier Grenzsoldaten des Grenzkommandos Hessen in einer zweistöckigen Holzkaserne untergebracht.
Als die Grenzbereitschaft Osterwieck aufgelöst und die Grenzbereitschaft-22 Halberstadt entstand, wurde auch die Kommandantur (später Grenzbataillon) Hessen aufgestellt. Das Grenzbataillon Hessen war zunächst direkt im Ort Hessen, vor der Weinschenke linke Straßeneinfahrt, untergebracht. Mit der Gründung Grenzregiment-22 wurde die Kommandantur in das I. Grenzbataillon Hessen umbenannt.
Dem I. GB Hessen unterstanden 4 Grenzkompanien. Alle waren in den zweistöckigen Holzkasernen untergebracht.

1954 – 57	Kommandantur Hessen
	Der Kommandantur Hessen unterstanden:
	(Mit Luftlinie zum Stab GB Hessen)
	Kommando Dedeleben 8 km
	Kommando Rohrsheim 4 km
	Kommando Veltheim 4 km
1958 – 61	Grenzabteilung Hessen

	Der Grenzabteilung unterstanden:
	(Mit Luftlinie zum Stab GB Hessen)
	1. GK Ohrsleben 16 km
	2. GK Dedeleben 8 km
	3. GK Rohrsheim 4 km
	4. GK Veltheim 4 km
1961 – 62	Gründung der Grenzregimenter
1962 – 1971	I. Grenzbataillon Hessen/Grenzregiment-22 Halberstadt/7. Grenzbrigade Magdeburg
	Dem Grenzbataillon Hessen unterstanden:
	(Mit Luftlinie zum Stab GB Hessen)
	1. Grenzkompanie Ohrsleben 16 km
	2. Grenzkompanie Dedeleben 8 km
	3. Grenzkompanie Rohrsheim 4 km
	4. Grenzkompanie Veltheim 4 km
1971	Auflösung Grenzregiment-22 Halberstadt

Sammlung Neumann, März 2011, altes Objekt linke Seite

Sammlung Neumann, März 2011, altes Objekt rechte Seite

II. GB Lüttgenrode
(II. GB/GR-22 und die (8.GK/II.GB/GR-22)

Der Ort Lüttgenrode wurde erstmalig 995 erwähnt und liegt in der Nähe der Ilse. Markant ist der weithin sichtbare Kirchturm der Stötterlingburg. Das Grenzbataillon Lüttgenrode gehörte bis 1971 zum GR-22 Halberstadt. Zu diesem Grenzbataillon gehörten 1971 folgende Grenzkompanien:
- Grenzkompanie Osterode
- Grenzkompanie Rhoden
- Grenzkompanie Göddeckenrode
- Grenzkompanie Lüttgenrode

Die Trennungslinien waren:
Links: 300 m links der Straße Lüttgenrode Vienenburg.
Rechts: 800 m rechts der Fernverkehrsstraße 79 (heute B 79)

1954 – 57	Kommandantur Lüttgenrode
	Der Kommandantur Lüttgenrode unterstanden:
	(Mit Luftlinie zum Stab GB Lüttgenrode)
	- Kommando Osterode 8 km
	- Kommando Göddeckenrode 8 km
	- Kommando Wülperode 4 km
	- Kommando Lüttgenrode 0 km
1958 – 61	Grenzabteilung Lüttgenrode
	Der Grenzabteilung unterstanden:
	(Mit Luftlinie zum Stab GB Lüttgenrode)
	- GK Osterode 8 km
	- GK Göddeckenrode 8 km
	- GK Wülperode 4 km
	- GK Lüttgenrode 0 km
1961 – 62	Gründung der Grenzregimenter
1962 – 1971	II. Grenzbataillon Lüttgenrode/Grenzregiment-22 Halberstadt/7. Grenzbrigade Magdeburg
	Dem Grenzbataillon Lüttgenrode unterstanden:
	(Mit Luftlinie zum Stab GB Lüttgenrode)
	- 5. Grenzkompanie Osterode 8 km
	- 6. Grenzkompanie Rhoden 3 km
	- 7. Grenzkompanie Göddeckenrode 8 km
	- 8. Grenzkompanie Lüttgenrode 0 km
1971	Auflösung Grenzregiment-22 Halberstadt

Platz hinter dem Stabsgebäude mit Garagen, Sammlung Neumann, Februar 2011

Erläuterungen:
Das ehemalige Objekt der Grenzkompanie Lüttgenrode lag am Dorfrand in Richtung der Staatsgrenze beiderseits der Dorfstraße.
Etwas abseits vom Objekt stand die Unterkunft der Offiziere, dieses Haus ist heute noch bewohnt.
Auf der linken Seite in Richtung Vienenburg waren zum einen die Kaserne (Unterkunft der Soldaten und Unteroffiziere) und die Garagen sowie das Munitionsgelände.
Auf der anderen Seite der Straßen befanden sich das Stabsgebäude und weitere Garagen, sowie Lagerräume und Unterkünfte der ledigen Offiziere und Berufssoldaten.
Auf dem heutigen Platz des Stabsgebäudes (heute Wohnhaus) befand sich die alte Grenzkompanie Lüttgenrode)

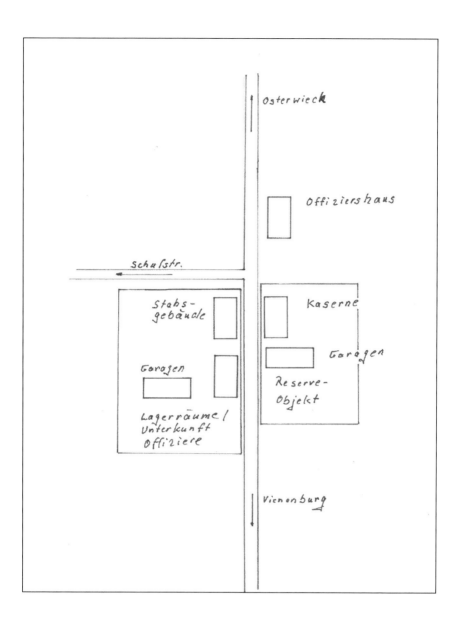

Baracken, beide Bilder Sammlung Neumann, Februar 2011

Stabsgebäude und Wohnhaus, hier stand vorher die alte GK, Sammlung Neumann, März 2012

Reservegrenzabteilung/Ausbildungsbataillon-22 Halberstadt

In Halberstadt in der ehemaligen Fliegerhorstkaserne wurden zwei Reservegrenzkompanien und eine schwere Reservegrenzkompanie untergebracht, sowie der Stab der Reservegrenzabteilung. Eine Reservegrenzkompanie (die 1. Reservegrenzkompanie) wurde in Pabstorf stationiert.
Sie hatten die Aufgabe die neu eingestellten Soldaten auszubilden und für den Einsatz an der Grenze vorzubereiten. Sie wurden aber auch bei besonderen Lagen an der Grenze zur Suche, Abriegelung und Blockierung eingesetzt. Auch konnten Grenzabteilungen aus ihrer Grenzsicherung herausgelöst werden und dafür die schwere Reservegrenzabteilung eingesetzt werden. Eine Einheit der Reservegrenzabteilung erhielt SPW 152 A, sowie wurde die Bewaffnung Panzerbüchse PG 2 und das LMG „D" eingeführt.
Als Ausbildungsplätze dienten der spätere SAP, auf dem ein Ausbildungsgelände geschaffen wurde, mit einer Lehrgrenze und auf dem Katzenkopf ein Zugstützpunkt errichtet wurde (bis zum Hammelsberg). Für die Schießausbildung wurde der Schießplatz Münchehof genutzt.

1954 – 57	noch keine Ausbildungseinheiten vorhanden
1958 – 61	Reservegrenzabteilung Halberstadt, davon 1. RGK Pabstorf
1961 62	Gründung der Grenzregimenter
1962	Im April wurde die Reservegrenzabteilung Halberstadt in das Ausbildungsbataillon-22 Halberstadt umformiert. Die 1. Ausbildungskompanie war in Pabstorf stationiert.
1971	Auflösung Grenzregiment-22
1971	Im Februar wurde das Ausbildungsbataillon-22 Halberstadt aufgelöst.

Auf diesem Platz stand die damalige Kaserne vom Ausbildungsbataillon-22. Hier war nur eine Ausbildungskompanie untergebracht worden. Es handelte sich um die 1. Ausbildungskompanie. Nach 1990 wurden diese Baracken zu einem Altersheim umgebaut. Das dahinter stehende neue Gebäude einer Grenzkompanie wurde später dazugebaut und als Grenzkompanie für das Grenzregiment-25 genutzt. (Sammlung Neumann, Aufnahme April 2014)

Die Grenzkompanien

1. Grenzkompanie Ohrsleben
Luftlinie zum Stab Halberstadt 26 km

Die Grenzkompanie Ohrsleben war links vom Sportplatz Ohrsleben in einer zweistöckigen Holzbaracke untergebracht. Sie ungefähr rechts der Ortschaft am Dorfrand.
Der Anfahrtsweg nach Ohrsleben konnte über Wackersleben oder Hötensleben erfolgen. Da der Regimentsstab in Halberstadt lag, wird wohl die Anfahrt zur Grenzkompanie Ohrsleben nur über Wackersleben erfolgt sein. Ungefähr drei Kilometer vor der Ortschaft verlief die Grenze, ein Grenzsack, der sich in Richtung der BRD ausdehnte.

(Mit Luftlinie zum vorgesetzten Stab Grenzabteilung oder Grenzbataillon)

1954 – 57	Kommando Ohrsleben/Kommandantur Hessen 16 km
1958 – 61	1. GK/Grenzabteilung Hessen/ 22-Grenzbereitschaft Halberstadt 16 km
1961 – 62	Gründung der Grenzregimenter
1962 – 71	1. GK/I. Grenzbataillon Hessen 16 km
1970	Rückbau der ehemaligen Grenzkompanie
1971	Auflösung Grenzregiment-22 Halberstadt.
1971	Das Grenzregiment-25 Oschersleben übernimmt den Grenzabschnitt.

Beide Bilder zeigen den Platz, wo die GK gestanden hat, Sammlung Neumann, Aufnahme April 2014

2. Grenzkompanie Dedeleben
Luftlinie zum Stab Halberstadt 20 km

Der Ort Dedeleben (1600 Einwohner) lag ungefähr 2 km von der Grenze entfernt. Die Fernverkehrsstraße 244 (heute Bundesstraße) verlief durch den Ort und endete an der Grenze. Der Ort war gut über die Landstraßen und die Fernverkehrsstraße 244 zu erreichen und hatte auch eine Zuganbindung.
Der letzte Zug von Halberstadt nach Dedeleben fuhr am 31.03.2000.
Die Bahnverbindung nach Jerxheim wurde nach 1945 unterbrochen.
Die alte Kaserne (Vorläufer vom Neubau - heute Seniorenzentrum Krüger) stand neben der Schule und wurde 1959 umgebaut und als Schulanbau benutzt. Ab Bahnhof Vogelsdorf begann damals das Sperrgebiet.

(Mit Luftlinie zum vorgesetzten Stab Grenzabteilung oder Grenzbataillon)

1954 – 57	Kommando Dedeleben/Grenzbereitschaft Halberstadt
1958 – 61	2. GK Dedeleben/Grenzbereitschaft Halberstadt
1961 – 62	Gründung der Grenzregimenter
1962 – 71	2. Grenzkompanie/I. Grenzbataillon Hessen/Grenzregiment-22 Halberstadt
1971	Auflösung GR-22
1971	Übernahme des Grenzabschnitts durch das Grenzregiment-25 Oschersleben.

3. Grenzkompanie Rohrsheim
Luftlinie zum Stab Halberstadt 20 km

Der Ort Rohrsheim lag ungefähr 3 km von der Grenze entfernt. Zwischen Rohrsheim und der Grenze liegt der große Bruch, eine sumpfige Landschaft. Teilweise bildete der Große Graben die Grenze, wobei die eigentliche Grenzlinie diesseits und jenseits des großen Graben verlaufen konnte. Die Grenzkompanie, eine zweistöckige Holzbaracke, lag am Ortsrand in Richtung Hessen auf der rechten Seite. Die nächsten Orte waren Hessen (3 km) und Dedeleben (4 km). Rohrsheim verfügte über keinen Bahnanschluss. Es gab Straßenanbindungen zu den umliegenden Orten.

(Mit Luftlinie zum vorgesetzten Stab Grenzabteilung oder Grenzbataillon)

1954 – 57	Kommando Rohrsheim/Kommandantur Hessen 3 km
1958 – 61	3. GK/Grenzabteilung Hessen/22-Grenzbereitschaft Halberstadt 3 km
1961 – 62	Gründung der Grenzregimenter
1962 – 71	3. GK/I. Grenzbataillon Hessen 3 km
1970	Rückbau der ehemaligen Grenzkompanie
1971	Auflösung Grenzregiment-22 Halberstadt.
1971	Das Grenzregiment-25 Oschersleben übernimmt den Grenzabschnitt.

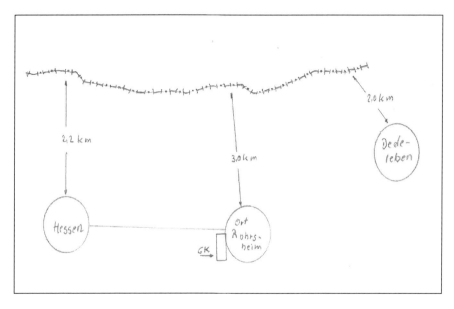

In den Anfangsjahren waren die Grenzkompanie in der Grenzbrigade durchnummeriert, so dass als Beispiel die Grenzkompanie Lüttgenrode die 14. GK in der Grenzbrigade war.
Die Nummerierung in den Grenzregimentern erfolgte erst später.

Aufnahme 2012, Sammlung Neumann. Dort wo heute die Einfamilienhäuser stehen, stand das Objekt der Grenzkompanie Rohrsheim. Es war eine zweistöckige Holzbaracke.

Diese Gaststätte „Schwarzer Adler" wurde durch die Angehörigen der GK im Ausgang aufgesucht.

4. Grenzkompanie Veltheim
Luftlinie zum Stab Halberstadt 28 km

Auch die Grenzkompanie Veltheim war in einer zweistöckigem Holzbaracke untergebracht. Sie stand in der ehemaligen Plantage von Rohrsheim. Bis zur Errichtung der Grenzkompanie Osterode wurde dieser Grenzabschnitt von der GK Rohrsheim mitgesichert.
Auf Grund von Mangel an Kfz wurde der Anmarschweg (zirka 10 km) immer zu Fuß durchgeführt, das galt auch für den Rückweg. Die reine Grenzdienstzeit erhöhte sich dadurch gewaltig.
Mit dem Neubau der Kaserne wurde die Baracke abgerissen und ein neuer Standort im Dorf gewählt.

(Mit Luftlinie zum vorgesetzten Stab Grenzabteilung oder Grenzbataillon)

1954 – 57	Kommando Veltheim/Kommandantur Hessen 4 km
1958 – 61	4. GK/Grenzabteilung Hessen/22-Grenzbereitschaft Halberstadt 4 km
1961 – 62	Gründung der Grenzregimenter
1962 – 71	4. GK/I. Grenzbataillon Hessen 4 km
1971	Auflösung Grenzregiment-22 Halberstadt.
1971	Das Grenzregiment-25 Oschersleben übernimmt den Grenzabschnitt.
1971	Neubau der Grenzkompanie Veltheim
1972	Abriss der alten Grenzkompanie Veltheim

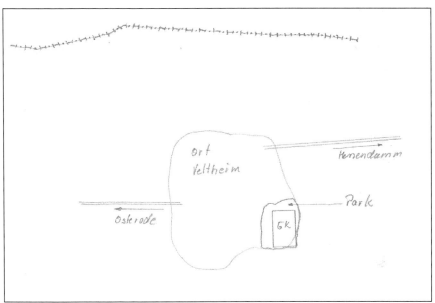

Der Verlauf der Grenze vor der Ortschaft Veltheim.

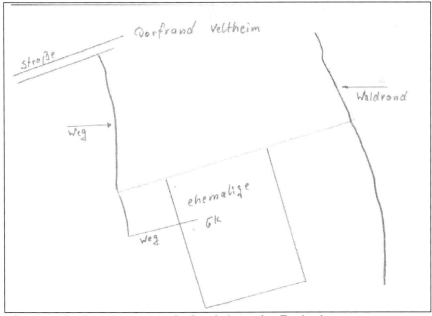

Die Lage der Grenzkompanie in der Ortschaft, im alten Dorfpark.

Die letzte Sprechstelle, Sammlung Neumann, Aufnahme April 2014

Sammlung Neumann, Aufnahme April 2014

Sammlung Neumann, Aufnahme April 2014

5. Grenzkompanie Osterode
Luftlinie zum Stab Halberstadt 32 km

Der Ort Osterode lag zirka 1 km von der ehemaligen Grenze entfernt. Der einzige Nachbarort, zudem auch eine Straßenverbindung bestand war Veltheim, zirka 5 km entfernt. Der Ort Osterode war sehr abgelegen, so sagte man, hier dreht sogar der Bus, weiter geht es nicht mehr. Die alte Grenzkompanie, eine zweistöckige Holzbaracke, lag am westlichen Dorfrand von Osterode. Noch heute kann man die Umrisse des ehemaligen Kasernengeländes erkennen. Auch sind noch alte Fundamente vorhanden.

(Mit Luftlinie zum vorgesetzten Stab Grenzabteilung oder Grenzbataillon)

1954 – 57	Kommando Osterode/ Kommandantur Lüttgenrode
1958 – 61	5. Grenzkompanie/Grenzabteilung Lüttgenrode/22. Grenzbereitschaft Halberstadt 8 km
1961 – 62	Gründung der Grenzregimenter
1961 – 70	5. GK/ II. Grenzbataillon Lüttgenrode/ GR-22 8 km
1970	Reserve GK/ GR-22
1970	(ab 2/70) zurückgebaut
1971	Auflösung Grenzregiment-22 Halberstadt
1971	Das Grenzregiment-25 Oschersleben übernimmt den Grenzabschnitt.

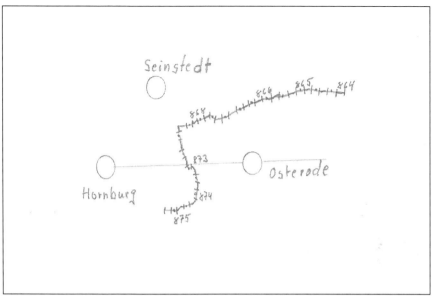

Der Grenzabschnitt vor der Ortschaft Osterode.

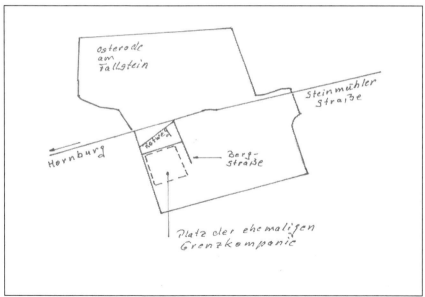

Die Lage der Grenzkompanie im Ort Osterode.

Das Kompanieobjekt wurde ungefähr 1960 erbaut. Zuvor wurde dieser Grenzabschnitt von der GK Veltheim mit gesichert. Ein Transport, der zu sichernden Grenzposten, erfolgte für diesen 10 km langen Weg nicht.
Die eingesetzten Grenzposten mussten von der GK Veltheim bis zu ihrem Grenzabschnitt zu Fuß gehen.
Zum Objekt der GK Osterode verliefen zwei Wege. Die befestigte Dorfstraße (Bergstraße) führte direkt bis zur Kaserne, vorbei an den zwei noch vorhandenen Wohnhäusern.
Ein weiterer, nicht so gut befestigter Weg, führte am Dorfrand entlang, vorbei am Friedhof bis zur GK und dann weiter zum Acker.
Vor der GK war die gepflasterte Ausbuchtung der Bergstraße bestimmt als ein Parkplatz hergerichtet worden. Die noch heute hochgewachsenen Pappeln umsäumten die Kaserne der GK und grenzen das Parkgelände der GK extra ab.

Auf der linken Seite des Platzes befand sich die GK Osterode.

Linke Seite des Platzes, hier stand die alte GK Osterode

Die Straße von Hornburg nach Osterode, auf der rechten Seite die Grenzkompanie Osterode.

Runder B-Turm an der Straße nach Hornburg, im Hintergrund der viereckige BT am Kolonnenweg nach Rhoden. Aufnahme von 1990.
Alle zwei Bilder mit freundlicher Genehmigung von Zeitzeuge 1969. Internet Grenztruppen der DDR, Seite: Bildergalerie

Das könnten die Reste der Hundezwinger sein, hier noch gut zu sehen der Steinfußboden vom ehemaligen Zwinger.

Beide Bilder Sammlung Neumann, Aufnahme April 2013

Bericht von Zeitzeuge 1969:
Mein Fluchtweg verlief am Ortsrand quer über die Straße ungefähr 200 m weiter rechts von der Straße auf das Feld immer gerade aus, also parallel zur Straße in Richtung Grenze / Grenztor vom Doppeldrahtzaun. Dieser Doppeldrahtzaun war mit Rollenstacheldraht ausgelegt, unter dem die Minen ausgelegt waren. Dieses Tor hatte keine Minen, das war mir bekannt. Ich hatte zwei Tore zu überklettern. Zum Glück hatten die Tore keine Stacheldrahtüberspannung. Nach heutiger Information wurde die Kaserne zwischen 1970-1972 abgerissen. An diesem Grenzabschnitt wurde dann ein runder B-Turm errichtet an der Hornburger /Osteroder Landstraße.
Meine Flucht war am 14. Nov.1969 gegen 18:00 Uhr.
Anfang der siebziger Jahre wurde die Kaserne abgerissen.
Vielleicht auch wegen meiner gelungenen Flucht. Der Standort war sicherlich zu nahe an der Grenze, ungefähr nur 300 m.
Mein Fluchtweg war von der Kaserne oben rechts im Foto (wo die Baumgruppe ist), nach links am Ortsrandgelände über die Landstraße (war ein Risiko, wegen der Straßenbeleuchtung) zum Feld.

Ich lief am Feldrand bis zum Ende der Häuser und noch ungefähr 100 m weiter. Dann direkt auf das Feld (damals bewirtschaftet mit Zuckerrüben.) in Richtung unverminten Durchlass Eisentor. In den sechziger Jahren war dort verminter Stacheldrahtzaun und Wachturm aus Holz. Mit dem späteren Metallgitterzaun wurde dann der Betonwachturm eingeführt
An meinem Fotoaufnahmestandpunkt, war damals eine Postenlagerstelle, direkt neben der Landstraße. Die Landstraße überquerte die Grenze.
GR-22 Halberstadt / II.GB Lüttgenrode / 5. GK Osterode im Jahr 1969. Im Jahr 1969 war die Bezeichnung: Grenztruppen der NVA, Grenzdienst in Osterode/Sachsen- Anhalt / Harz: 01.11.1969
Flucht von dort nach West in Richtung Seinstedt – Landkreis Hornburg in Niedersachsen: 14.11.1969 gegen 18:00 Uhr.
Fluchtsituation: Flucht aus der Kaserne (ohne Waffe) an einen freien Tag.
Nach meiner persönlichen Information im Jahr 1990 von der ehemaligen Bürgermeisterin in Osterode, wurde die Kaserne zwischen 1970-1972 abgerissen.
Mit freundlicher Genehmigung von Zeitzeuge1969, Internet Grenztruppen der DDR, Seite: Bildergalerie

6. Grenzkompanie Rhoden
Luftlinie zum Stab Halberstadt 32 km

Der Ort Rhoden liegt westlich vom Großen Fallstein. Es gab nur eine Straße über Hoppenstedt um nach Rhoden zu kommen. Die ehemalige alte Grenzkompanie (üblicher zweistöckiger Holzbau) lag an der Ortsstraße, dort wo heute das Kulturhaus steht. Die ehemalige Kaserne wurde in der Zeit 1970 – 72 zurückgebaut. Zum Ort Osterode gab es keine Ortsverbindung, nur für die Grenzpolizei auf dem alten Kolonnenweg.

(Mit Luftlinie zum vorgesetzten Stab Grenzabteilung oder Grenzbataillon)

1954 – 57	Kommando Osterode/ Kommandantur Lüttgenrode	
1958 – 61	6. Grenzkompanie/Grenzabteilung Lüttgenrode/22. Grenzbereitschaft Halberstadt 5 km	
1961 -62	Gründung der Grenzregimenter	

1961 – 70	6. GK/ II. Grenzbataillon Lüttgenrode/ GR-22 5 km
1970	Reserve GK/ GR-22
1971	Auflösung Grenzregiment-22 Halberstadt
1971	Das Grenzregiment-25 Oschersleben übernimmt den Grenzabschnitt.
1972	Abriss

Sammlung Neumann, Aufnahme April 2014

Auf diesen Platz stand früher die alte Grenzkompanie Rhoden. Diese wurde nach dem Neubau der Grenzkompanie (der Neubau begann ab 1972 mit der Bildung des GKN) zurückgebaut und darauf wurde dann das Kulturhaus Rhoden gebaut.

7. Grenzkompanie Göddeckenrode
Luftlinie zum Stab Halberstadt 36 km

Die alte Grenzkompanie Göddeckenrode (ein zweistöckiger Holzbau) lag am Dorfeingang links der Dorfstraße. Zur GK ging es einen kleinen Berg hinauf. Göddeckenrode lag ungefähr 1 km von der Grenze entfernt und in einem Grenzsack. Eine Straßenverbindung gab es nur zum Ort Wülperode Suderode.
Göddeckenrode gehörte mit Suderode zur Ortschaft Wülperode und wurde als Dreirode bezeichnet.

(Mit Luftlinie zum vorgesetzten Stab Grenzabteilung oder Grenzbataillon)

1954 – 57	Kommando Göddeckenrode/ Kommandantur Lüttgenrode
1958 – 61	7. Grenzkompanie/Grenzabteilung Lüttgenrode/22. Grenzbereitschaft Halberstadt 7 km
1961 -62	Gründung der Grenzregimenter
1961 – 70	7. GK/ II. Grenzbataillon Lüttgenrode/ GR-22 7 km
1970	Reserve GK/ GR-22
1971	Auflösung Grenzregiment-22 Halberstadt
1971	Das Grenzregiment-25 Oschersleben übernimmt den Grenzabschnitt.
1971	Neubau
1972	Rückbau der alten Grenzkompanie

Auffahrt zur alten GK Göddeckenrode, Sammlung Neumann, März 2012

Hier stand die alte GK Göddeckenrode, Sammlung Neumann, März 2012

8. Grenzkompanie Lüttgenrode
Luftlinie zum Stab Halberstadt 28 km

Die GK Lüttgenrode
(II. GB/GR-22 und die (8.GK/II.GB/GR-22)
Der Ort Lüttgenrode wurde erstmalig 995 erwähnt und liegt in der Nähe der Ilse. Markant ist der weithin sichtbare Kirchturm der Stötterlingburg.

(Mit Luftlinie zum vorgesetzten Stab Grenzabteilung oder Grenzbataillon)

1954 – 57	Kommando Lüttgenrode/ Kommandantur Lüttgenrode 0 km	
1958 – 61	6. GK/Grenzabteilung Lüttgenrode/22. Grenzbereitschaft Halberstadt 0 km	
1961 - 62	Gründung der Grenzregimenter	
1962 – 71	8. GK/ II. Grenzbataillon Lüttgenrode/Grenzregiment-22 Halberstadt 0 km	
1971	Auflösung GR-22 Halberstadt	
1971	Das Grenzregiment-25 Oschersleben übernimmt den Grenzabschnitt.	

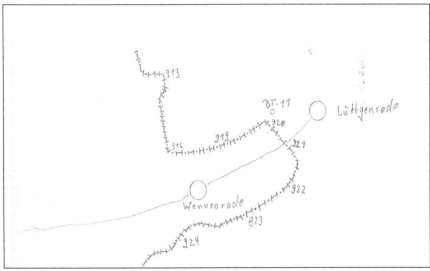

Die Grenze vor der Ortschaft Lüttgenrode.

Sammlung Neumann 2014, links auf dem Platz der beiden Wohnblöcke stand die alte Grenzkompanie

Nationale Volksarmee O. U. den 20.10.1971
12.GK, II.GB, GR 25
Übergabeprotokoll
Am 20.10.1971 wurde der gesamte Nachrichten Bestand der 12.GK laut Hauptbestandsbuch übergeben. Fehlbestände traten dabei nicht auf.
Es wurden übergeben:
Fünf Funkgeräte R109,komplett mit Kisten
Ein Leistungsverstärker UM 2,komplett mit Kiste
Ein Empfänger R 312,komplett mit Kiste
Ein Fernsprecher, Gerätesatz G 2, komplett
Eine Werkzeugtasche für Funkmechaniker
Die stationäre Fernsprechtechnik der GK.
Die Führungsanlage der GK
25 Postenhörer
Ca.11 km Grenzmeldenetz
6 Scheinwerfer mit 3 Trafos
3 Akkus für diese Scheinwerfer.

Das Grenzmeldenetz im Abschnitt der ehemaligen 9.GK (Lüttgenrode) kann mit der Note 3 eingeschätzt werden,.da der Bauzug bei der Überarbeitung des GMN schlechte Arbeit geleistet hat. Das übrige GMN der 12.GK befindet sich in einem sehr guten Zustand.
Beim Betrieb der Scheinwerferanlage ist keine genügende Sicherheit vorhanden.(Zuleitungen alt und gebrochen ,Kupplungen rostig und defekt)
Die Scheinwerferanlage müsste aus dem Verkehr gezogen werden oder neue Zuleitungen erhalten.
Die Laderäume der Akkus entsprechen nicht der ASAO. Sie müssten erneuert bzw. gewechselt werden.
Übergeben: Hoffm. Uffz.
Übernommen: Goldsch. Gefr.
Gesehen: St. Oltn
Bestätigt: H. Major
Mit freundlicher Genehmigung von Katerjohn,
Internet Forum DDR Grenze, private Mail

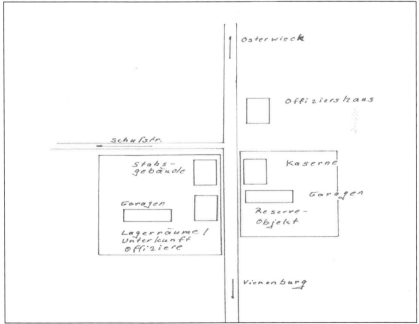

Das ehemalige Objekt der Grenzkompanie Lüttgenrode lag am Dorfrand in Richtung der Staatsgrenze beiderseits der Dorfstraße.

Grenzkompanie Hessen

Die Grenzkompanie lag am Ortsausgang in Richtung Halberstadt auf der rechten Seite. Es war eine zweistöckige Holzbaracke.

1954 – 57	Kommando Hessen/Kommandantur Osterwieck
1971	Auflösung GR-22 Halberstadt
1971	Das GR-25 übernimmt den Grenzabschnitt
1971 – 81	Reserveobjekt/ GR-25 Oschersleben
1983	Auflösung GR-25 Oschersleben
1983	Das GR-20 Halberstadt übernimmt den Grenzabschnitt.
1983 – 89	Reserveobjekt GR-20
1989	Die letzte große Umformierung der Grenztruppen und Bildung der GW, GKK und GBK.
1989	RO/ GKK-204 Halberstadt/Oschersleben
	Die Bezeichnung Grenzwachen wurde erst ab März 1990 verwendet.
1989	Am 12.11.1989 7.58 Uhr wurde der Grenzübergang nach Mattierzoll geöffnet.
1990	Zivile Nutzung durch einen Baubetrieb.

Sammlung Neumann, Aufnahme April 2014

Sammlung Neumann, Aufnahme April 2014

Grenzkompanie Wülperode

Schon nach 1945 waren die ersten Grenzpolizisten in Wülperode stationiert. Sie gehörten zur Grenzbereitschaft Osterwieck.
Die erste Kaserne, eine zweistöckige Holzbaracke, wurde am Ortsausgang kurz vor der Straße Vienenburg – Schladen an der rechten Seite errichtet. Noch heute sieht man hier das ehemalige Kasernengelände, jetzt ein mit Gestrüpp bewachsenes Feld mit Resten der alten Kaserne. Dieses Objekt gehörte zuerst zum GR-22 Halberstadt. Mit dessen Auflösung 1971 übernahm das GR-25 die inzwischen neu erbaute Kaserne am Ortsrand an der Verbindungsstraße Suderode Göddeckenrode.
Mit der Auflösung des GR-25 Oschersleben übernahm 1983 das GR-20 Halberstadt die Kaserne. Heute nutzt diese Kaserne ein landwirtschaftlicher Betrieb. Reste der ehemaligen Grenze sind noch heute an der Oker zu finden, sowie alte Grenzsteine.

(Mit Luftlinie zum vorgesetzten Stab Grenzabteilung oder Grenzbataillon)

1954 – 57   Kommando Wülperode/ Kommandantur Lüttgenrode
1958 – 61   8. Grenzkompanie/Grenzabteilung Lüttgenrode/22. Grenzbereitschaft Halberstadt 5 km
1961 -62   Gründung der Grenzregimenter
1961 – 70   8. GK/ II. Grenzbataillon Lüttgenrode/ GR-22 5 km
1970   Reserve GK/ GR-22
1971   Neubau der Grenzkompanie
1971   Auflösung Grenzregiment-22 Halberstadt
1971   Das Grenzregiment-25 Oschersleben übernimmt den Grenzabschnitt.

Etwas außerhalb der Ortschaft Wülperode in Richtung Grenze lag die alte Grenzkompanie, direkt an der Verbindungsstraße von Wiedelah nach Schladen. Hier trafen sich

die Ortsstraße von Wülperode und die Verbindungsstraße. Rechts vor der Einmündung sind heute noch die Reste der ehemaligen GK zu sehen.

Hier stand die alte GK Wülperode

Beide Bilder Sammlung Neumann, Aufnahmen März 2012

Abkürzungen

Abteilung 2000	Dienststelle MfS bei den GT
AK	**A**uto**k**ran
ADK	**A**uto**d**reh**k**ran
AGS-17 kyrillisch:	*Автоматический **Г**ранатомёт **С**танковый*
	etwa übersetzt: *schwerer/lafettierter automatischer Granatwerfer*
ASV	**A**rmee**s**port**v**ereinigung **V**orwärts
AGT	**A**ngehöriger der **G**renz**t**ruppen
AK	**A**ufklärungs**k**ompanie
AO	**A**n**o**rdnung
A-Gruppe	**A**larm**g**ruppe
A-Zug	**A**larm**z**ug
A-Kompanie	**A**larm**k**ompanie
Alte, der	Bezeichnung durch den Vize für den EK
AbB	**A**us**b**ildungs**b**ataillon
AbK	**A**us**b**ildungs**k**ompanie
Akku	**Akku**mulatoren
ASAO	**A**rbeit**s**schutz**a**n**o**rdnung
BRD	**B**undes**r**epublik **D**eutschland
BU	**B**erufs**u**nteroffiziere
BT (B-Turm)	**B**eobachtungs**t**urm (BT-11, als Beispiel der Abkürzung)
BP	**B**eobachtungs**p**osten
Befehl 30/74	Alle Grundbefehle der Kommandeure ab Regiment wurden für ein Jahr durchnummeriert.
BGS	**B**undes**g**renz**s**chutz
B-Krad	**K**rad mit **B**eiwagen
BAOR	**B**ritish **A**rmy **o**f the **R**hine, Britische Rheinarmee
CSSR	**C**esko**s**lovensko **S**ozialistische **R**epublik
DDR	**D**eutsche **D**emokratische **R**epublik
DV	**D**ienst**v**orschriften
DF	**D**ienst**f**rei oder **D**ienst**f**ernglas
dt.	**d**eu**t**sch
DM	**D**eutsche **M**ark

DHJ	**D**iensth**j**ahr
DGP	**D**eutsche **G**renz**p**olizei
ES	**E**inzylinder-**S**chwinge
ETS	**E**inzylinder-**T**elegabel-**S**chwinge
ETZ	**E**inzylinder-**T**elegabel-**Z**schopau
EDF 7x40	**E**inheits**d**oppel**f**ernrohr 7=Vergrößerung 40=Objektivdurchmesser
Erd-BST	**Erd**beobachtung**s**s**t**elle
EK	**E**ntlassungs**k**andidat, drittes Diensthalbjahr, abgekürzt auch „E"
ELA-K (L)	**E**lektroakustische **A**nlage **K**ompanie, **L**autsprecher
ELA-K (Z)	**E**lektroakustische **A**nlage **K**ompanie, **Z**entraleinheit
EG	**e**rhöhte **G**efechtsbereitschaft
Ehem.	**Ehem**alige
Ex-Platz	**Ex**erzierplatz
FDJ	**F**reie **D**eutsche **J**ugend
FDJ-Aktion „G"	Aktion der FDJ Grenze, freiwillige Verlängerung des Dienstes in den Grenztruppen
FDJ GO	**G**rund**o**rganisation der FDJ
FB	**F**ührungs**b**unker
FDGB	**F**reier **D**eutscher **G**ewerkschafts**b**und
FStK-GB	**F**ührungs**st**elle **K**ommandeur **G**renz**b**ataillon
Fä	**Fä**hnriche
FAT	**F**euer**a**ufgabe **T**ag
FAN	**F**euer**a**ufgabe **N**acht
Fourier	Küchenleiter, abgeleitet aus dem Französischen und bedeutete Futter oder Verpflegung.
FDA	**F**eld**d**ienst**a**nzug
FHG	freiwillige **H**elfer der **GT**
FüSt	**F**ührungs**st**elle
FDU	**F**eld**d**ienst**u**niform
Fla-MG-Zug	**Fla**k-**M**aschinen-**G**ewehr-**Z**ug
GAR-7	**G**renz**a**usbildungs**r**egiment-7
GR-25	**G**renz**r**egiment-25
GT	**G**renz**t**ruppen
GKN	**G**renz**k**ommando **N**ord
GVS	**G**eheime **V**erschluss**s**ache

GÜST	Grenzübergangsstelle
GP	Grenzposten
Gefr.	Gefreiter
GMN	Grenzmeldenetz
GAs	Grenzabschnitt
GAKl	Grenzaufklärer
GB	Grenzbataillon
GK	Grenzkompanie
GZ	Grenzzaun
GSZ	Grenzsignalzaun
GSSZ 80	Grenzsignal- und Sperrzaun
GS	Grenzsicherung
GZD	Grenzzolldienst
GSA	Grenzsicherungsabschnitt oder Grenzschutzabteilung
GV	Grenzverletzer
GSK	Grenzschutzkommando
GSH	Grenzschutzhundertschaft
G	Grenze
GBK	Grenzbezirkskommando
GKK	Grenzkreiskommando
GB	Grenzbataillon Stellvertreter des Bataillonskommandeurs für Technik und Bewaffnung (Offiziersplanstelle)
GK	Grenzkompanie Schirrmeister für Kraftfahrzeuge (BU oder Fä -Planstelle)
GWD	Grundwehrdienst
GPU	Sowjetischer Geheimdienst
GD	Grenzdienst
GA	Grenzabteilung
GW	Grenzwache
GUvD	Gehilfe des Unteroffiziers vom Dienst
GAT	Grenzabteilung
Hfw	Hauptfeldwebel
HLZ	Handleuchtzeichen
HB	Herzogtum Braunschweig
Hptm.	Hauptmann
HLA 83	Hundelaufanlage 83
HZA	Hauptzollamt

KH	**K**önigreich **H**annover
K6 (K2)	**K**ontrollstreifen **6**m oder **2**m
KC	**K**ompanie**c**hef
KGsi	**K**ommandeur **G**renz**si**cherung
KU	**K**ur**u**rlaub
Kraz	Кременчугский автомобильный завод, deutsch: Automobilwerk Krementschuk
Kdr.	**K**omman**d**eu**r**
Kfz	**K**ra**f**tfahr**z**eug
KS	**K**ontroll**s**treife
KpSiGsi	**K**om**p**anie zur **Si**cherstellung der **G**renz**si**cherung
KP	**K**ontroll**p**unkt oder **K**önigreich **P**reußen
K-98 oder K-44	**K**arabiner-**98**, **K**arabiner-**44**
Km	**K**ilo**m**eter
KZ	**K**on**z**entrationslager
KdP	**K**ontroll**d**urchlass**p**osten
LKW	**L**ast**k**raft**w**agen
LO	**L**uftgekühlter **O**ttomotor
LFK	**l**eichtes **F**ernmelde-**K**abel
LMG	**l**eichtes **M**aschinen**g**ewehr
Ltn.	**L**eu**tn**ant
Luki	**Lu**ft**ki**ssen
L-85	**L**andstraße-**85**
LKT – Fahrer	**L**= Les (Lesni) Wald, **K**= Knickradschlepper, **T**= Traktor, auch als Forstrücketraktor bekannt.
LPG	**L**andwirtschaftliche **P**roduktions**g**enossenschaft
MHO	**M**ilitär**h**andels**o**rganisation
Mpi	**M**aschinen**pi**stole
MKE	**m**ilitärische **K**örp**e**rertüchtigung
Mj	**M**a**j**or
M	**M**akarow (Pistole)
Mfs	**M**inisterium **f**ür **S**taatssicherheit
MDI	**M**inisterium **d**es **I**nnern
Med.-Punkt	**Med**izinischer **Punkt**
ME	**M**engen**e**inheit
MKF	**M**ilitär**k**raft**f**ahrer
Mpi	**M**aschinen**pi**stole
Na-Zug	**Na**chrichten-**Zug**

NV	**N**ationale **V**erteidigung
Na-Kompanie	**Na**chrichtenkompanie
NVA	**N**ational **V**olks**a**rmee
NPKCA	**n**ichtstrukturmäßiger **P**osten für **k**ernwaffen- und **c**hemische **A**ufklärung
OOffz. (OO)	**O**ber**offz**ier
Offz.	**Off**iziere
OSL	**O**ber**s**t**l**eutnant
OAZ	**O**ffizier **a**uf **Z**eit
OvP	**O**ffizier **v**om **P**ark
OpD	**o**perativer **D**iensthabender
OE	**O**rts**e**ingang
OA	**O**rts**a**usgang
OHS	**O**ffiziers**h**och**s**chule
Oltn.	**O**ber**l**eu**tn**ant
OvD	**O**ffizier **v**om **D**ienst
PKW	**P**ersonen**k**raft**w**agen
PSÜ	**P**osten**s**chul**ü**bung
PGÜ	**P**osten**g**efechts**ü**bung
Pz. HG	**P**an**z**er**h**and**g**ranate
PM	**P**istolen **M**agazin
PT	**P**osten**t**abelle
PP	**P**osten**p**unkt oder auch PoP
PSE	**P**osten**s**prech**e**inheit
PSG-85	**P**osten**s**ignal**g**erät-1985
PV	**p**olitische **V**erwaltung
Pak	**P**anzer**a**bwehr**k**anone
Pop	**P**osten**p**unkt
P-601	**P**ersonenwagen Grenztrabant
PF	**P**osten**f**ührer
PiK	**Pi**onier**k**ompanie
P-Tasche	**P**osten**t**asche
Pak-Zug	**P**anzer**a**bwehr**k**anonen-Zug
PK	Stellvertreter des Kompaniechefs für **P**olitik und **K**ultur
P2M	**P**ersonenwagen Typ **2 m**odernisiert
RPG-7	russisch: **r**utschnoi **p**rotiwotankowy **g**ranatomjot deutsch: reaktive Panzerbüchse

P3	**P**ersonenwagen Typ **3**
PKK	**P**artei**k**ontroll**k**ommission
Pistole TT	**T**ulskij **T**okarewa abrazsa (Tulaer Pistole von Tokarew Modell)
RO	**R**ichtungs**o**ffizier
RGA	**R**eserve**g**renz**a**bteilung
RPG-7 russisch:	**r**utschnoi **p**rotiwotankowy **g**ranatomjot deutsch: reaktive Panzerbüchse
RGK	**R**eserve**g**renz**k**ompanie
R 109	wie R 312
StMCGT	**S**tellvertreter des **M**inisters und **C**hef der **G**renztruppen
S-50	Moped (für GAKl) **S**imson
S-Draht	**S**tacheldraht
SAP	**S**chieß**a**usbildungs**p**latz
St.-Ber.	**St**ellvertreter**ber**eiche
StKSC	**St**ellvertreter des **K**ommandeurs und **S**tab**sc**hef
StKPA	**St**ellvertreter des **K**ommandeurs für **p**olitische **A**rbeit
StKTB	**St**ellvertreter des **K**ommandeurs für **T**echnik und **B**ewaffnung
StKA	**St**ellvertreter **K**ommandeur für **A**usbildung
StKRD	**St**ellvertreter **K**ommandeur für **R**ückwärtige **D**ienste
StLPAIO	**St**ellvertreter **L**eiter **P**olit**a**bteilung für **I**nstruktion und **O**rganisation
StLPAPA	**St**ellvertreter **L**eiter **P**olit**a**bteilung für **P**artei**a**rbeit
SPW	**S**chützen**p**anzer**w**agen
SP-1	**S**ignalgerät **P**osten-1
StKSC	**St**ellvertreter **K**ommandeur und **S**tab**sc**hef
StKLPA	**St**ellvertreter **K**ommandeur und **L**eiter der **P**olit-**A**bteilung
StKA	**St**ellvertreter **K**ommandeur für **A**usbildung
StKTB	**St**ellvertreter **K**ommandeur für **T**echnik und **B**ewaffnung
StKRD	**St**ellvertreter **K**ommandeur für **r**ückwärtige **D**ienste
StKCPA	**St**ellvertreter des **K**ompanie**c**hefs für **P**olitische **A**rbeit
STÜP	**S**tandort**ü**bungs**p**latz
StMCGT	**S**tellvertreter des **M**inisters und **C**hef der **G**renztruppen

SiK	**Si**cherungs**k**ompanie
SiZ	**Si**cherungs**z**ug
SED	**S**ozialistische **E**inheitspartei
SPG-9	russisch: станковый противотанковый – In der NVA als SPG-9, schwere Panzerbüchse 73 mm bezeichnet.
SMG	**S**cheres **M**aschinen**g**ewehr
SPAG	**S**chwere **P**anzer**a**bwehrkanone
SPS	**S**chießplatz **S**chützenwaffen
SM-70	**S**ignal **M**ine Typ **70**
SND	**S**pezial**n**achrichten**d**ienst oder auch **S**onder**n**achrichten**d**ienst (Chiffrierer, unterstand dem OONA)
SP 1	**S**ignal **P**ostengerät Typ 1
TS	**T**elegabel-**S**chwinge
TSM	**T**ruppen**s**chutz**m**aske
TT	**T**ruppenteil
TÜP	**T**ruppen**ü**bungs**p**latz
TL	**T**rennungs**l**inie
TTW	**t**ägliche **t**echnische **W**artung
T/S-Lager	Lager für **T**reib- und **S**chmierstoffe
TB	**T**echnik und **B**ewaffnung
THW	**T**echnisches **H**ilfs**w**erk
TAPI	**T**ägliche **a**ktuelle **p**olitische **I**nformation
TA	**T**echnik und **A**usrüstung
Trafo	**T**rans**fo**rmatoren
UvD	**U**nteroffizier **v**om **D**ienst
Uffz.	**U**nter**offiz**ier
UFT	UKW, Funk, tragbar
UKW	**U**nterer **K**önigsberger **W**eg
UAZ 469	**U**ljanowski **A**utomobilni **S**awod, Kfz
UAbK	**U**nteroffiziers**a**us**b**ildungs**k**ompanie
UM2	Leistungsverstärker für das Funkgerät R-105
VKU	**v**erlängerter **K**ur**u**rlaub
VGO	**V**erletzer der **G**renz**o**rdnung
Vize	2. Diensthalbjahr der Soldaten
VEG	**V**olks**e**igene **G**ut
VEB	**V**olks**e**igener **B**etrieb

VP	**V**olks**p**olizei
VGH	**v**or**g**elagertes **H**oheitsgebiet
VS	**V**erschluss**s**ache
W 50 L/A	**W**erdau, **50** **D**ezitonnen **L**astkraftwagen **A**llrad
W 50 LA/A	**W**erdau, **50** **D**ezitonnen **L**astkraftwagen **A**llrad, **A**rmeeausführung
WSG	**W**echsel**s**prech**g**erät
WAPI	**W**öchentliche **a**ktuell **p**olitische **I**nformation
ZF	**Z**ug**f**ührer
ZK der SED	**Z**entral**k**omitee der **S**ozialistischen **E**inheitspartei **D**eutschlands
z. B.	**z**um **B**eispiel
ZBW	**z**ur **b**esonderen **V**erfügung
ZKD	**z**entraler **K**urier**d**ienst
ZGD	**Z**oll**g**renz**d**ienst

Quellennachweise
Verwendete Literatur und Bilder

1. Ergänzungen zur Zeittafel in Anlehnung an die Geschichte des Truppenteils „Martin Schwantes" von 1987 (Autorenkollektiv).
2. Ergänzungen in Anlehnung an die Geschichte des Grenztruppenteils „Martin Hoop" von 1987 (Autorenkollektiv)
3. Ergänzungen zu Abkürzungen, Tarnnamen, Normen und viele Gedanken und Hinweise, die Nummern der Grenzsäulen, sowie Skizzen dank der freundlichen Unterstützung von Nutzern der Internetseiten NVA-Forum sowie Forum Grenze und Grenzerforum.
4. Besonderer Dank für die umfangreiche Arbeit von Lothar Döttger „Datenbank der Grenztruppen der DDR", deren Ergebnisse ich nutzen durfte.
5. Schriftenreihe: Die ökonomische Entwicklung des Kreises
6. Halberstadt vom Jahre 1800 bis zur Gegenwart, von 1963, pädagogisches Kreiskabinett Halberstadt.
7. Herrn Douglas Wannek, Bericht über die GK Dedeleben, in der Internetseite Dedeleben, mit freundlicher Genehmigung.
8. Auszüge aus Befehlen GR-25 nach Informationen von Thomas66
9. Internetseite: Huyschützen/Geschichte/Chronik des Salzbergbaus im Huy
10. Internetseite: WirsindHuy
11. Internetseite: Grenztruppen der DDR
12. Internetseite: NVA-Forum

Besonders bedanke ich mich für die Unterstützung von Herrn L. Heier, Herrn K. Nadolny, Herrn R. Pawlik, Herrn P. Gerhardt und dem Internet-Nutzer Suentaler,

Aus folgendem Forum des Internets wurden stellenweise originale oder leicht abgekürzte Berichte mit freundlicher Genehmigung der Urheber übernommen.
Auf den Nachweis der Bilderautoren wird bereits im Text hingewiesen.
Titelseite: Quelle Kommando der Grenztruppen.
Folgende militärische Foren des Internets wurden für die Erarbeitung der einzelnen Themen genutzt:
1. NVA Forum
2. Forum DDR Grenze

3. Forum Grenztruppen der DDR
4. Forum Grenzer suchen Grenzer
5. Forum Deutsche Einheit

Aus diesen Foren wurden mit freundlicher Genehmigung der Urheber stellenweise originale Berichte übernommen:

1. NVA Forum
   Udo Erdmann
   Zili131
   Westsachse 89
   Brathahn

2. Forum DDR Grenze
   Welha
   Ernest
   Schreiberer
   Morten MH
   Heho
   Hardi24a
   Tom002
   Gert1952
   Greso
   EK76/1
   Zeitzeuge1969
   Gernot
   254Spielregel
   Feldwebel88
   Matthias23
   Dassi
   Lassiter

3. Forum Grenztruppen der DDR
   Ernst1934

4. Forum Grenzer suchen Grenzer
   Grenzmann
   Rasenspecht
   Asso
   Omichl

Von folgenden Urhebern wurden aus den oben genannten Internetforen auszugsweise Informationen übernommen oder Emails geschickt:

H. Schrader
Gerjaeg
Stephan
Rainer
LOdriver
Udo52
Karl143
Rostocker
Zappel-EK-1972-2
Tilo Juchhöh
Student
ADK-125/2
Kundschaft2
Exgakl
EK76/1
Rudi90
Der 39.
Historicker84
Feldhamster
Ron74
Der Beendorfer
Katerjohn
Dirk Götz
Tom
Rotwings

Sollte ich einen Quellennachweis vergessen haben, so war es keine Absicht und ich bedanke mich an dieser Stelle auch für dessen Unterstützung.

Vom gleichen Autor sind bereits erschienen

Die schönen Dinge der Welt 2007
ISBN 3-86703-455-9

Das lustige ABC 2008
ISBN 3-86703-717-5

Ja, ist denn schon wieder Weihnachten? 2008
ISBN 3-86703-921-6

Wenn ein kleiner Autoschlüssel
erzählen könnte 2009
ISBN 3-86901-236-6

Immernass, Zuckersternchen
und andere Geschichten 2010
ISBN 978-3-86901-761-7

Die Sprache der Soldaten der DDR 2010
ISBN 978-3-86268-075-7

Grenzausbildungsregiment 7 2011
„Martin Hoop"
Gedient in Halberstadt
ISBN 978-3-86268-192-1

Die schönen Dinge der Welt! 2011
Der Versuchung zweiter Teil
ISBN 978-3-86268-578-3

Grenzregiment-20 2013
„Martin Schwantes"
Standort Halberstadt
ISBN 978-3-95488-462-9

Inhalt

Band I
Grenzregiment 25 „Neidhardt von Gneisenau"
Standort Oschersleben 5
    Vorwort 7
    Historie 10
    Schwur der Grenzpolizei 11
    Fahneneid der Grenztruppen 11
    Neidhardt von Gneisenau 12
    Die Regimentskommandeure 14
    Die Zeittafel 15
    Standorte und Struktur der Grenzbereitschaft-25 und des GR-25
    Oschersleben 31
    Gegenüberliegende Grenzorgane der BRD 40
    Der Stab Grenzregiment-25 41
    Die ständigen Veränderungen in der Struktur vom Regimentsstab
    Oschersleben 48
    I. Grenzbataillon Marienborn 51
    II. Grenzbataillon Hessen, danach Ohrsleben 58
    III. Grenzbataillon Lüttgenrode, danach Hessen 67
    Die ehemaligen Kommandanturen, Grenzabteilungen und
    Grenzbataillone 73
    Das Grenzbataillon Bartensleben 73
    Die Kommandantur/Grenzabteilung Weferlingen 74
    Die/das Grenzabteilung/Grenzbataillon Barneberg 75
    Die Kommandantur Wefensleben 75
    Die Kommandantur Hötensleben 76
    1. Grenzkompanie Schwanefeld 77
    2. Grenzkompanie Mohrsleben 83
    3. Grenzkompanie Harbke 94
    4. Grenzkompanie Sommersdorf 98
    5. Grenzkompanie Hötensleben 107
    6. Grenzkompanie Ohrsleben 115
    7. Grenzkompanie Pabstorf 127
    8. Grenzkompanie Dedeleben 134
    9. Grenzkompanie Veltheim 142
    10. Grenzkompanie Rhoden 163
    12. Grenzkompanie Wülperode 173

13. Grenzkompanie Harbke 179
Die ehemaligen Grenzkompanien 189
Grenzkompanie Walbeck 189
Grenzkompanie Beendorf 196
Grenzkompanie Karoline 206
Grenzkompanie Rohrsheim 217
Grenzsoldaten berichten aus ihrer Dienstzeit. 220
Das Grenzgesetz 244
Die Verpflegungsnorm NVA und GT 245

Band II
Das Ausbildungsbataillon-25 .... **247**
Das Reservegrenzabteilung/Ausbildungsbataillon Flechtingen und das
Ausbildungsbataillon Mönchhai/Dingelstedt 249
Die Veränderungen der Ausbildungseinheiten 249
Der Ortsteil Mönchhai 250
Die Gliederung des Ausbildungsbataillon-25 253
Die Kommandeure 271
Kurzer zeitlicher Abriss 271
Die Ausbildungsplätze 273
Die Marschwege 274
Wachgestellung 280
Die Ausbildung 281
Die Einberufung 281
Die Grundausbildung 281
Die politische Schulung 282
Die Vereidigung 283
Abschluss der Grundausbildung 283
Die Profilausbildung 284
Ausgang und Urlaub 284
Die Einzelausbildung 284
Die Grenzausbildung 285
Die Taktikausbildung 285
Die Schießausbildung 285
Die Schutzausbildung 285
Die MKE 285
Das Sommer- oder Winterlager in Hintersee 286
Die Vorbereitung auf die Verlegung 286
Marsch zum Verladebahnhof Halberstadt 286

Die Organisation des Marsches mit der Eisenbahn 287
Erläuterungen 288
Der Aufbau des Feldlagers 291
Die Gefechtsbereitschaft 293
Die Bewaffnung..294
Der Tagesablauf...295
Anhang...296
Grenzsoldaten berichten:..340

Band III
Das Grenzregiment 22 .... **343**
   Vorwort...345
   Die Zeittafel 346
   Erläuterungen 355
   Kurze zeitlich Darstellung der Struktur bis zur Gründung der
   Grenzregimenter 358
   II. GB Lüttgenrode...366
   Reservegrenzabteilung/Ausbildungsbataillon-22 Halberstadt....371
   Die Grenzkompanien 373
   1. Grenzkompanie Ohrsleben 373
   2. Grenzkompanie Dedeleben 375
   3. Grenzkompanie Rohrsheim 375
   4. Grenzkompanie Veltheim 378
   5. Grenzkompanie Osterode 382
   6. Grenzkompanie Rhoden 389
   7. Grenzkompanie Göddeckenrode..391
   8. Grenzkompanie Lüttgenrode 393
   Abkürzungen...400
   Quellennachweise..408